安徽省高等学校省级规划教材

教育哲学

JIAOYU ZHEXUE

曹长德 ◎ 主编

中国科学技术大学出版社

内容简介

"教育哲学"是为了让师范生认识教育、理解教育,并形成科学的、先进的教育观念,运用教育规律、教育原理去分析问题、解决问题,因此,该课程讨论的是教育的基本问题。

本书主要内容包括:教育学科学概述;教育本质论;教育规律论;教育目的论;教育主体论;教育制度;当代教育思想流派等。

本书适合高等院校师范类学生学习使用,也可供相关从业者参考使用。

图书在版编目(CIP)数据

教育哲学/曹长德主编.—合肥:中国科学技术大学出版社,2015.4
ISBN 978-7-312-03640-8

Ⅰ.教… Ⅱ.曹… Ⅲ.教育哲学—研究 Ⅳ.G40-02

中国版本图书馆 CIP 数据核字(2015)第 017969 号

出版	中国科学技术大学出版社 安徽省合肥市金寨路 96 号,230026 http://press.ustc.edu.cn
印刷	合肥万银印刷有限公司
发行	中国科学技术大学出版社
经销	全国新华书店
开本	710 mm×960 mm 1/16
印张	16.75
字数	263 千
版次	2015 年 4 月第 1 版
印次	2015 年 4 月第 1 次印刷
定价	30.00 元

前　言

2011年10月，教育部颁布《教育部关于大力推进教师教育课程改革的意见》（教师[2011]6号），并制定《教师教育课程标准（试行）》，坚持育人为本、实践取向、终身学习的理念，在课程理念、课程结构、课程内容、课程资源开发、教育方法和手段、教育实践环节等方面进行全面改革。教师教育类专业课程体系分为公共基础课程、学科专业课程和教师教育课程，彻底改变了教师教育课程由教育学、心理学、学科教学法老三门一统天下的局面。课程目标分为教育信念与责任、教育知识与能力、教育实践与体验。设置了儿童发展与学习、教育基础、学科教育与活动指导、心理健康与道德教育、职业道德与专业发展、教育实践等六大学习领域，每一领域由若干课程模块组成。在幼儿园、小学、中学教师教育课程设置中"教育基础"这一领域都包含着"教育哲学"这一课程模块。毫无疑问，"教育哲学"是为了让师范生认识教育、理解教育，并形成科学的、先进的教育观念，运用教育规律、教育原理去分析问题、解决问题，因此该课程讨论的是教育的基本问题。但是，由于这门课程属于教育基础之中，因此它又不同于教育学类专业中的专业课程"教育哲学"，这就需要我们打破老的"教育学"的框架，并在此基础上重新构建新的"教育哲学"。本教材正是在新教师教育课程标准指导下，根据课程模块之间的关系，重新厘定学科边界，本着目标分解、相互呼应、互不重叠的原则，在充分研讨的基础上重新构建而成的。根据我们的理解，新的教育哲学基本内容应对应于原公共教育学中的基本原理部分，是"教育基础"中的理论核心，又是教育学科的理论基础。

自古以来，人们倾向于把哲学理解为高深的、抽象的、高贵的学问，这种思想在20世纪受到很大冲击。尼采认为抽象的哲学是"冰冷的理性""苍白的真理""空洞的存在"，传统的西方哲学切断了哲学与生活和存在的联系，是没有生命、没有色彩、没有生机的行将腐朽的东西。因此，抽象的哲学"需要转向"具体的哲学。波普尔则希望哲学从"贵族"走向"平民",他提出用"理智的谦虚"来代替"理智的傲慢"。正是循着这一思路,我们的教育哲学努力朝着具体的教育哲学、平民的教育哲学演化,因为本书是专为那些准备当教师,但是还站在门外的师范生编写的。

《教师教育课程标准》在"教育基础"这个领域中设置的模块有:教育哲学、课程设计与评价、有效教学、学校教育发展、班级管理、学校组织与管理、教育政策法规等。在全面审视这个领域的基础上,我们兼顾了研究生考试、教师资格证书考试等不同"大纲"对教育原理的要求,将努力为师范生提供一本他们可以接受、愿意接受、喜爱接受的教育哲学教材。即使本书目前达不到这些要求,但却代表着我们的原理和追求。本书主要讨论教育本质、教育规律、教育目的、教育主体等教育的基本问题,如果说它是教育基本原理也未尝不可。

本书第一章、第六章和第八章由安庆师范学院曹长德教授编写,第二章由池州学院吴小贻教授和谭甲文老师编写,第三章由皖西学院王全林教授编写,第四章由安庆师范学院高向东教授编写,第五章由安庆师范学院张启树副教授编写,第七章由安庆师范学院谢红玉老师编写。

本书作为安徽省高等学校"规划教材"出版,要感谢安徽省教育厅、中国科学技术大学出版社的大力支持。由于编者水平有限,编写时间有限,对教材中一些内容的取舍、学术也未形成共识,某些问题的解决还在探讨之中,不当与疏漏之处在所难免,恳请同仁们、读者们不吝赐教、批评指正。

编 者
2014 年 9 月

目 录

前言 ………………………………………………………………(ⅰ)

第一章　教育学学科概述 ……………………………………(1)
　第一节　教育系统与学科体系 …………………………………(2)
　第二节　教育学的研究对象和任务 ……………………………(6)
　第三节　教育学的产生与发展 …………………………………(14)
　第四节　学习教育学的意义 ……………………………………(28)
　第五节　教育学学科特点及学习方法 …………………………(30)

第二章　教育本质论 …………………………………………(35)
　第一节　教育概念 ………………………………………………(37)
　第二节　教育结构与功能 ………………………………………(44)
　第三节　教育本质 ………………………………………………(49)
　第四节　教育起源 ………………………………………………(57)
　第五节　教育发展 ………………………………………………(62)

第三章　教育规律论（一）——教育与社会发展 ………(75)
　第一节　教育与社会关系的主要理论 …………………………(77)
　第二节　教育的社会制约性 ……………………………………(83)
　第三节　教育的社会功能 ………………………………………(95)
　第四节　当代社会发展对教育的需求与挑战 …………………(112)

第四章　教育规律论（二）——教育与人的发展 ………(121)
　第一节　人的本质和价值 ………………………………………(123)
　第二节　人的身心发展及其对教育的制约性 …………………(129)

第三节 影响人身心发展的因素 …………………………… (140)
  第四节 学校教育对人发展的作用 …………………………… (146)

第五章 教育目的论 ………………………………………………… (154)
  第一节 教育目的概述 ………………………………………… (155)
  第二节 教育目的的价值取向 ………………………………… (163)
  第三节 我国的教育目的 ……………………………………… (172)

第六章 教育主体论 ………………………………………………… (181)
  第一节 教师 ……………………………………………………… (183)
  第二节 学生 ……………………………………………………… (195)
  第三节 师生关系 ……………………………………………… (198)

第七章 教育制度 …………………………………………………… (204)
  第一节 教育制度的概念 ……………………………………… (205)
  第二节 学校教育制度 ………………………………………… (209)
  第三节 现代教育制度改革 …………………………………… (231)

第八章 当代教育思想流派 …………………………………………… (239)
  第一节 当代中国主流教育思想 ……………………………… (240)
  第二节 西方当代教育思想流派 ……………………………… (244)

第一章 教育学学科概述

1. 掌握:教育学学科体系、教育事业、教育哲学、教育学、教育现象、教育问题、教育规律、文化教育学、实验教育学、批判教育学、制度教育学等概念。

2. 理解:① 教育学的学科特点;② 教育学的产生和发展历程;③ 教育学的研究对象;④ 学习教育学的意义。

3. 应用:① 找到教育哲学在教育学中的定位;② 尝试建立教育现象、教育问题、教育规律之间的关系模型。

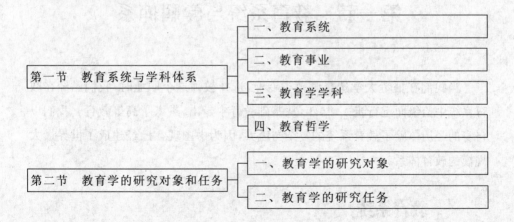

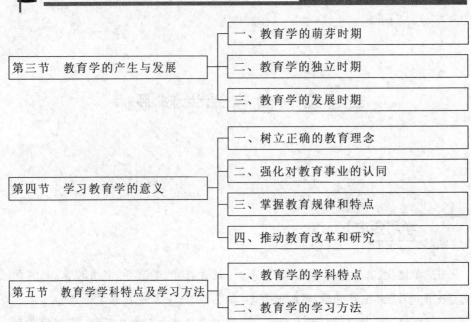

教育是民族振兴、社会进步的基石,是提高国民素质、促进人全面发展的根本途径,寄托着亿万家庭对美好生活的期盼。中国未来发展、中华民族伟大复兴,关键靠人才,基础在教育。那么,教育是个什么样的系统?教育学是个什么样的学科体系?

第一节 教育系统与学科体系

当我们在报考大学选择师范类专业,选择教师这个职业时,我们已经在教育系统中拾级而上行走了12年,从基础教育中走出,进入了高等教育。我们以自身的经历体验了教育系统的复杂与庞大,因为中国现在已经建成了世界最大规模的教育体系。

一、教育系统

众所周知,系统是一个由若干部分组成的有机整体,这个有机整体具备一定的功能,且各个部分相互联系、相互作用。教育系统根本的功能是培养人,可以分为社会教育、家庭教育和学校教育三种基本形态。在原始社会,在部落族群中,没有家庭,没有学校,社会教育就是教育的全部;在当代教育体系中,学校教育无疑居于核心地位。在学校教育这个子系统中,从纵向考察,可以发现它是由幼儿园教育、小学教育、初中教育、普通中学教育、职业中学教育、高等教育等子系统组成的;从横向分析,学校教育由教学系统、管理系统、条件保障系统等构成。在学校教育这个庞大的系统中,每所学校相当于只是一个细胞而已。因此,当代教育无论从规模,还是从它的价值来考量,都无愧于"伟大"二字。教育已经成为真正意义上的伟大事业。

再以学校为立足点看学校教育这个子系统,这时每所学校就是一个独立开放的系统,学校中的各个部门就是学校这个系统的子系统。其中,教学系统在学校中处于中心地位。在教学这个子系统中,学生、教师、教学资源、教学媒体是四个基本要素,教学系统通过这四个基本要素的相对运动从而产生各个系统之间的输入与输出的复杂的运行过程,通过这个复杂的运行过程以保证学校系统内部各个系统的动态稳定与开放性(这是系统的最本质特征),而这个运行过程叫做教学过程。在这个过程之中有诸多要素,其中有些要素是教学活动的必要成分,缺少了这些成分中的任何一个都不成为教学,因此我们称之为基本要素;而另一些要素是教学活动的充分条件,条件越充分,教学活动越有效,我们可称之为次要要素,或者说派生要素。

在教学这个系统中,我们找到了我们未来的社会角色——教师。教师是干什么的? 韩愈说:"师者,所以传道授业解惑也"。而中国从基础教育课程改革以来,就把教师定位为:学生学习的组织者、指导者和合作者。正如第斯多惠所言:"一个好教师不是教人真理,而是教人去发现真理。"也就是《学会生存》一书所说的教师的工作是"授人以渔",而不是"授人以鱼"。

中国伟大教育家孔子以"学而不厌,诲人不倦"为其以后的教师树立了榜样。《资治通鉴》以"经师易得,人师难求"告诉我们:教做人比教知识更难,做人教育(德育)是教师的首要任务,但却是很难完成的任务,它不仅需要教师有知识和能力,还需要教师以身示范,为人师表。

二、教育事业

我国当代教育家吕型伟先生说:"教育是事业,事业的意义在于奉献;教育是科学,科学的价值在于求真;教育是艺术,艺术的生命在于创新。"

事业通常相对企业而言,是特指没有生产收入,由国家经费开支,不进行经济核算的文化、教育、卫生等单位。例如,教师就是事业编制。教育是事业意味着教育活动从其他的社会活动中分离出来,形成了一个独立的社会部门,承担着专门而且重要的社会责任。当教育活动成为一种事业以后,便有了完善的组织机构、活动规章、各项制度规则、人员责任等等,从而使其具有组织的严密性、活动的系统性、人员的规范性、评价的制度性、时间的秩序性等。教育事业还是相对于"教育产业化"而言的。教育在管理系统中可以借鉴企业管理的先进经验,但是,如果把教育当成了企业,无疑是对教育的亵渎,教育是一项伟大而神圣的事业。正如卢梭所言:"有些职业是这样的高尚,以致一个人如果是为了金钱而从事这些职业的话,就不能不说他是不配这些职业的;军人所从事的,就是这样的职业;教师所从事的,就是这样的职业。"

教育是科学,意味着教育活动之中是有规律可循的,通过研究可以发现和认识教育的规律、不同国家和地区在不同时期教育的特点,从而更加有效地开展教育教学。

教育是艺术,意味着在教育活动中不能机械地、刻板地遵从规范,教师不仅要根据学生年龄特征、时代特征、知识和能力基础,而且要根据自身的特色和优势,创造性地开展教育教学活动。

三、教育学学科

随着人类社会的发展,人类知识的积累和研究范围的不断扩大,人类的知识因体系的膨胀和研究对象的不同而分解为不同的学科。具体地说,就是人类的活动产生经验;经验的积累和消化形成人的一种主观意识形态,即认识;认识通过思考、归纳、理解、抽象而上升为知识;知识在经过运用并得到验证后进一步发展到科学层面上形成知识体系;处于不断发展和演进的知识体系,根据某些共性特征进行划分而成为学科。

2011年3月,国务院学位委员会和教育部颁布修订的《学位授予和人才培养学科目录(2011年)》,规定我国分为哲学、经济学、法学、教育学、文学、历史学、理学、工学、农学、医学、军事学、管理学、艺术学等13个学科门类。在教育学学科门类中有3个一级学科,分别是教育学、心理学、体育学。在教育学一级学科中有教育学原理、课程与教学论、教育史、比较教育学、学前教育学、高等教育学、成人教育学、职业技术教育学、特殊教育学、教育技术学等二级学科。因此,在我们谈及教育学时,其所涵盖的范围要根据具体的语境来判断,当与哲学、理学、工学并提时,指的则是一个大的门类,这是最广义的教育学;当与心理学、体育学并列时,它指的是教育学一级学科,这是次广义的教育学;通常情况下教育学指的是其核心内容即教育学原理,这是狭义的教育学,本书中所讨论的教育学就是狭义的教育学。

四、教育哲学

哲学是关于世界观的学说,是自然知识和社会知识的概括和总结。哲学是对普遍而基本的问题的研究,由此推之,教育哲学是对教育领域中普遍而基本问题的研究。

教育哲学是用哲学的观点和方法研究教育基本问题的一门学科。或者说,是站在哲学的高度对教育中的基本问题进行阐释的学科。属于教育学下二级学科——教育学原理的范畴,广义的教育哲学与教育学原理是同义语。

就教育学与哲学的关系来看,教育哲学具有边缘(交叉)学科的性质。人类早期的教育思想本身是包含在哲学之中的,教育思想家都是哲学家。在中国,古代思想家孔丘、墨翟、孟轲、荀况等,都从各自的哲学观、政治观、道德观、人性论、认识论等方面出发,论述过教育问题。在欧洲,古希腊哲学家苏格拉底、柏拉图、亚里士多德等,也都用自己的哲学观点论述过教育问题。但是,如果把教育哲学仅仅理解为教育学与哲学的交叉学科,则是非常狭义的教育哲学,甚至是比较狭隘的。其实关于教育基本问题的研究和形上的思辨都属于教育哲学的范畴。

1832年美国纽约市立大学为培养公立学校教师开设教育哲学讲座,最早使用"教育哲学"一词。1848年,德国哲学家罗森克兰茨(K. Rosenkranz,1805~1879)著《教育学体系》,1894年由美国教育学家布莱克特(A. C. Brackett,1836~1911)译为英文,取名《教育哲学》,一般认为,这是"教育哲学"一词的由来。后来有许多哲学家和教育家编著教育哲学,其中影响较大的是美国教育家J·杜威的《民主主义与教育》(1916),该书副题为《教育哲学引论》。从早期的教育哲学研究的内容来看,教育哲学的视野是非常广阔的。

第二节 教育学的研究对象和任务

　　古代的教师如孔子,未学习过教育学却成为优秀的教师,乃至闻名中外的教育家,当代未受过"师范教育"的教师中,也不乏大量优秀者;而师范学校毕业的学生中却有不少低水平的,甚至误人子弟的教师。教师自己的子女教育不成功,甚至不及工人农民的子女的比比皆是,这种现象不能不让人怀疑,教育学到底有没有用?如果说有用,它体现在哪里?教育学到底是一门什么样的学问?我们不妨先看个小故事。

　　西班牙曾有位叫彼利罗一世的国王,对于很多人来说,他是正义的象征。这天彼利罗一世宣布他将公开选拔法官。三个人毛遂自荐,一个是宫廷的贵族,一个是曾经陪伴国王南征北战的勇敢的武士,还有一个是普通的教师。在宫廷人员和三个候选人的陪同下,国王离开王宫,率领众人来到池塘边。池塘上漂浮着几个橙子。

　　"池塘上一共有几个橙子啊?"国王问贵族。

　　贵族走到池塘边,开始点数。"一共是6个,陛下。"

　　国王没有表态,继续问武士同样的问题:"池塘上一共漂着几个橙子啊?"

　　"我也看到了6个,陛下!"武士甚至没有走近池塘就直接回答了国王的问题。

　　国王没有说话。

　　"池塘里有多少个橙子啊?"他最后问教师。

　　教师什么也没有说,径直走近池塘,脱掉鞋子,跳到水里,把橙子拿了出来。

"陛下,一共是3个橙子!因为它们都从中间被切开了。"

"你知道如何执法,"国王说,"在得出最后的结论之前,应该证明,并不是所有我们看到的就是事情的真相。"①

要想知道教育学是什么,你们只有像"聪明的"教师那样,不能停留在表面的认知上,更不能道听途说、人云亦云,而是要认真学习研究,亲身实践体验之后才能得出正确的答案。

任何一门学科都从同一客体中分出各自的研究对象,即自然、社会和人类自身存在和发展的某一方面。教育作为人类社会特定的、客观存在的现象,不可避免地为不同学科从不同的视角所研究、关注或者涉及,那么,教育学研究其中的什么呢?

一、教育学的研究对象

关于教育学的研究对象问题,教育理论界看法并不一致,存在以下几种具有代表性的观点。

(一)认为教育学的研究对象是教育

如苏联教育学家凯洛夫在其《教育学》中第一句话就指出:"教育学的对象就是青年一代的教育。"②苏联教育学家巴拉诺夫等人在其编著的《教育学》中指出:"教育学是以人的教育为其对象的唯一科学。"③"教育学是研究教育的科学"在理论上是成立的,问题在于到底研究教育的什么?因为以"教育"为研究对象的学科不限于教育学。不仅教育社会学、教育心理学之类的教育学分支学科,以教育为研究对象,就是一般的哲学、伦理学、人类学、文化学、行为科学往往也把教育包含在其研究对象之中。如果教育学不能回答研究教育的具体内容,不能将其研究对象进一步具体化,那么它就会流入心理学是研究心理的,物理学是研究物理的一样,它们并不包含任何使人认识的说明或解释的成分,而只是

---

① 刘清华.哲学常识趣味教学案例五则:"聪明的"教师.思想政治课教学[J].2007(8):65-66.
② 凯洛夫.教育学[M].陈侠,等,译.北京:人民教育出版社,1957:1.
③ 巴拉诺夫,等.教育学[M].李子卓,等,译.北京:人民教育出版社,1983:16.

同义语反复。

(二) 认为教育学的研究对象是教育现象

《辞海·教育心理分册》指出:"教育学是研究教育现象,揭示教育规律的科学。"反对者认为:首先,以"教育现象"作为研究对象未免笼统,不够细致、深入,我们无法真正理解什么是教育现象;其次,"教育现象"作为一种客观存在的现象,是融于社会现象之中的,当人们还没有在教育活动中意识到它时,很难说它是教育现象,更何况所谓的"教育现象"从不同的角度看就会是不同的现象。即使像上课这种典型的教育现象都有可能被看成是师生互动的社会现象、文化传递的文化现象,促进学生心理发展的心理现象,分别成为社会学、文化学、心理学研究的对象。也就是说,单纯的教育现象不存在了,教育现象只是主观臆断。

(三) 认为教育学的研究对象是教育规律

如南京师范大学教育系编的《教育学》指出:"教育学所研究的主要是学校教育这一特定的现象,研究在这一现象领域内所特有的矛盾运动规律";"作为高等师范院校教学用书的普通教育学,它的研究对象既包括了学校的一般规律,也包括了中小学教育中的特殊规律"。反对者认为:首先,如果这个规律指的是教育的科学规律,那它就不是教育学的对象,因为作为客观规律,它是已知的,是教育学研究的结果。其次,如果这个教育规律指的是教育客观规律,那么只有当这个教育的客观规律已被人们意识到它的存在但还没有全面了解它,并决定去研究它时,才成为教育的研究对象。然而,这个时候这有待研究的规律恰恰是个教育的问题。

(四) 认为教育学的研究对象是教育问题

日本学者村井实在《教育学的理论问题》一书中,曾对教育学的对象进行了较全面和系统的分析,得出了"教育学的对象是教育问题"的结论。反对者认为这种表述也不够全面。客观存在的教育现象仅是被意识到的教育存在或教育事实,它是潜在的研究对象,还不是现实的研究对象,只有当人们不但意识到它,而且还想了解它,准备把它作为对象去研究时,即把它作为教育问题提出,并企图解决这一教育问题时,这种教育问题才是教育学的对象。教育事实作为客观存在,仅是社会生活中的一个客体,只有当这种客体积累到一定程度,被人们议论、评说,当做一个个的"教育问题"提出来时,才是教育学研究的发端,这时教育事实也就构成了教育科学研究的对象。所以,教育科学的研究对象,应该是研究以教育事实为基础的教育问题。

我们认为以上关于教育学的研究对象,是仅凭理论家的思辨而得出的所谓教育学研究对象,只是一个"应然"的教育学研究对象,肯定会仁者见仁,智者见智,并且会无休止地争论下去,不能真正解决问题,因为每一个观点都会因其不全面而被找到软肋。例如,一个教育现象成为社会学、文化学、心理学研究对象并不能说明它就不再是教育现象,一个现象从不同的学科角度去研究不仅是正常的,而且是非常必要的,是对教育学研究的有益补充或佐证,教育学的研究与发展也必须借助社会、心理学等学科的理论。不仅教育学如此,其他学科也概莫能外,如2008年面对蔓延全球的经济危机,各国政府都在想方设法渡过难关,中国政府提出关键在于信心,战胜经济危机也成了心理学研究的对象,但并不能排除经济学的研究,经济学的研究无疑仍然是占主导地位的。

为了真正弄清教育学的研究对象,我们不妨另辟蹊径,换一个思路。如果我们打开从赫尔巴特《普通教育学》到现在的林林总总的教育学的著作,看看其中都研究了什么,一切争论就都可以平息,最终的结论可以不证自明。如果对赫尔巴特《普通教育学》是规范的或者说是科学的教育学的起点大家都能认同,则赫尔巴特确立的研究对象无疑就是最基本的轮廓。再看看对中国影响最大的一本教育学即凯洛夫主编的《教育学》的框架,尽管其后出版的每本教育学可能各具特色,但是,其中最根本的、共性的内容都是一样的,那就是都在试图解释教育现象、解决教育问题,探索教育的规律。

专栏1.1 赫尔巴特《普通教育学》目录

绪论

第一篇 教育的一般目的

　第一章 儿童的管理

　第二章 真正的教育

第二篇　兴趣的多方面性

　第一章　多方面性的概念

　第二章　兴趣的概念

　第三章　多方面兴趣的对象

　第四章　教学

　第五章　教学的过程

　第六章　教学的结果

第三篇　性格的道德力量

　第一章　究竟什么叫性格

　第二章　论道德的概念

　第三章　道德性格的表现形式

　第四章　性格形成的自然过程

　第五章　训育

　第六章　训育特殊性的考察

资料来源：赫尔巴特. 普通教育学；教育学讲授纲要[M]. 李其龙,译. 杭州：浙江教育出版社,2002.

专栏1.2　凯洛夫主编的《教育学》目录

第一章　教育学的对象

第二章　共产主义教育目的和任务

第三章　学生的年龄特征

第四章　苏联的国民教育制度

第五章　苏维埃学校教师

第六章　体育

第七章　苏维埃学校普通教育和综合技术教育的内容

第八章　教学过程

第九章　教学方法

第十章　学校的组织形式

> 第十一章 德育
>
> 第十二章 美育
>
> 第十三章 学校里的学生集体
>
> 第十四章 学生的课外活动和校外活动
>
> 第十五章 学校和家庭关于教育儿童的协同工作
>
> 第十六章 学校管理和领导
>
> 资料来源：凯洛夫.教育学[M].陈侠,等,译.北京：人民教育出版社,1957.

关于教育学的研究对象还有一个观念必须澄清,那就是我们所说的教育学的研究对象与教育学当前正在研究的对象是有区别的。前者指的是教育学作为一个系统的学科所覆盖的范畴；后者指的是教育学正在研究的热点问题。作为准备去当教师的师范生学习的教育学无疑是前者,作为一个全面、系统的学科体系,无疑要汲取古今中外教育研究的成果,实际上或者用"讨论"一词来代替"研究",称之为教育学讨论的对象更恰当。而作为教育学家和教育理论工作者和广大的教师所要研究的是运用教育理论去解决教育问题,当然是后者。

综上所述,我们认为教育学是一门以教育现象、教育问题为研究对象,探索教育规律的科学。作为一门社会科学,其目的是深化人们对教育的认识,更新人们的教育观念,并为教育的发展和改进提供决策依据,为提高教育管理水平和教学水平提供理论选择。它将回答什么是教育（教育本质）、为什么教育（教育目的）、谁来教育（教育者）、教育谁（受教育者）、教什么（课程设置等）、如何教（教学过程、原则和方法等）、用什么手段或什么形式教（教育技术、教学组织形式等）等问题。

二、教育学的研究任务

（一）解释教育现象

自教育产生以后,教育现象就普遍存在；学校产生以后,教育现象就从其他社会现象中独立出来,并与社会的政治、经济、文化等社会现象发生关系,在不同的时代体现不同的特色。《教育大辞典》①中是这样描述的:教育现象(phenomenon of education)是人类特有的社会现象之一,指教育的外在表现,其形式通常有:

① 学校教育,即有目的、有组织、有计划的教育活动和学校教育设施。

② 社会教育,指社会文化教育机构进行的教育活动及其教育设施。

③ 家庭教育,指家庭中长辈对年轻子女进行的教育活动及有关教育设施。

④ 自我教育,即人的自学活动及自学活动设施,以及自省、自修行为。

⑤ 自然形态的教育,指渗透在生产、生活过程中口授身传生产、生活经验的现象。

教育学虽然也涉及其教育形式,但是它主要是研究学校教育现象。现象的解释并非就事论事,必须在总结经验、发现规律的基础上,利用教育原理来解释教育现象。规律与现象是事物不可分割的两个方面,规律是事物内部的本质联系和发展的必然趋势,是现象中相对统一、相对静止、相对稳定的方面;现象是事物的外部联系,是事物本质的外在表现。教育现象是教育规律的外在表现形式,教育规律通过教育现象表现出来,是教育现象的实质内容。教育学就是要解释教育现象产生、变化、发展的原因,内在动力及演变的过程,从而引导人们对教育问题的发现和解答,对教育规律的揭示与把握,激发人们创造新的教育理论来解释教育现象。

(二)解决教育问题

现象与问题是一种引申的关系,现象是客观存在的,当人们去解释现象产生的原因或者去控制现象的进程时就变成了问题。例如,苹果落地是一种自然现象,千百年来人们习以为常,牛顿想了解其中的原因,提出了"苹果为什么会落到地上"的问题,通过研究最终找到了原因,即物体之间存在着万有引力。教育现象与教育问题之间同样是一种引申关系。在古希腊时期,人们集中考虑的是"人是否应该受教育""人接受教育的可能性""教育对人的作用是什么"以及"人在什么时期接受教育最有效""人如何进行教育"等问题。到了卢梭,则提出

---

① 顾明远.教育大辞典[M].上海:上海教育出版社,1990.

了两个教育研究中未被充分探索的问题,一是人究竟从哪些方面接受教育,二是教育应根据成人的标准还是根据儿童的本性来进行,这两个问题极大地推动了教育学的发展。不同的时代、不同的国家、不同的地区的教育各具特色,教育问题也不尽相同,需要我们从中去发现、去解决,在解决问题中找到规律。也就是说,人们并不是从一开始就研究教育规律,人们只是在研究教育规律的外在表现形式——教育现象时逐渐发现了规律,并把这些规律表述出来,在这个过程中,教育问题在教育现象与教育规律之间起到了桥梁作用。当人们已经找到了一些教育规律,并用这些规律指导教育实践时,还会产生新的教育问题。对教育规律的认识是人们研究教育现象、解决教育问题的最终结果。

(三) 揭示教育规律

揭示规律是科学研究的崇高目标。所谓规律就是不以人的意志为转移的客观事物内在的本质性的联系及其发展变化的必然趋势。规律是可以被认识和利用的,科学规律就是对客观事物必然联系的正确反映,从而指导人们的实践活动。教育规律是多层次的,有宏观规律,有中观规律和微观规律。在宏观上,教育有两大规律:一是教育事业与社会发展的本质联系,具体表现为教育与生产力、政治经济制度和文化发展之间存在着相互制约和相互促进的关系;二是教育活动与教育对象之间的本质联系,具体表现为教育活动既受制于青少年身心发展水平,又促进其加速发展。这两条宏观规律又称为基本规律,是国家制定教育方针政策的理论依据,是一切宏观和微观的教育活动都必须遵循的规律(本书第三、第四章将进行全面论述)。中观层次的规律较多,如德育、智育、体育、美育既各有任务、各有侧重,又相互关联、相互渗透,融为一体;各育又有其自身的规律,如德育中"身教优于言教""教育者的人格是一切教育的基础"[1],教学中"因材施教""学新知及时巩固"等。微观的教育规律则更多,如教学过程中的"提问",需要遵循"面向全体学生,提出问题引发每一学生思考,然后再找学生回答,开展讨论"等。

---

[1] 巴拉诺夫,等.教育学[M].2版.李子卓,等,译.北京:人民教育出版社,1983:3.

(四) 指导教育实践

教育学不是一种书斋中的学问,它是一门实践性很强的学科,对于广大教师和准备去当教师的师范生而言,学习教育学的根本任务是指导未来的教育实践。解释现象、认识规律,其根本目的在于更加自觉地去开展教育实践,通过解决实践中的问题,提高认识,发现规律再用于实践。教育理论与实践的结合不是机械的、表面的,而必须是灵活的、内在的,教育实践是教育理论发展的源泉,是教育理论发挥作用的最终检验。如果说揭示教育规律是研究教育现象的目的和任务,那么运用教育规律来指导教育实践是学习教育学的意义所在。教育学中对教育现象的解释、对教育问题的解决、对教育规律的揭示,最终还是为了更好地开展教育实践。

第三节 教育学的产生与发展

教育活动是随着人类的产生而产生,随着人类的发展而发展的。但人类对教育活动进行有目的的认识、反思和研究却要晚得多。当学校产生以后,教育活动从生产和生活中独立出来,成为一种独立的活动时,人们对教育的认识和思考也就随之而来。"教育学"这个词源于希腊语中的"教仆"(pedagogue)一词,教仆一般由照料年幼男孩的奴隶担任,主要任务是送孩子上学,接他回家,替他携带学习用品,注意他需要些什么,并在必要的时候管束他。因为"教育学"是从"教仆"这个词派生出来的,很长时间没有受到尊重,后来因教育改革家执着的努力,才使教育学有了更丰富的内容,获得了较高的地位。教育学英文为"pedagogy",后改用"education",20世纪50年代后有人开始用"educology"一词来取代"education",特指对教育的学科研究[①]。由此可见,教育学作为一门学问,其地位是逐步提升的。教育学是一门源于教育实践并服务于教育实践的学问。教育学的研究一直遵从两大目标:一是"顶天",即探索和揭示教育知识

---

① 石中英.教育学的文化性格[M].太原:山西教育出版社,2005:3.

体系的元件—概念—精确化、术语化，建立系统的、科学的理论体系，使教育理论体系显示出更强的解释能力和预测能力；二是"立地"，理论能否立得住，必须通过实践的应用与检验，理论只有成为实践行为的有效的指针或工具才是有用的，否则，就只是空洞的教条。

一、教育学的萌芽时期

原始社会生产力低下，人类在自然界中艰难的生存和发展着，人类的智慧只是在各自的部落中一代一代地传递着。随着生产力的发展和人类体脑的分工，文字的产生和知识的积累，人类历史上最早的关于教育的知识开始萌芽。但是它不是独立的，而是与哲学、政治学、伦理学乃至宗教交织在一起，无论是古希腊哲人的，还是东方古代圣贤的著述中都可以找到教育思想的踪迹。但是，近代之前，人们对教育的认识主要属于教育经验范畴，称为"教育学的萌芽时期"，或者"前教育学时期"。只有把各种教育现象、教育问题作为研究对象加以研究，并形成了较为系统的理论体系的时候，才形成了真正意义上的教育学。

从人类社会的产生至奴隶社会、封建社会，以至于资本主义社会初期，东西方学者所取得的教育认识成果主要体现在一些哲学家、思想家们的哲学或思想著作中。早期的如《论语》《孟子》《老子》《庄子》《中庸》《学记》，后期的如韩愈的《师说》、朱熹(1130～1200)的《四书集注》、王守仁(1472～1529)的《传习录》等。特别值得一提的是《论语》和《学记》。

《论语》中记载了大量孔子的教育言行。孔子创办儒家私学，面向社会各阶层办学，做到了"有教无类"；自己则坚持"学而不厌，诲人不倦"。孔子的教育目标是培养具有仁义品质的"贤人"和"君子"，并指出"克己复礼为仁"；教学纲领是"博学于文，约之以礼"，主张"非礼勿视，非礼勿听，非礼勿言，非礼勿动"；教学科目是诗、书、易、礼、乐、春秋；孔子形成了一套教学原则或教学要求，具体有"启发"式原则，子曰："不愤不启，不悱不发，举一隅不以三隅反，则不复也。"朱熹注："愤者，心求通而未得之意，悱者，口欲言而未能之貌。启，谓开其意，发，谓达其辞"；还有"学而时习"("学而时习之，不亦说乎")，"学思结合"("学而不思则罔，思而不学则殆")，温故知新和因材施教等原则和要求。

在早期中外教育研究成果中，《学记》是世界上最早的"为儒家总结教学理论的'教学论'专著"。它"专门研究把人如何培养成才的道理,研究通过教学手段,把学子培养成人才,使其'知类通达、强立而不反',而达到'大成'。把人培养成有知识、有毅力的人才"①,是它提出的教学目的。《学记》全文1229个字,分为十二节,第一节谈化民成俗,其必由学;第二节谈建国君民,教学为先;第三节谈教学相长;第四节谈教育实体和考学制度;第五节谈学不躐等和教学时机;第六节谈教之不刑、教之兴与教之废;第七节谈教学之十二字法;第八节谈长善救失;第九节谈教之语言;第十节谈择师和尊师;第十一节谈叩问之道;第十二节谈人以学为本及务本之法。《学记》虽然揭示了许多教学之道,有些习语具有规约当代教学的价值,其论述方式主要采用类比、格言、比喻等,但理论的系统性和深刻性均存在不足。

古希腊苏格拉底(Socrates,前469～前399)不仅是一位哲学家,也是一位教育家,他把哲学家的沉思与教育家的责任结合在一起,审视和指导现实生活,提出了许多重要的哲学和教育问题。苏格拉底提出了一个著名的命题"美德即知识"。苏格拉底在向人传授知识时不是强制别人接受,而是发明和使用了以师生共同谈话、共同探讨问题而获得知识为特征的问答式教学法,也叫产婆术,或"苏格拉底法"。他受母亲为人接生的影响和启发,认为自己是知识的产婆。他在教育学生时,首先摆出一副很无知的样子,向学生请教一个问题,然后顺着学生的思路一步步地发问;当学生有了迷惑时,他并不急于告知答案而是举出一些实例,引导和启发学生从中得出正确的结论。后人将这种方法概括为四个部分:讥讽、"助产术"、归纳和下定义。苏格拉底的"产婆术"是西方启发式教学的开端,对后世影响很大。

苏格拉底的学生古希腊著名哲学家柏拉图(Plato,前427～前347)在本体论研究上做出了重要贡献,提出可见的"现实世界"是抽象的"理念世界"的摹本或影子,由此他认为人的肉体是灵魂的影子,灵魂是人的本质。灵魂由理性、意志和情感三部分构成,理性是灵魂的基础。理性表现为智慧,意志表现为勇敢,情感表现为节制。根据三种品质哪种占主导地位可以把人分成三类或三个阶层:他们分别是运用智慧管理国家的哲学家,凭借勇敢保卫国家的军人,受情绪驱动的劳动者。人类要想从"现实世界"走向"理念世界",非常重要的就是通过

---

① 陈元晖.中国教育学史遗稿[M].北京:北京师范大学出版社,2001:129-135.

教育,帮助未来的统治者获得真知,以洞察理想的世界。反之,教育只有贯彻了睿智的哲学家和统治者的思想才能引导芸芸众生走向光明。以培养未来统治者为宗旨的教育乃是在现实世界中实现这种理想的正义国家的工具。柏拉图的教育思想集中体现在他的代表作《理想国》(*The Republic*)中。

古希腊百科全书式的哲学家亚里士多德(Aristotle,前384~前322)所著《政治学》(*The Politics*)与《尼各马可伦理学》(*The Nichomachean Ethics*)秉承了柏拉图的理性学说,认为追求理性就是追求美德,这是教育的最高目的。他认为教育应该是国家的,每个公民都属于城邦,全城邦应有一个共同的目的。他主张所有具有公民资格的人都应受同样的教育,没有公民资格的奴隶是不可以受教育的。"教育事业应该是公共的,而不是私人的"。亚里士多德注意到儿童心理发展的自然特点,主张按照儿童心理发展的规律对儿童进行分段教育,这一思想成了后来教育中强调人的发展的思想渊源。

此后,昆体良(M. F. Quintilianus,35~95)的《雄辩术原理》(*Institutio Oratoria*)以及中世纪和文艺复兴时期许多思想家们的哲学、社会学论著对教育思想的发展都产生了重要影响。

二、教育学的独立时期

教育学的独立和其他许多学科的独立一样,首先来源于教育实践的客观需要。17~19世纪间,随着新航路的开辟,资本主义的产生和发展,产生了一些新型的实科学校。为培养讲授实科教师的迫切需要,17世纪末开始,欧洲陆续出现了一些教师讲习所,培养新教师需要的新的教育教学方法;其次,近代以来的学科分化趋势也为教育学从哲学中分化出来提供了契机;再次,教育学的独立与教育理论工作者和教育实践工作者的艰辛探索是分不开的。

近代教育学的奠基人是夸美纽斯(J. A. Comenius,1592~1670),他所著的《大教学论》(*Magna Didactica*,1632)的问世是教育学成为一门独立学科的标志。近代教育学的产生主要原由有以下几点:第一,从当时整个文化与科学发展的背景来看,正是近代科学与哲学开始分化的时期;第二,从当时社会的政治经济发展状况来看,也对近代教育学的产生起了直接的推动作用;第三,从当时的教育思想发展来看,文艺复兴以后的教育思想成就构成了夸美纽斯教育学思想的主要来源;第四,从夸美纽斯的个人生活经验特别是他的教育经验的积累来看,近代教育学的产生,与个人的潜心研究和经验积累有相当深的关系①。

夸美纽斯对教育学的建树,概括起来有四个方面:

① 倡导教育对象普及化,主张"一切城镇乡村的男女儿童,不论富贵贫贱,都应该进学校";

② 提出了泛智教育思想,将教育作为"把一切事物教给一切人类的全部艺术"来加以探讨,提出了系统的关于教育目的、方法、原则以及课程、教学及德育等思想;

③ 他所创立的教育学体系是近代教育理论的基本框架,而以"经验-描述"形式写就的教育学则成了教育学研究的基本范式;

④ 晚年提出终身教育的设想,将人的一生分为胎儿、婴儿、儿童、少年、青年、成年和老年七个发展阶段,并为每个阶段规定具体的教育任务。

在夸美纽斯之后,有许多著名的哲学家、思想家写出了专门的教育学著作,为教育学的创立做出了自己的贡献。如英国哲学家洛克(J. Locke,1632～1704)于1693年出版的《教育漫话》(Some Thoughts Concerning Education),提出了完整的绅士教育理论体系。法国思想家卢梭(J. J. Rousseau,1712～1778)于1762年出版的《爱弥儿》(Emile),书中揭示了卢梭的自然主义教育思想,他强调教育活动必须注重感性、直观,必须遵循儿童的自然本性。瑞士教育家裴斯泰洛齐(J. H. Pestalozzi,1746～1827)分别于1781年、1783年、1785年和1787年出版了他的四卷本教育小说《林哈德与葛笃德》(Lienhard und Gertrud),在该书中,他把教育目的规定为全面、和谐地发展人的一切天赋力量和能力。为达到这个目的,教育必须与生产劳动相结合,必须符合学生的本性,必须从最简单的要素开始直到最复杂的事物。他的实践及思想横跨18、19两个世纪,在经验教育学和哲学教育学之间架起了一座桥梁。

在教育学创立过程中,德国著名哲学家康德(I. Kant,1724～1804)功不可没。他是从理性主义的角度进行教育学研究,他在哥尼斯堡大学期间,普鲁士政府颁布了义务教育法令,强迫5～13岁儿童入学接受教育。为了培养大量合格的师资,该大学规定每位教师轮流讲授教育学,第一个讲授此课的是特拉普,

---

① 王坤庆.教育学史论纲[M].武汉:湖北教育出版社,2000:52-59.

康德是第二个,时间是1776～1777和1786～1787学年①。康德晚年将自己有关教育的演讲稿交给他的学生林克,嘱他编纂发表,1803年,《康德论教育》(*On Education, Immanuel Kant*)一书出版。康德认为"只有人是需要教育的""人只有靠教育才能成人。人完全是教育的结果。更要注意的是只有人能教育人——换言之,即只有是自身受过教育的才能教育人"。强调运用启发方法,注重实践。他开创了哲学教育学时代。

由于一大批教育学家和教育学论著的出现,教育学成为大学生讲座的内容,推动了教育学向学科方向迈进,为教育学的诞生创造了条件。对教育学的创立做出重要贡献的是赫尔巴特(J. F. Herbart,1776～1841)。1809～1833年间,他在哥尼斯堡大学接受康德哲学讲座职位,兼讲教育学,是近代德国著名的心理学家和教育学家,在世界教育史上被认为是"现代教育学之父"或"科学教育学的奠基人"。1806年出版的《普通教育学》(*The Science of Education*)是公认的第一本现代教育学著作。1835年又出版了《教育学讲授纲要》。

赫尔巴特的《普通教育学》共分为3篇,第一篇阐述"教育的一般目的",论述了儿童管理的目的和方法,教学应以发展多方面的兴趣为目的。第二篇论述多方面兴趣的对象、教学过程等,他把哲学中的统觉观念借用过来,强调教学必须使学生在接受新教材的时候,唤起心中已有的观念;认为多方面的教育应该是统一而完整的,学生所学到的一切应该是一个统一体,提出教学四个形式阶段:明了、联想、系统、方法。第三篇讨论道德性格的形成及其通过教育形成儿童性格的理论。赫尔巴特特别重视道德教育,主张教育要从国家理念、国家思想出发,教育的根本目的在于培养良好的国家公民。道德教育是教育的首要任务,纪律与管理是教育的主要手段,纪律的本质就是约束儿童的意志,使其与国家的意志相一致;管理的有效方法可以是威吓、监督、命令、禁止和处罚。这也反映出赫尔巴特的教育观是二元的,一方面,他主张儿童的兴趣是教育的出发点,是教学的依据;另一方面,他把教育看成主要是接受过程,强调教师、教授、教材的主导作用。

赫尔巴特教育学的方法论主要具有四个方面的特征:第一,将教育学建立在心理学、伦理学和哲学的基础上;第二,用逻辑学的方法建立了一系列教育的

---

① 石中英. 教育学的文化性格[M]. 太原:山西教育出版社,2005:22.

基本概念,构建了独立的、完整的教育理论体系;第三,以丰富的教育实践经验为依托;第四,坚持推陈出新。他在哥尼斯堡大学期间,还创办了一个教育研究所和一所实验学校。他不仅给"经验-描述"教育学的发展画上了一个圆满的句号,而且创造了"哲学—思辨"教育学的辉煌成就,开拓了教育学发展的新方向。

三、教育学的发展时期

赫尔巴特的教育思想对19世纪以后的教育实践和教育思想产生了很大影响,并在19世纪60年代后形成蔚为壮观的赫尔巴特运动。这场运动开始不久,便逐渐形成了赫尔巴特教育学的两种研究方法导向,即以思辨、演绎为特征的哲学导向和以观察、归纳为特征的科学导向。最终在赫尔巴特后继者斯托依、莱因、戚勒以及英国教育家斯宾塞的努力下,科学导向的教育学真正占据了上风。

19世纪下半叶,受自然科学迅速发展的影响,自然科学研究中的实验方法被引入教育研究。在改造原有的以赫尔巴特为代表的传统教育学研究范式的过程中,逐渐孕育并形成了"科学—实证"教育学研究范式,教育学进入科学发展时期。

(一) 实验教育学

拉伊(W. A. Lay,1862~1926)与梅伊曼(E. Meuman,1862~1915)是使教育学研究真正具有现代科学性质的关键人物。拉伊的代表作是《实验教育学》(*Experimental Pedagogy*,1908),梅伊曼的代表作是《实验教育学纲要》(*Outline of Experimental Pedagogy*,1914)。实验教育学的信念是:必须赋予教育学以真正科学的性质。他们反对理性主义的研究传统将科学主义作为教育研究的主要理论基础,把实验心理学的观察、实验、统计方法引入教育教学研究。实验教育学的主要观点是:第一,反对以赫尔巴特为代表的强调概念思辨的教育学,认为这种教育学对检验教育方法的优劣毫无用途;第二,提倡将实验心理学的研究方法和成果应用于教育研究,从而使教育研究真正"科学化";第三,把教育实验分为三个阶段,就某一问题构成假设——根据假设制定实验计划,进行实验,将实验结果应用于实际,以证明其正确性;第四,认为教育实验与心理实验的差别在于心理实验是在实验室中进行的,而教育实验则要在真正的学校环境和教学实践中进行;第五,主张用实验、统计和比较的方法探索儿童心理发展过程的特点及其智力发展水平,用实验数据作为改革学制、课程和教学方法的依据。调查、观察、统计、实验等研究方法的开始运用改变了教育学的形式和内容,也改变了教育理论与教育实践之间的关系,成为教育学研究的一种新的范式。

(二) 文化教育学

在实验教育学发展的同时诞生了文化教育学(Kutur Pädagogik)。文化教育学又称精神科学教育学(Geist eswissenschaftliche Pädagogik),是 19 世纪末以来出现在德国的一种教育学说,其代表人物主要有狄尔泰(W. Dilthey, 1833~1911)、斯普兰格(E. Spranger, 1882~1963)、利特(T. Litt, 1880~1962)等人,代表作主要有狄尔泰的《关于普遍妥当的教育学的可能》(1888)、斯普兰格的《教育与文化》(1919)、利特的《职业陶冶、专业教育、人的陶冶》(1958)等。他们认为,人是一种文化存在,人类历史是一种文化历史,教育过程是一种历史文化过程,在这个过程中,"人应该是总体地发展,知情意全生命地活生生地生成"[①]。教育活动要建立在学生主观能动性的充分发挥上;教育的研究既不能采用赫尔巴特纯粹的概念思辨来进行,也不能依靠实验教育学的数量统计来进行,而必须采用精神科学或文化科学的方法,即理解与解释的方法进行;教育的目的就是要促使社会历史的客观文化向个体的主观文化的转变,并将个体主观世界引导向博大的客观文化世界,从而培养完整的人格,其主要途径是"陶冶"与"唤醒",发挥教师和学生的积极作用,建构和谐的对话的师生关系。文化教育学的思辨气息浓厚,在教育实践中很难提出有针对性和可操作的建议。

(三) 实用主义教育学

20 世纪初,在欧美社会里,随着社会政治、经济的持续变化,科学的发展继续走在时代的前列,多元科学研究传统开始确立,用实用论取代实证论成为时代精神的核心。与时代精神相适应,发生了一场影响波及世界的教育理论与实

---

① 邹进. 现代德国文化教育学[M]. 太原:山西教育出版社,1992:202.

践的改革运动。对此,杜威(J. Dewey,1859~1952)写道:"我们的社会生活正在经历着一个彻底的和根本的变化。如果我们的教育对于生活必须具有任何意义的话,那么它就必须经历一个相应的完全的变革。这个变革并不是突然出现的,也不是凭着预想的目的在朝夕之间就能完成的。——所有这一切,都不是偶然发生的,而是出于广大社会发展的各种需要。"①杜威于1899年在《学校与社会》(The School and Society)一书中第一次用"传统教育"对赫尔巴特教育理论进行了定性,同时把自己的教育理论称为"现代教育"。

杜威的代表作是《民本主义与教育》,这个书与赫尔巴特的《普通教育学》体系上大相径庭,观点上更是针锋相对。他针对赫尔巴特的"教师中心、教科书中心和教室中心",提出了"儿童中心、经验中心和活动中心",尤其对"儿童中心",杜威更加强调,"我们教育中将引起的改变是重心的转移。——这里,儿童变成了太阳,而教育的一切措施则围绕着他们转动,儿童是中心,教育的措施便围绕他们而组织起来。"针对传统教育以教科书作为学生主要的知识来源,杜威提出了以经验作为学生的主要学习内容,从经验中学习。他还指出,经验作为动词,是学生学习的过程,经验作为名词,是学生学习的结果,这两方面对学生而言,都是非常必需的,也是重要的。针对传统教育把课堂和教师讲解作为不变的教学组织形式和方法,杜威主张以儿童的实践经验活动作为主要教学组织形式和方法,强调"从做中学""从活动中学"。此外,杜威还提出了其他一些著名的教育口号,如"教育即生活""教育即生长""学校即社会"等,并非常强调教育对社会和个人的有用性,极力主张弘扬教育的功利价值。以上这些实用主义教育学的主张主要是以美国实用主义文化为基础的,是美国资本主义发展的教育学表达,它对世界各国的当代教育改革发挥着重要影响。

(四) 马克思主义教育学

马克思主义教育学包括两部分内容:一部分是马克思、恩格斯以及其他马克思主义的经典作家对教育问题的论述;另一部分是教育家们根据马克思主义的基本原理对现代教育一系列问题的研究结果。在马克思主义的思想体系中,揭示了教育与社会关系的本质联系及相互作用的辩证关系,社会发展水平与教

---

① 赵祥麟,王承绪.杜威教育论著选[M].上海:华东师范大学出版社,1981:26.

育发展水平的一致性,分析了人的全面发展的意义和教育对人的全面发展的重要性,强调无产阶级掌握全人类知识的重要意义,强调教育与生产劳动的有机联系。在马克思主义教育思想的指引下,1939年,苏联教育理论家凯洛夫主编了当时被认为是具有权威性的马克思主义的《教育学》。该书共有16章,大体可分为总论、教学论、德育论和学校管理论四个部分。其主要特点是重视智育在人的全面发展中的地位和作用,认为"学校的首要任务,就是授予学生以自然、社会和人类思维发展的深刻而确实的普通知识",形成学生的技能、熟巧,并在此基础上发展学生的认识能力,培养学生的共产主义人生观;强调教师在教育和教学中的主导作用,强调教材的权威性和稳定性,强调学校工作的基本组织形式是课堂教学,强调教育行政管理中的统一性,相对忽视了学校、教师及学生教育中的自主性和创造性。

(五)制度教育学

制度教育学是在20世纪60年代诞生于法国的一种教育学说,其代表人物是F·乌里、A·瓦斯凯、M·洛布罗等人。代表作主要有乌里和瓦斯凯《走向制度教育学》(1966)、《从合作班级到制度教育学》(1970)以及洛布罗的《制度教育学》(1966)等。制度教育学的主要观点有:第一,反对赫尔巴特以来的传统教育学把教育研究的着眼点放在一些师生个体行为的观察、分析、指导和校正上,认为教育学的研究应该首先把培养制度作为优先目标,以突出教育制度对于教育情境中的个体行为的影响;第二,在教育实践中,教育制度比教育意图、计划、策略对师生教育及学习行为的影响更大、更深刻;第三,教育目的帮助完成想要完成的社会变迁,要达到这一目的就需要进行制度分析,帮助教育者和受教育者理解制约他们思想、行为的制度因素,把学校中的"给定的"制度(即从外强加的制度)变成"建立中"的制度(即根据个人间的自由式交往而导致自我管理的制度);第四,教育制度的分析不仅仅是要分析显性的制度,如学校的建筑、技术手段的运用等。制度教育的兴起引起了人们对学校制度的高度重视,促进了人们对视为当然的学校制度进行质疑和批判,促进了教育社会学的发展。

(六)批判教育学

20世纪70年代西方教育理论界兴起了批判教育学思潮,亦称新马克思主义教育思潮,代表人物有美国的鲍尔斯(S. Bowles)、金蒂斯(H. Gintis)、阿普尔(M. Apple)、吉鲁克斯(H. Groux)、法国的不厄迪尔(P. Boudieu)等,代表著作有鲍尔斯与金蒂斯的《资本主义美国的学校教育》(Schooling in Capitalist America,1976)、布厄迪尔的《教育、社会和文化的再生产》(Production in Education, Societ and Culture,1979)、阿普尔的《教育与权力》(Education and Power,1982)、吉鲁克斯的《批判教育学、国家与文化斗争》(Critical Pedagogy, the State and Cultural Struggle,1989)等。鲍尔斯和金蒂斯等在亲眼目睹"向贫困开战"令人激动的开局和令人失望的结局后,于1968年在福特基金会的支持下开始对美国教育历史的考察,试图找到历次教育变革的动因和畏缩不前,甚至失败的原因。在考察中,他们认为:美国历史上的教育变革从根本上说都是失败的。教育从来就不是实现经济平等的推动力。人们认识到学校已经越来越不可能实现机会均等和个人圆满发展的神话。同时,他们认为"自由派教育理论"(主要指以杜威为代表的进步主义理论和以涂尔干、帕森斯为代表的功能主义理论)已经丧失了它的解释功能。杜威的进步主义理论主要阐述教育与民主的关系,对教育促进民主持乐观态度。杜威认为教育具有统合、平等化和发展的职能。帕森斯等功能主义教育理论主要揭示教育与技术之间的关系(亦称技术决定论),他们认为,社会变革和教育变革的动力是技术发展和社会一体化为目的的进步运动,学校是再生产劳动者所需要的技能的工具。自由派教育理论宣扬,教育与社会平等、个人自由之间存在着正相关;社会各要素之间,教育各因素与功能之间,教育与社会化之间是统一的、和谐的,社会变革和教育变革的动力就在于这种统一与和谐。批判教育家的基本观点主要有:第一,社会变革的动力——(阶级)冲突和意识(觉醒)。他们所强调的只是劳动者个人需要与组织化之间的冲突,是主体与客体的异化,不是马克思主义所说的无产阶级与资产阶级在生产关系与分配关系上的冲突,更不是生产方式与生产力之间的冲突。第二,社会变革的方向——"美国式的社会主义"(包含教育理想)。新马克思主义思想的核心就是反对组织化、机构化。鲍尔斯和金蒂斯提出要建立"美国式的社会主义"。这种社会主义的模式是:由一个社会党领导;经济民主制,即每一个人都享有经济上的民主和自由,享有经济参与权,享有劳动选择权;代议制政府;平等的、人道主义的社会主义;人的天性不是利己主义的、地方主义的和竞争的。这种模式只能是小资产阶级式的民主、自由、平等思想的大杂烩。其本身矛盾重重：经济民主制是一种私有制，而又企求人不是自私的、竞争的；经济民主，政治民主，个人参与却又出来一个社会党。第三，教育是上层建筑。教育是再生产科技知识、技能，再生产不平等社会关系，维持统治阶级利益的诸种意识形态的国家机器的一种。他们揭露了教育作为国家及阶级意识统治机器的工具性，揭示了技术、智商、文凭的虚伪，并对教育赖以维持阶级意识的途径和实体作了说明，对于人们理解资本主义教育的阶级性无疑有理论和实践意义。第四，教育与社会的对应。鲍尔斯和金蒂斯认为，教育不是一个独立机构，而是国家、统治阶级或者说劳动市场控制下的机构。教育系统是由一套与劳动市场相对应的社会关系和组织形式组成的。"教育系统与其说按照教师和行政管理人员在日常生活中的自觉意图来运转，不如说是通过影响劳动场所个人关系的社会关系与教育系统的社会关系之间的紧密对应来运行。"有什么样的社会政治、经济和文化，就有什么样的学校教育机构，社会的政治形态、文化形态、经济结构强烈地制约着学校的目的、课程、师生关系、评价方式等。除鲍尔斯和金蒂斯对于批判教育学作出杰出贡献外，其他学者的理论观点同样是非常丰富和富有建设性的。批判教育学正处于发展之中，它将对 21 世纪新教育理论的产生和发展产生较大影响。

（七）教育学的持续发展

学术的发展和教育活动本身的日益丰富，促进了教育学的多元化。不仅理论背景、学科体系发生了分化，而且教育学的学科性质、学科功能以及核心内容都产生了不同的理解①。20 世纪 60 年代以来，教育研究成果精彩纷呈，国外的研究成果有：皮亚杰（J. Piaget）的发生认识论，布鲁纳（J. S. Bruner）的知识、课程结构理论，科尔伯格（L. Kohlberg）的道德发生论，赞科夫（L. V. Zankou）的教学与发展理论，布卢姆（B. S. Boon）的教育评价理论，舒尔茨（W. Schultz）的人力资本理论，马斯洛（A. H. Maslow）、罗杰斯（C. K. Rogers）的人本主义教育思想。国内自 20 世纪 80 年代以来掀起了素质教育实践和研究的热潮，形成了非智力因素理论、素质教育理论；本世纪初又兴起了以建构主义为基础的课程理论。

---

① 袁振国. 当代教育学[M]. 北京：教育科学出版社，2004：23.

教育学的发展不仅体现在学派的纷争上,而且使教育知识的学科由一门"教育学"到多门教育学科的发展过程。如上所述,早在赫尔巴特时,他就明确地把伦理学与心理学作为他的教育学的理论基石;在实证思潮的背景中,人们又陆续意识到生物学、生理学、社会学、统计学等等对教育学的贡献;二战后,经济学、政治学及技术学等也跨入了教育学研究的行列。教育科学在形式上由单数到复数的变化,并不是一种文字游戏,当中蕴含着观念上的差异。单数"教育科学"中蕴含着的观念是:力图把教育学变成经验科学;单数"教育科学"含义是从严格意义上说的。复数"教育科学"中蕴含着的观念是:教育科学是大量社会科学,还包括某些自然科学应用于教育领域而形成的分支,它们绝大多数以教育现象为对象;在方法上博采众家,其发展以这些学科的发展为前提;复数"教育科学"的"科学"含义比较宽泛,在形式上成了所有有关教育的学科总称①。

专栏 1.3　教育学在中国的发展

　　从 1898 年至 1905 年,基于师范教育的需要,国人大量译介了日本的教育学著作。其中有王国维译立花铣三郎讲述的《教育学》(1901)、牧濑五一郎著的《教育学教科书》(1902)等,这大概是国人了解到的最早的教育学了。1905~1917 年,国人根据日本原作译编、改编或自编了大量教育学著作。如缪文功的《最新教育学教科书》(1906)、蒋维乔的《教育学》(1909)、张继煦编辑的《教育学讲义》(1910)、张之河编写的《大教育学》(1914)、舒新城编著的《教育学要览》(1917)等。1920~1949 年,中国教育学一改译介日本的做法,转而效仿美国(兼及德国、苏联),其主体是在大量吸收美国杜威、桑代克等教育思想的基础上进行草创。此时,教育学的著作纷呈,中国的第一代教育家群体形成。这一时期,教育学的建构取向主要有三种:一种是以美国为蓝本,模仿吸收美国教育理论;一种是借鉴德国文化教育学的主张建构教育学;一种是吸收苏联的唯物主义观点建构教育学。第一种取向在当时居主流地位,重视儿童。庄泽宣的《教育概论》、吴俊升和王西征的《教育概论》、余家菊的《教育原理》等,是这方面的代表作。石联星编的

---

① 瞿葆奎,吕达.教育逻辑学[M].北京:人民教育出版社,2002:5-8.

第一章 教育学学科概述

《教育学概论》(1946)则体现"教育是一种精神文化"。钱亦石的《现代教育原理》(1934)和杨贤江的《新教育大纲》(1936)则体现教育学的唯物主义导向。

新中国成立以来,教育学的发展大体经历了4个阶段:1949～1957年,学习苏联阶段;1958～1965年,教育学中国化阶段;1966～1976年,教育学语录化阶段;1977年至今,教育学逐步发展阶段。

一、学习苏联的教育学

以马列主义为指导,建构新的教育学体系,是当时教育学的一个显著特征。胡守芬的《新教育概论:马列主义的教育理论》(1950)和程今吾的《新教育体系》(1951)是这类体系的代表。

《人民教育》在1952年11月号曾发表社论《进一步学习苏联的先进教育经验》,其中对于为何要打碎资产阶级教育理论、制度、方法那一套,为何要学习苏联先进的教育经验与理论作了说明。从那个时候起,一直到1955、1956年,整个教育系统出现了学习苏联的热潮。从教育理论到教学实践,从学校创办到专业设置几乎都是照搬苏联的。凯洛夫主编的《教育学》成为中小学教师的必读课本,几乎人手一册。这种情况下,我国的教育理论和实际工作者,关注的都是如何传播和运用已有的苏联的教育学,极少过问教育学自身的建设。

二、教育学中国化

教育学中国化始于研究者对苏联教育学存在问题的反思,但直接原因是适应"教育大革命"的需求。"我们应当根据我国自己的特点,把马克思主义的普遍真理同我国的具体实际结合起来,来规定我国的教育方针、教育政策、教育制度、教育方法等",建立我们自己的教育科学。随后不久,便兴起编写教育学教材之风。此时的教育学教材基本上都是"教育政策汇编",除了大量引用毛泽东关于教育的各种论断,就是介绍中国共产党的一般教育政策和一般工作原则。1962年5月以后,提出"在编书过程中,必须保证学术争论的自由"的主张,以上海师范大学教育学教材编写组编写的《教育学》为标志,越来越多的教育学开始从"政策汇编"与"工作手册"式的模式下解脱出来。教育学中国化在此间取得了较大的成绩。

三、教育学语录化

"文革"时期,"左倾"教育思潮泛滥,除了马克思、恩格斯、列宁、毛泽东的教育思想外,一切古今中外的教育思想、理论、制度等都是与无产阶级"格格不入"的,都属"横扫"之列。凯洛夫的《教育学》也被大肆批判。

这一时期也编写了一些所谓教育学的书籍。但几乎都是大段大段地引述马克思、恩格斯、列宁、毛泽东的语录,用语录代替说理,用语录代替论证。"教育学"中的任何内容无不体现着"以阶级斗争为纲"的要求。

四、教育学的逐步发展

70年代末80年代初,教育学研究主要在于回复"文革"前17年的成果,重新认定凯洛夫主编《教育学》的理论与实践价值,力求对杜威实用主义教育学作出公正、合理的评价,恢复对教育基本问题的关注与讨论。正是在这个恢复的基础上,教育学研究的问题领域逐渐扩大,教育学研究基础和研究模式逐渐多样化,教育学科进一步分化,教育学越来越关注现实问题的思考与解决,教育理论在教育改革中的价值日益明显。

资料来源:瞿葆奎.教育学文集:教育与教育学[M].北京:人民教育出版社,1993:421-437.

第四节 学习教育学的意义

学习教育学的意义是多方面的,这里仅从四个方面进行阐述。

一、树立正确的教育理念

教育学的学习重点是理论学习,学生在学习过程中掌握了先进的教育理论,认识了教育的客观规律,就会不断更新教育观念,形成正确的教育理念。我国当代的教育方针政策虽然不等于客观规律,但是,它是在依据先进的教育理论,遵循教育的前提下制订的,是教育规律与中国当代的教育实践相结合并指导中国教育事业发展的、具有前瞻性的纲领性文件。我国的教育学以马列主义为理论基础,以发展、变化、唯物、辩证、动态的观点为指导,分析、认识与把握教育现象及其本质属性,与国家的教育方针政策是相辅相成的。因此,学习教育学可以使我们逐步树立正确、科学的教育观,提高我们投身教育实践的自觉性、积极性与预见性,也能使我们在各种错综复杂的教育实际中坚持正确的方向,掌握正确解决问题的思维方式和工作方法。

二、强化对教育事业的认同

教师的职业本身要求教师必须努力做到:第一,志存高远,爱国敬业;为人师表,教书育人;严谨笃学,与时俱进;热爱教育事业,热爱学生;积极上进,乐于奉献;公正、诚恳,具有健康心态和团结合作的团队精神。第二,能全面了解、研究、评价学生;尊重学生,关注个体差异,鼓励全体学生充分参与学习;形成相互激励、教学相长的师生关系,赢得学生的信任和尊敬。第三,能依据课程标准的基本要求,确定教学目标,积极利用现代教育技术,选择利用校内外学习资源,设计教学方案,使之适合于学生的经验、兴趣、知识水平、理解能力和其他能力;善于与学生共同创造学习环境,为学生提供讨论、质疑、探究、合作、交流的机会,引导学生创新与实践。第四,能积极、主动与学生、家长、同事、学校领导进行交流和沟通,能对自己的教育观念、教学行为进行反思,并制订改进计划;求真务实,勇于创新,严谨自律,热爱学习。这既是对教师的专业素质的规定,也是社会对教师的期望与要求。教育学的学习过程,无论是课程教学,还是教育实践活动都是在不同的侧面强化这些要求。

三、掌握教育规律和特点

教育规律是不以人的主观意志为转移的,教育工作者只有按照教育规律办事,才能搞好教育。历史经验证明,遵循教育规律,教育事业就发展,就前进,就成功;违背它,教育事业就受挫,就倒退,例如,"文革"期间因为违背了"教育与社会生产力发展相互制约的规律"而招致重大损失;而1981年以后国家制定的大、中、小学工作条例,由于它符合教育自身的规律,所以促进了教育事业的稳步发展和教育质量的持续提高。教育学系统地剖析了教育现象的不同层次和各个侧面,揭示了教育领域里的一般规律和特殊规律。有的老师上课善于吸引学生的注意力,"点燃"学生的求知欲望,把教学过程组织得生动活泼,水乳交融,富有成效。有的教师上课,不能使学生心领神会,学生愁眉苦脸,摇头叹息,既窒息了学生的求知热情,又压抑了学生的思维发展。这两种截然不同的教学效果,关键就在于教学是否符合教学规律。

教育学的任务就是分析教育现象、解决教育问题、揭示教育规律。因此,教育学的学习必将有助于学生认识和掌握教育规律,并在今后的工作中科学而巧妙地将教学规律应用于教学实践,提高从事学校教育工作的水平和能力。

四、推动教育改革和研究

学校教育改革和教育科学研究离不开教育理论,必须在先进的教育理论指导下进行才能取得成效。虽然为师范生开设的教育学是在理论指导下的实践性学科,是符合教育规律的价值与规范系统,但是,教育学课程中具有大量的教育理论的总结与评价,这些理论无论对教育实践,还是学校教育改革和教育科学研究都有着重要的参考价值。因此,教育学的学习将有助于增强教育改革的目的性和自觉性,提高教育改革的成功率,将有助于提高教育科学研究的科学性、理论性和前瞻性。

第五节 教育学学科特点及学习方法

教育学的研究对象和任务我们已经在第一节进行了讨论,对教育学的价值与作用必须进行客观的、公正的评价,过高或者过低的评价都是片面的,非此即彼的认识更是有害的。那种认为教育学不是真正的学问,没有什么价值,学不学一个样,无疑是失之偏颇;那种对教育学期望太高,认为只要学了教育学就可以当好教师,自然也是言过其实。教育学对准备从事教师职业的学子而言无异于教士的圣经。它有着树立学习者教育信念、更新学习者教育理念、帮助学习者掌握教育规律、激发学习者教育热情等多种功能,学好教育学是当好教师的必要条件,但不是充分条件,因此,当师范生教育能力欠佳时,"欠佳"的原因涉及教师素质的各个方面,一个方面的缺陷足以导致"欠佳"。仅仅指责教育学的无用,无疑是让教育学忍辱负重地承担所有的责任。

要学好教育学,充分发挥教育学的作用,除了认清教育学的对象和任务之外,还需要弄清教育学的学科特点和学习中要注意的问题。

一、教育学的学科特点

第一,教育学(为师范生开设的教育学)是在理论指导下的实践性(应用性)学科,是符合教育规律的价值与规范系统。目的是使学生懂得如何当教师,使学生在教育理论的指导下,掌握教育、教学的操作理论和技术。从教育学发展的历史看,早期的教育理论是为了指导教育实践而提出来的,无论是中国孔子的《论语》和《学记》,还是古希腊苏格拉底、柏拉图、亚里士多德以及古罗马的昆体良等著作中对教育活动的论述和要求,其出发点都是指导教育实践,是对教育行为的建议、准则、章程和规范。也就是说,教育学从一诞生就是经验、价值和规范的统一,此后其发展的每一步都离不开教育实践,教育实践是教育学成长的根基,没有教育实践,教育学就成了无源之水、无根之木。应用性并不排斥科学性,那种认为只有形而上的理论才是"阳春白雪",而形而下的应用技术只是"下里巴人"的思想是极为偏激的,应用学科有着学科理论不可替代的价值。

第二,教育学是一门选择性的学问。教育有法,教无定法,教育没有固定的模式、没有一成不变的方法。对教育中的总体而言,没有最佳的方法,每种方法只要用得恰如其分就能产生最佳效果。因此教育成功的关键是在于教师根据自己的特色、优势和不同受教育者的特点选择适当的内容、适当的方法。如同临床医学,同样的病例治疗方案往往大相径庭,因为每个患者的年龄、身体状态、对药物的反应和适应性不同,心理准备状态不同,因此每个治疗的方案都有自己特色,并且在治疗的过程中还会根据病情的变化来完善和调整方案。名医与庸医的区别不在于能不能治病(有些病都能治),而在于错误率的高低,庸医的错误率可能超过百分之一,而名医的错误率却低于万分之一。教育者所面临的情境虽非人命关天,但其复杂程度则有过之而无不及,名师与误人子弟者都能开展教学活动,差异在于错误率的高低,在于把人引向何处。其次,教育理论的发展依赖于教育实践。教育理论是一种"选择性"理论,它是在不同历史背景下,不同社会结构下,经由实践理性对教育问题进行裁决的选择性方案。从这种意义上看,教育学是在尝试中不断完善起来的,教育学内部各流派之间的纷争从来就没有停止过,各派之间总是在不断地斗争中取长补短,求得生存和发展,成功的教育实践往往并非某种非此即彼的理论指导下的产物,而恰恰是博采众家之长的践行者。

二、教育学的学习方法

教育学因其研究对象宽泛,学科又具有实践性、综合性和选择性等特点,学习中需要注意以下策略:

(一)掌握教育学的基本概念、基本原理和学科体系,并将其内化为自己的教育理念

从学科的角度来看,教育学是一个专门的知识领域,它有着自己独特的概念体系,建立在概念基础上的教育原理,以及由概念和原理形成的学科结构。因此,掌握教育学的基本概念、基本原理和学科体系是学习教育学的基本要求,是理解人类发展史上的教育现象、分析教育问题、创新教育实践的基础和前提。需要注意的是,教育学概念、原理、学说和体系不像自然科学那样具有唯一性、确定性和同质性,相反,往往因为其时间和空间的不同而具有多样性,不同的学派对同一问题的观点是不一致的,甚至于是对立的,即便如此,每一学派的理论都有其立论的依据,有其合理性和可利用的一面,学习时不要有一种非此即彼的心态,接受一种而排斥另一种说法,而应该认真分析各自的角度与合理性,用一种宽容的学术态度来看待不同的解释或观点。

任何教育理论都是一定时期、一定教育环境中的产物,都适合于自己产生发展的教育土壤,我们不能将其生搬硬套,必须将其"本土化"和"现代化",并将其内化为自己的教育理论。正如顾明远教授所言:"'教育学'教科书的任务主要是让学生通过基础理论的学习建立起正确的教育观念,具有思考问题、处理

问题的能力。而正确的教育观念也不是通过说教和灌输而获得的,而是要在对各种教育问题的探讨中建立起来。教育是很复杂的社会活动……教育教学是有许多方法的,但需因事因人,因不同的情境而异,不是固定不变的。但教育规律是不变的,符合教育规律的正确的教育观念是相对稳定的。建立正确的教育观念,就能够创造出许多新的方法,取得良好的教育效果。"[①]

(二)要理论联系实际

教育理论与实际的紧密结合是教育的期望,但是,教育理论与实际的脱离却是经常发生的。教育理论与实践的脱离是双方面的,不是单向的。不能一谈两者的背离就意味着实践是无辜的,而理论罪该万死,其实不然,实践中的盲动性、随意性并不少,存在的问题也不比理论中少。因此,我们首先必须学好理论,不能脱离教育实践单纯记忆一些教育的词句或原理,要紧紧扣住现实的教育问题来学习:一方面应该关注教育问题,对教育问题有一种高度的敏感性,并带着一种求解的心态去学习教育学;另一方面,要善于从比较抽象和一般教育理论的高度去审视教育的问题,并尝试着用新的教育理论来解释和分析形形色色的教育问题,对于未踏上教育岗位的师范生而言,有心要通过对教育案例的分析来提高自己的教育理论水平和分析问题的能力。

(三)要在广阔的学科视野下不拘形式地进行学习

教育现象与人类自身发展密切相关,教育内容涉及所有学科,因此,教育学的学习与研究必须与其他学科紧密结合。哲学是关于自然、人类社会和思维发展的最一般规律的科学,是教育学的母学科,教育学与其他兄弟学科一样是从哲学中分离出来的,哲学至今依然是教育学的学科基础之一,在教育学和哲学中仍然存在着既为教育家、也为哲学家所研究的共同课题,如教育目的、人的全面发展、教育与人类幸福、教育与可持续发展等都与哲学有关,学好哲学对学好教育学有着重要的指导意义。伦理学是专门研究道德的社会科学,直接与教育学中的德育相关,教育学在研究德育时就必须借鉴伦理学研究的成果。美学是

---

① 顾明远.用教育新理念武装教师:《当代教育学》序[M]//袁振国.当代教育学.北京:教育科学出版社,2004:2.

研究人对现实和艺术审美态度发展与审美标准形成的一般规律的学科,是教育学中美育的基础,美育培养学生认识美、鉴赏美、创造美的能力必须以美学理论为基础。同理,政治学、经济学、社会学等社会科学,以及关于人的科学,如解剖学、生理学、心理学对教育学的学习都有着辅助的作用。因此,学好教育学需要广博的知识背景。

教育学学习不仅要注重理论,还要联系实际要关注教育问题,分析教育案例,主动积极地投身教育实践活动之中去调查教育、观察教育、感受教育、研究教育,在教育的环境中,在体验教育的过程中,才能真正学习教育学。

1. 分析教育哲学在教育学门类中的位置。
2. 教育学研究什么?学习教育学的意义是什么?
3. 反思自己受教育的经历及对教育系统、教育事业的认识。

阅读下列文字谈谈你的看法。

当医生的孩子得了绝症,医生无能为力时,人们给予最多的是同情;而当教师的孩子考不上大学时,人们给予的往往不是理解,而更多的是指责,许多教师自己也很自责。

第二章 教育本质论

1. 掌握：教育、教育者、受教育者、教育措施等概念。
2. 理解：① 正确理解教育的功能；② 三种教育起源学说的基本内容与评价；③ 学校教育的产生与发展。
3. 应用：① 了解教育的本质及其论争的要点；② 简要分析教育的基本要素及其相互关系；③ 剖析人类社会不同时期教育的特点。

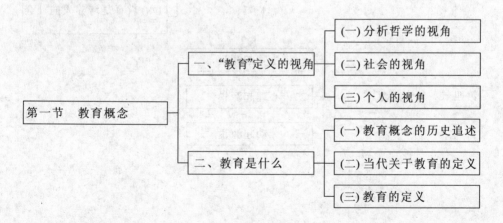

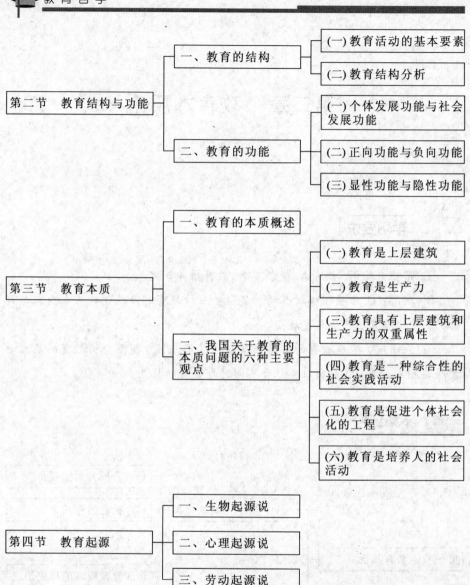

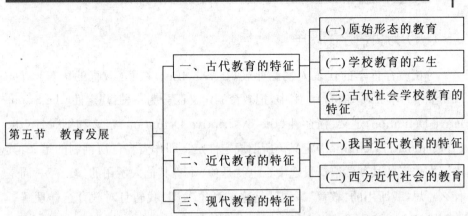

在教育作用越来越彰显的当今时代,人们也比以往任何时候都更加重视教育研究。每个人都离不开教育,因此,每个人对教育都有自己的认识,而这些认识往往是与每个人所处的时代、所在的国家,个人的经历和知识水平相互关联的。"教育是什么呢?"不仅不同的人有不同的回答,而且不同类型、不同版本的教育类著作也有不完全相同的回答。

第一节 教育概念

概念是反映对象的本质属性的思维形式。人类在认识过程中,从感性认识上升到理性认识,把所感知的事物的共同本质特点抽象出来,加以概括,就成为概念,人们对教育的认识同样如此。随着社会的发展,人们的观念不断更新、视野更加宽阔,因此,对教育的认识也更加全面、准确。

一、"教育"定义的视角

翻开不同版本的教育学,几乎能找到与版本一样多的关于"教育"的定义。就近代西方从培根到联合国教科文组织特设富尔委员会,关于"教育"的定义便达 65 种之多。定义的多样性反映了教育本身的复杂性与丰富性,也提出了对教育进行多方位、多层面加以审视的必要性。

(一) 分析哲学的视角

分析教育哲学的代表人物谢弗勒(I. Scheffler)在其《教育的语言》(The Language of Education)一书中,把教育的定义区分为三种:规定性(the Stipulative Definition)定义、描述性(the Descriptive Definition)定义和纲领性(the Programmatic Definition)定义。所谓规定性定义即作者自己所创制的定义,其内涵在作者的某种话语情景之中。也就是说"不管其他人所用的'教育'一词是什么意思,我所用的'教育'一词就是这个意思",即"我暂且对教育这样理解"。它要求被定义的概念或者术语在同一本著作或者文章中保持这种规定的意义,这就是逻辑学中所要求的"同一律",不管定义是否恰当准确,只要在同一著作中始终保持这一定义,那就是遵循了规定性定义的规则。

所谓描述性定义是指对被定义对象的适当描述或对如何使用定义对象的适当说明。在词典上,一般见到的大多是描述性定义的罗列。这类定义没有逻辑要求的规定,定义质量取决于定义者的主观意图、知识水平和语言能力,即使同一概念,使用者在不同的环境下需要赋予其不同含义,可以通过对概念的重新描述而获得新的定义。描述性定义由于对定义者的知识和语言水平依赖性较大,因此难免存在随意性,缺乏逻辑上的严紧性。描述性定义针对的是教育的"实然状态",回答的是"教育实际上是什么"的问题。

所谓纲领性定义则是一种关于定义对象应该是什么的界定。它不是揭示概念内涵的实际情况,而是旨在说明概念应该具有什么样的内涵,它回答的是"教育应该是怎样"的问题。它在给教育下定义是用"应然状态"取代了"实然状态"。纲领性定义说教育应该怎样,与描述性定义所说教育的实际是怎样是不同的,与规定性定义所说的"我暂且对教育这样理解"也不同,它往往包含着"是(is)"和"应当(ought)"两种成分,是描述性定义和规定性定义的混合。

谢弗勒有关教育的定义方式的区分为我们研究纷繁多样的教育定义提供了一个逻辑的视角。但事实上,任何一个"教育"的定义往往同时具备"规定性""描述性"和"纲领性",凸显了"教育"定义的复杂性、多样性和歧义性。[①]

看来,我们一直在孜孜以求的教育的真正定义,很可能是在寻求有关教育

---

① 瞿葆奎.教育学文集:教育与教育学[M].北京:人民教育出版社,1993:31-37.

的一种正确的纲领性表述,即将"教育是什么"和"教育应当是什么"结合起来的一种表述。这种表述包含有对教育所做出的价值判断,也规定着教育在其活动中寻求的目标。①

(二) 社会的视角

由于教育既关乎每个社会个体的发展,又关乎整个社会的进步与发展。因此人们试图从社会和个人的角度给教育下定义。但往往二者不能兼顾,因此就有了两种视角。我国多数教育学版本都采用从社会的角度给教育下定义。从这种视角出发,可以把"教育"定义区分为不同的层次:广义的教育(包括社会教育、家庭教育、学校教育);狭义的教育,主要指学校教育;更狭义的,有时指思想品德教育。这种定义方式强调社会因素对个体发展的影响,把"教育"看成是整个社会系统中的一个子系统,承担着传承文化和促进社会发展的功能。

(三) 个体的视角

从个体的角度来定义教育,往往把"教育"等同于个体的学习或发展过程。这种定义的出发点和基础是"学习"和"学习者",而不是社会的一般要求,侧重于教育过程中各种心理需要的满足及心理品质的发展。把教育视为个体潜能发现和发展的过程。

无论从社会的角度还是个体的角度来定义"教育",都存在着一定的缺陷性,前者把"教育"看成是一种外在的强制过程,忽视了个体的内在需要和身心发展水平在教育活动中的作用。后者只注重个体的心理需求,忽视了社会因素和社会需求在教育活动中的作用。因此,只有兼顾社会和个体两个方面,才有可能给出较满意的"教育"的定义。

二、教育是什么

在日常生活中,"教育"一词我们不仅熟悉而且经常使用,作为一般人满足

---

① 郑金洲.教育通论[M].上海:华东师范大学出版社,2000:8.

于日常的理解和运用也就够了。但是,作为未来的教育工作者,我们还必须做更深层次的研究和形式上的思考。

(一) 教育概念的历史追述

在先秦典籍中,"教"字是一个会意字。甲骨文"教"字的右边象征一只手拿着一根"教鞭"(棍棒),左下是一个"子"字,左上两个又是被"教鞭"抽打的象征符号;"育"如妇人养育孩子之形。许慎的《说文解字》对"教"的解释是:"教,上所施,下所效也。"对"育"的解释是"育,养子使做善也。"《学记》称"教也者,长善而救其失也"。

"教育"一词合用最早见于《孟子章句·尽心上》:"君子有三乐,而王天下不与存焉。父母俱存,兄弟无故,一乐也;仰不愧于天,俯不怍于人,二乐也;得天下英才而教育之,三乐也。"可见孟子是爱教的教师,认为得到天下优秀学子而对其进行教育,是君子的三大乐趣之一。

在西方,无论是英语、德语,还是法语,"教育"一词都源于拉丁文"educare"。拉丁文"e"有"出"的意思,"ducare"有"引"的意思。教育就是要将儿童固有的潜能引导或启发出来。

18世纪中叶法国自然主义教育家卢梭认为:"教育应当依照儿童发展的程序,培养儿童所固有的观察、思维和感受能力。"[①]

19世纪中叶英国教育家斯宾塞说"教育是为我们完美生活作准备"。[②]

20世纪美国实用主义教育家杜威认为"教育即生活""教育即生长""教育即经验的改造"。[③]

前苏联教育家巴班斯基认为:"教育是老一代向新一代传递社会历史经验的过程,其目的在于培养他们参加生活和从事为保证社会进一步发展所必需的劳动。"[④]

---

① 曹孚.外国教育史[M].北京:人民教育出版社,1979:124.
② 张焕庭.西方资产阶级教育论著选[M].北京:人民教育出版社,1979:419.
③ 杜威.民主主义与教育[M]//张人杰,王卫东.世界教育学名家名著.广州:广东高教出版社,2002:47-50.
④ 巴班斯基.教育学[M].北京:人民教育出版社,1986:6.

(二) 当代关于教育的定义

历史上成文的教育定义可谓不胜枚举。在此,仅列举我国改革开放以来较具代表性、影响较大的有关"教育"的定义,并以此来分析"教育"概念的内涵和外延。

1.《中国大百科全书·教育》

"教育是培养人的一种社会活动,它同社会的发展、人的发展有着密切的联系。从广义上说,凡是增进人们的知识和技能、影响人们的思想品德的活动都是教育。"①

2.《教育大辞典》

"传递社会生活经验并培养人的社会活动。通常认为:广义的教育,泛指影响人们知识、技能、身心健康、思想品德的形成和发展的各种活动。狭义的教育,主要指学校教育。即根据一定的社会要求和受教育者的发展需要,有目的、有计划、有组织地对受教育者施加影响,以培养一定社会(或阶级)所需要的人的活动。是人类社会发展到一定阶段的产物。"②

3. 南京师范大学教育系编《教育学》

"广义的教育是泛指一切增进人们知识、技能、身体健康以及形成或改变人们思想意识的活动。"③

4. 叶澜著《教育概论》

"教育是有意识的以影响人的身心发展为直接目标的社会活动。"④

5. 王道俊、王汉澜主编《教育学》

"教育是根据一定社会的现实和未来的需要,遵循年轻一代的身心发展的规律,有目的、有计划、有组织地引导受教育者获得知识技能,陶冶思想品德、发展智力和体力的一种活动,以便把受教育者培养成为适应一定社会(或一定阶级)的需要和促进社会发展的人。"⑤

---

① 董纯才.中国大百科全书:教育[M].北京:中国大百科全书出版社,1985:1.
② 顾明远.教育大辞典[M].上海:上海教育出版社,1990:3.
③ 南京师范大学教育系.教育学[M].北京:人民教育出版社,2005:1.
④ 叶澜.教育概论[M].北京:人民教育出版社,1991:8.
⑤ 王道俊,王汉澜.教育学[M].北京:人民教育出版社,1999:28.

6. 袁振国主编《当代教育学》

"教育是培养人的一种社会活动,是传承社会文化、传递生产经验和社会生活经验的基本途径。学校教育则是教育者根据一定的社会要求,有目的、有计划、有组织地对受教育者的身心施加影响,期望他们发生某种变化的活动。"[①]

以上列举的教育定义,既存在共点,又体现出异点。其共点就是都把教育看成是培养人的活动,这一点便是教育的内涵本质所在。其异点在于对这种活动的价值、范畴、内容、方法、效果等认识不一,如果进行中外有关"教育"的定义比较,其差异更为明显。

(三) 教育的定义

纵观"教育是什么"的论述,考察当代教育活动的现实,我们认为"教育"体现出如下几个基本特征:

其一,教育是一种有目的、有意识的社会活动。这一特征将教育定位于人类独有的社会现象,排除了动物界中存在教育的可能,并将人类教育与动物界的自发行为的技能传授从根本性质上区分开来。

其二,教育活动是以影响人的身心发展为直接目标的社会活动。这一特征将教育活动与人类其他社会活动区别开来。这里要区别的是"教育活动"与可能产生"教育影响"的其他活动,因此,不能以"影响"和"结果"为准,不能只从受教育者着眼,而要从活动的对象和目标着眼。非教育活动的直接对象往往是构成精神产品的生产,只有教育活动的对象直接指向人,并且以影响人的身心发展为直接目标。教育活动的这一特征,既是古今中外所有教育活动的共点,又是教育活动区别于其他社会活动的根本所在,因此,这一特征是教育活动的最本质属性。

其三,教育是一项充满期望的活动,教育是一项理想的事业。"任何关于教育的谈论,都或多或少地是在谈论教育的理想"。[②] 即我们对教育的界定是以好教育为旨归的。正因为此,在教育概念的表述中,不少人使用"促进""引进""培养"等肯定词语。当然,从实际效果而言,教育并不总是发挥着促进人健康成长

---

① 袁振国. 当代教育学[M]. 北京:教育科学出版社,2004:4.
② 袁振国. 教育原理[M]. 上海:华东师范大学出版社,2001:1.

的作用,有时也起着伤害人身心健康的作用。但这并不能动摇人们对教育的期望。在此要说明的是,教育的理想是任何一个从事教育工作的人必然具有的,因为教育的理想会成为人们评价、选择教育、实施教育的重要准则,试想:没有教育的理想做向导,如何实施教育的理想效果?又如何实施教育的代代相传?

其四,教育活动中的"人"应该包括各年龄阶段的人。终生教育的时代已经来临,它打破了年长一代向年轻一代传承的传统模式。从受教育者而言,终生各年龄阶段都有接受教育的可能。另外,历史进入20世纪50年代以后,社会变迁的速度大大加快了,所谓的"后现代社会"已经来临。知识更新加快,年轻一代的知识经验有许多是不为年长一代所知的,因此,年长一代向年轻一代传递知识、经验的旧有模式被打破了。

以上四个方面的教育特征可概括为:教育的目的性、教育的独特性、教育的全人性、教育的理想性。这四个基本特征是我们理解教育内涵要具备的前提知识。很多教育理论工作者认为,为了说明问题有同一立脚点,有必要把教育的概念作相对的区分:即将教育分成了广义的教育和狭义的教育。

广义的教育是自有人类以来就产生的教育,是人类社会的永恒范畴,这种教育存在于各种古代生产和生活之中。其定义表述为:有意识地以促进人的身心发展为直接目标的社会活动。广义的教育包括的范围很广,是家庭教育、社会教育、学校教育的总称。

狭义的教育是由专职人员和专门机构承担的有目的、有计划、有组织的社会实践活动。它以促进人的身心发展为直接目标,以把受教育者培养成适应和促进社会的现实和未来发展为理想旨归。狭义的教育主要指学校教育,但并不限于学校教育,只要符合狭义教育的特征,如学校教育体系中的"官学""私学"及目前的函授教育、刊授教育等也属于此类。可见,狭义的教育与广义的教育相比,体现出如下特征:① 这种教育是有组织、有计划、系统的实践活动;② 有专职的,比较稳定的教育者;③ 通过特定的组织形式来实施。本教材所说的教育主要指的是狭义的教育。

第二节 教育结构与功能

教育是人类社会所独有的社会活动。一方面,教育之所以必需,之所以发生和发展,其根本在于教育在人的发展和社会的持续发展中起着重要作用。"面对未来的种种挑战,教育看来是使人类朝着和平、自由和社会正义迈进的一张必不可少的王牌。""教育并不是能打开实现所有人类理想之门的'万能钥匙',但它的确是一种促进更和谐、更可靠的人类发展的一种主要手段,人类可借其减少贫困、排斥、不理解、压迫、战争等现象。"[①]

一、教育的结构

结构是一个哲学范畴。它包含三重含义:一是事物的基本构成要素、类别和量;二是要素之间的排列方式和联系;三是各要素之间的互补性。对教育内部结构的深入研究可深化我们对教育本质和规律的认识。

(一) 教育活动的基本要素

教育活动总是在教育者和受教育者之间展开的,任何单方面的活动,都不能称之为教育。因此,教育在其构成上至少存在这样两个因素——教育者和受教育者(教育主体和教育客体)。但是,只有这两者还不够,教育者与受教育者,只是一种角色或者说身份,他们要形成一种教育活动,还需要借助于一定的条件,例如依据一定的目的,采用各种各样的方式,传递一定的内容,这种中介也是必不可少的。教育者、受教育者、教育影响构成教育的三个基本要素。

1. 教育者

凡是对受教育者在知识、技能、思想、品德、智力、体质等方面起到教育影响的人,都可称为教育者。家庭是一个人受教育的重要场所,父母是子女的第一

---

① 国际 21 世纪教育委员会. 教育:财富蕴藏其中[M]. 北京:教育科学出版社,1996:3.

任教师,是子女最初的和最经常的教育者。社会教育中的师父以及起到教育作用的其他人员,都是教育者。自从学校教育产生以后,学校是受教育者接受教育的专门场所,教师和学校中的其他教育人员成为学校教育者。教育者是教育活动中的一个基本要素,离开了教育者及其有目的的活动,就无所谓教育了。

教育是培养人的有目的的活动,教育者以其自身的活动影响和促进受教育者的身心按一定方向和目标发展。教育者是教育活动的主导者,目的性是教育活动的一个重要特征,教育者对受教育者的方方面面具有指导作用。

2. 受教育者

受教育者是指在各种教育活动中接受教育影响的人。它包括学校中学习的儿童、少年和成年人,家庭教育中的子女,也包括在各种形式的社会教育中接受教育影响的人。学校教育中的受教育者主要指在学校里从事学习的学生。受教育者是教育的对象,是学习的主体,也是构成教育活动的基本要素。缺少这一要素,就无法构成教育活动。

伴随着教育的现代化和教育概念地延伸,教育对象也扩大了,不受任何年龄的限制,可以从胎教开始,只要愿意的话,可以活到老、学到老,终身受教育。随着科技的进步,社会的发展,作为社会成员的个体,越来越离不开教育,为了学会生存,适应发展,人们不仅必须接受基础教育和专业教育,而且还要不断地接受继续教育。教育活动就是使受教育者将一定的外在的教育内容和活动方式内化为自己的智慧、才能、思想、观点和品质的过程,如果没有受教育者的积极参加,发挥其主观能动性,教育活动是不会获得好的效果的。受教育者一旦获得相应的知识和能力,其主观能动性在教育活动中会更明显地表现出来,他们可以在越来越大的程度上主动地、自觉地吸取知识和进行品德修养。

3. 教育影响

教育影响是教育实践活动的内容、形式和手段,是置于教育者与受教育者之间的一切中介的总和,包括作用于受教育者的影响物以及运用这些影响物的方式和方法。从内容上说,主要就是教育内容、教育材料或教科书;从形式上说,主要就是教育方法、教育组织形式;从手段上说,主要是指现代技术手段和多元媒体的运用。正是教育内容、教育形式、教育手段的统一所构成的教育影响,使得教育活动成为一种区别于其他社会活动的一种相对独立的社会实践活动。

上述教育的三要素之间既相互独立,又相互规定,共同构成一个完整的实践活动系统。各个要素本身的变化,必然导致教育系统状况的改变。不同教育要素的变化及其组合,最终形成了多样的教育形态。在教育活动中,教与学是基本矛盾,因此,主体的因素(教育者与受教育者)始终是教育活动成效大小的决定因素。

对教育基本要素有不同的划分方法,因此,有三要素说、四要素说等,无论几要素,都可以分为两大类,第一类是主体要素(又称人的要素),包括教育者与受教育者;第二类是客体要素(又称物的要素),包括教育活动能够进行的一切物质中介和手段。

专栏 1.1　赫尔巴特《普通教育学》目录

关于教育学的基本构成要素的讨论:

关于教育学的基本构成要素比较有代表性的有三要素、四要素、五要素和六要素说。

三要素说:南京师大教育系编的《教育学》认为,教育活动的要素有教育者、受教育者和教育影响;王道俊、王汉澜主编的《教育学》把教育活动的基本要素分为教育者、受教育者和教育措施;陈桂生先生在其著作《教育原理》中把教育活动的要素分为教育主体、客体和教育资料。全国十二所重点师范大学联合编写的《教育学基础》中认为教育活动的基本要素包括教育者、学习者和教育影响。

四要素说:即把教育活动的要素分为教育者、受教育者、教育内容和教育手段。

五要素说:这种观点认为教育是由教育者、受教育者、教育方法、教育内容、教育环境构成。

六要素说:这种观点认为教育的基本要素有教育者、受教育者、教育内容、教育手段、教育途径和教育环境。

(二) 教育结构分析

教育能不能成为个体发展、社会进步和文化弘扬的动力,与整个国家的教育系统结构合理与否有很大的关系。教育系统是社会大系统中的一个子系统，其结构一般由体制、层次、种类、形式、地区、目标、教学、管理和教育思想等基本部分所构成。教育系统中的表层结构主要指体制、层次、种类、形式、区域等几个上下层次部分，它从宏观结构上反映教育系统的特点。教育系统深层结构包括目标结构、教学结构、管理结构以及教育思想等部分，它主要从微观上反映教育结构的特点。

教育系统的结构由于教育机构总体的各个部分的比例关系及组合方式不同，具有多层次性和多方面性：

① 按教育的纵向构成关系来分，可分为学前教育、初等教育、中等教育、高等教育等。

② 按教育的横向构成关系来分，可分为普通教育、职业技术教育、成人教育、特殊教育等。

③ 按教育的办学形式来分，可分为全日制、半工（农）半读、业余和函授、刊授、广播电视教育等。

④ 按教育的管理体制来分，可分为公办、社会团体企业事业单位办学、私人办学等形式。

⑤ 按教育系统运行的空间来分，可分为家庭教育、学校教育与社会教育三种类型。

⑥ 按内容和目标来划分，可分为德育、智育、体育、美育和劳动技术教育，这是我国全面发展教育的基本面貌。德育是旨在形成受教育者一定思想品德的教育；智育是使受教育者掌握系统科学文化知识与技能、发展智力的教育；体育是使受教育者增强体质以及掌握相应知识与技能的教育；美育亦称为"审美教育""美学教育"，是使学生掌握审美基础知识，形成一定的审美能力，培养正确的审美观点的教育；劳动技术教育是对学生实施劳动和生产技术的教育。德育、智育、体育、美育、劳动技术教育是全面贯彻国家教育方针，提高全民族素质，促进学生全面发展的国民教育的重要组成部分，它们是既有区别又有联系的有机整体。

⑦ 教育活动按有无组织形式来分，可以分为非形式化教育、形式化教育和制度化教育。

二、教育的功能

教育的功能亦称"教育作用",指教育对整个社会系统的维持和发展所产生的作用和影响,主要涵盖人的发展和社会发展两个方面。教育是培养人的一种社会活动,这一本质决定了教育既是一个相对独立的系统,又是一个复杂开放的系统。教育功能在系统内部表现为教育对个体发展的影响和作用,在整个社会系统中表现为对社会发展的影响和作用。

(一) 个体发展功能与社会发展功能

这是从教育作用的对象上进行分类的,教育既具有个体发展功能又具有社会发展功能。教育的育人功能是根本功能,教育的社会功能是教育的育人功能的延伸和转化。

教育的个体发展功能是指教育对个体人的生存与发展的作用。它是由教育活动的内部结构决定的,如师资水平、课程的设置及内容的新旧等,都构成影响个体发展方向及水平的重要因素。教育发展与个体的发展是在相互制约、相互影响的过程中进行的。人的基本特点是社会性,人的发展一刻也离不开社会;人又是社会的主人,社会是在每一个个体和群体的推动下不断前进的。教育的基本特点是造就人,教育的社会功能也需要通过培养出一定的人来实现。

教育的社会发展功能是指教育对于维系社会运行、促进社会变革与发展的作用。生产力发展水平制约着教育的发展水平,教育又反过来促进社会生产力的发展。历史上出现了五种不同的生产关系,就有五种不同类型的教育。一个国家通过它制定的教育方针政策来控制教育,教育又反过来为巩固其统治服务,对社会政治、经济等发挥重要的作用。教育是文化的组成部分,教育又对文化的继承和发展起重要作用;经济、政治对教育的影响,往往又是通过文化的发展反映出来。总之,教育具有重要的社会功能,这是教育的本质特点之一。

(二) 正向功能与负向功能

教育功能不总是正向的。由于目的不正确,指导思想不明确或教育不得法,教育会产生负向功能。即对人的发展起压抑、阻滞、片面、逆向、异化等功能,或对社会的维持和发展起负担、浪费、不稳定、阻滞等负向功能。

最早提出这一对概念的是美国科学社会学的奠基人和结构功能主义流派的代表性人物,社会学家默顿(R. K. Merton,1910～2003)。20 世纪 50 年代,默顿将社会功能按性质、形态加以划分,得出"正向—负向"功能这对概念,与此同时还得出另一对重要概念即"显性—隐性"功能。日本教育社会学家柴野昌山则把这两对概念引入教育领域,构想出关于学校教育功能的理论分析框架。①

(三) 显性功能与隐性功能

这是从教育功能的呈现形式划分的,教育的显性功能是依照教育目的,教育在实际运行中所出现的与之相符合的结果。如促进人的全面和谐发展、促进社会的进步,就是显性教育功能的表现。教育的隐性功能是伴随显性功能所出现的非预期的功能,如教育复制了现有的社会关系,再现了社会的不平等,学校照管儿童的功能等,都是隐性功能的表现。显性与隐性的区分是相对的,一旦隐性的潜在功能被有意识地开发、利用,就转变成了显性教育功能。

第三节 教育本质

一、教育的本质概述

教育本质要回答"教育究竟是什么",即回答教育活动与社会其他各种活动之间的本质区别。对教育本质的清醒认识、科学回答和准确地把握都属于教育观的问题。

本质是对存在的规定,本质和存在是同一级的概念,可以说存在即本质;它是事物本质的规定性,是此物区别于彼物的主要标志。黑格尔说:"某物的存在,必有其充分的根据,这就是说,某物的真正本质,不在于说某物是自身同一或异于对方,而在于表明——物的存在即在他物之内,这个他物即是与它自身

---

① 全国十二所重点师范大学.教育学基础[M].北京:教育科学出版社,2002:31-32.

同一的,即是它的本质。根据就是内在存在着的本质,而本质实质上即是根据。"①由此可见,教育的本质应是教育固有的基本属性,是一切教育中都存在的普遍特点,它不仅是教育区别于艺术、哲学、宗教、科学以及物质生产的根据,也是人区别于其他动物的特征之一。

  教育本质虽然属于抽象的教育哲学问题,但却与每一位教育工作者和受教育者息息相关。"对于受教育者来说,不了解教育的本质,不树立正确的教育观,就很容易受到各种错误的教育观念和思潮的影响,在受教育的过程中左右摇摆。"②教育的本质存在于教育的内部,是教育各要素间的内在联系,是由教育过程的特殊矛盾决定的。在教育过程中,教育者和受教育者是两个最重要的能动因素,教育者的教和受教育者的学的关系是最基本的关系,教育者的教育要求和受教育者的身心发展水平的差异是教育过程不同于其他社会过程的特殊矛盾。教育者的教育要求反映社会发展对人的素质的要求,它总是高于受教育者身心发展的现有水平。通过教育者的培养和训练使受教育者的身心发展水平得到一定的提高,这就是教育的本质。

  雅斯贝尔斯(K. T. Jaspers,1883~1969)在《什么是教育》一书中指出:教育是人的灵魂的教育,而非理智知识和认识的堆积。教育本身意味着:一棵树流动另一棵树,一朵云推动另一朵云,一个灵魂唤醒另一个灵魂。如果一种教育未能触及到人的灵魂,未能引起人的灵魂深处的变革,它就不能成为教育。但是,要真正界定"什么是教育"时,却会变得十分困难。③德国教育理论家沃尔夫冈·布雷岑卡(W. Brezinka,1928~)在 1990 年出版的代表作《教育科学的基本概念》中针对教育术语"具有非常不同的含义"这一现象,通过比较德国、法国、美国、荷兰、英国、前苏联等六国著名教育学著作对教育所下的定义,得出这样一个结论:"所列举的六个国家的具有代表性的例子,可足以证明如下判断,即在'教育'这一问题领域中,概念的混乱是国际性的。这足以表明,如何对教育这一概念作出科学的理解与规定,不仅是十分必要的,而且是非常迫切的。"④可能正是因为如此,许多研究者加入"教育是什么""教育应当是什么"或者"教

---

  ① 黑格尔. 小逻辑[M]. 北京:商务印书馆,1981:259.
  ② 桑新民. 呼唤新世纪的教育哲学[M]. 北京:教育科学出版社,1993:5.
  ③ [德]雅斯贝尔斯. 什么是教育[M]. 邹进,译. 北京:三联书店,1991:3-4.
  ④ 刘智运,胡德海. 对教育本质的再认识[J]. 北京大学教育评论,2004(4):102-103.

育的本质是什么"的探索之中。

二、我国关于教育的本质问题的六种主要观点

目前教育界普遍认同的主要为以下六种观点：① 教育是上层建筑；② 教育是生产力；③ 教育具有上层建筑和生产力的双重属性；④ 教育是一种综合性的社会实践活动；⑤ 教育是促进个体社会化的过程；⑥ 教育是培养人的社会活动。

（一）教育是上层建筑

1952年斯大林发表了《马克思主义与语言学问题》一文，其主旨是反对当时苏联盛行的教条主义风气：把所有社会现象都要归入生产力、生产关系、经济基础和上层建筑这四个范畴，甚至把语言也归入上层建筑，强调语言的阶级性。斯大林明确指出：语言是一种独特的社会现象，不是一种上层建筑，并要求各门科学都应研究其特殊矛盾，而不能简单化。斯大林这一论断的发表无疑对于社会科学的发展有重要意义，在他的带动下各门科学都在讨论本门科学的特殊问题。

苏联的《苏维埃教育学》组织了对教育这一社会现象专门特点的讨论，并迅速作了争论总结。可能是苏联当时的教条主义风气太重了，本是要讨论教育的专门特点的，却做出了更泛化的结论，把教育归入上层建筑范畴，认为教育的本质就是上层建筑。《总结》发表后，很快被译到中国并发表。但教育是一种上层建筑的论断当时并未在苏联和中国引起强烈的反响。国内的教育学书籍大都保持了教育有历史性和阶级性的论断，并未修改。

我国在20世纪50年代末以后特别强调教育是一种上层建筑，强调教育领域里的阶级斗争，则是同国内的情况有关。毛泽东在1957年反右斗争时就明确地肯定：学校教育、文学艺术，都是意识形态，都是上层建筑，都是有阶级性的。产生这一论断是有一定的历史背景的，当时，在1956年底完成生产资料所有制的社会主义改造之后，毛泽东认为，无产阶级和资产阶级之间的阶级斗争将集中在意识形态领域，因此应该对上层建筑进行改造，学校教育属于上层建筑，所以就要改造学校教育。这种意见并未公开传达，但实际上已通过各种渠

道贯彻下来,影响到了教育理论和教育实践。根据这一理论,经济基础变化之后,就一定要做出相应的"革命",否则就会影响经济基础的巩固和发展。实践上,1958年掀起了"教育大革命",要彻底改变旧有的教育制度,并且在此后几年,教育领域一直处于不断改革的过程中。1966年的"文化大革命",教育就被"砸烂"了。这一时期,关于教育的本质基本上是一个声音,一个论断,甚至在以后十年的"文革"中,教育界依然坚持"教育就是上层建筑"的论断,并运用这一理论指导了无数的教育实践。

这种观点是传统派的观点,其论据是:唯物论认为,社会存在决定社会意识,在社会存在中,生产关系是社会生活中最基本的和最原始的关系,它对整个社会生活,特别是对社会意识具有制约作用,教育属于精神生活,它是受经济基础决定的。上层建筑说的论点有:

① 教育是通过培养人为政治、经济服务的;

② 教育与生产关系的联系是直接的、无条件的,生产力对教育的影响是以生产关系为中介的;

③ 教育总是存在于一定社会的,是随着社会历史条件的变化而变化的,教育是一个历史范畴;随着社会经济结构的变迁,教育的性质也发生变化;因此,历史性、阶级性是教育的根本社会属性;

④ 上层建筑也具有一定的继承成分。

"上层建筑的特点之一在于它和生产力没有直接联系"。① 以政治、法律、美学等观点为社会服务、并且为社会建立相应的政治、法律等机构,通过经济基础中介,间接地和生产力发生关系。而教育呢,却是直接地通过提高生产力基本要素——劳动者的素质,变简单劳动为复杂劳动,从而直接提高整个社会的生产能力,提高劳动生产率,教育还通过改造上层建筑机构人的智能结构改善社会生产管理,从而促进生产发展。教育过程是以知识、技能为手段的,知识、技能的传递、训练只是一种方式,一种过程,而不是目的、不是结果。作为教育结果的东西是人的素质的提高、劳动能力的提高,是自然人转变为社会人,是教育工作者劳动的对象化,是抽象的知识技能的人格化和具体化。人们看到教育是知识、技能、思想的传递过程,就误以为教育是精神生活,这是只看现象不看实

---

① 柳海民.教育是社会的上层建筑[J].吉林师范大学学报:哲社版,1979(4):148.

质。教育上层建筑论只反映了教育的一个属性,而不是本质属性。

(二) 教育是生产力

教育主要是培养人,人是生产力中最活跃的。教育通过培养人作用于生产力,马克思在分析了个人的作用时曾指出:"充分发展起来的个人自身又作为最大的生产力反作用于劳动生产力""教育会生产劳动能力"。① 对教育的投资应属于生产或再生产费用的投资,生产力的发展都有赖于教育。

"生产力说"是现代派的观点,其论据是:教育与社会再生产之间,存在着本质的客观联系,教育是劳动力再生产的手段,因而它是社会再生产的必要条件,是社会生产和延续的手段。特别是从现代生产性考察,它是以科学技术为基础的生产,从事这种生产的劳动者,必须掌握生产知识和技术,教育只不过是生产过程中分离出去的一个独立因素。因而,可以把教育看做是社会生产力。

"生产力说"是建立在人力资本理论的基础之上的,其代表人物为美国著名经济学家西奥多·W·舒尔茨(T. W. Schultz,1902~1998)。1960 年 12 月,舒尔茨在美国经济学会第 73 届年会上所作的"人力资本投资"的演讲被认为是人力资本理论创立的"宪章"。他认为,人们拥有的知识和技能是资本的一种形式,是人力资本,它是投资的结果,因此要重视教育投资的作用。教育不仅是一种消费,更是一种投资,它能够提高劳动生产率,促进生产的经济效益。②

"生产力说"认为,作为有目的、有计划培养人的教育,是一种包括意识形态现象和物质现象在内的复杂的社会现象。教育过程中不仅进行着精神生产,而且进行着劳动力再生产。教育与生产力有着直接的联系,其联系的着重点在于生产劳动经验的传递和劳动力的再生产,教育变为直接生产力的过程就是教育本身。但教育作为生产力,与科学成为生产力情况不一样,教育变为直接生产力的过程就是教育本身,就是培养作为生产力最重要因素的人,提高他们的生产知识、劳动技能的水平。教育的产品就是教育者的劳动转化为受教育者的智慧、才能、品德、性格等,经过这一转化,人就成为生产力的一个要素,而教育也就成为直接的生产力了。

---

① 马克思恩格斯全集:第 26 卷[M].北京:人民出版社,1972:210.
② 袁振国.当代教育学[M].北京:教育科学出版社,2004:312.

概而言之,"生产力说"的主要论点有:

① 教育劳动是生产劳动;

② 教育具有传递生产劳动经验的职能;

③ 教育实现了劳动力的再生产,它把一个潜在的劳动力变成一个直接的劳动力;

④ 教育投资是一种生产性投资;

⑤ 教育与生产力有着直接的联系,为生产力所决定。

生产力是决定社会发展的原始动力,它与教育有巨大的相互作用。但是,教育并不因此成为生产力的因素。首先,教育本身不能决定自己的命运,不能克服自身的问题,不能决定社会的性质,更不能成为历史发展的动因。其次,生产力可以作用在教育的某些方面,但它本身不能直接决定教育的性质和发展,即使生产力高度发达,也不能代替生产关系对教育的作用,直接改变教育的本质。再次,如果生产力能决定教育的话,教育也不会因此变为生产力,正如教育由经济政治决定而不会成为政治经济一样。最后,教育通过传授生产知识,把人培养成劳动力,是生产力的再生产。因此,"生产力说"在一提出之初就招致了各方的非议,主要评论有:

① 教育就其本质来说,不是生产力,作为一种根据一定社会要求培养人的社会活动,是一个反映生产力和生产关系的双重重要的范畴;

② 强调生产力,易忽视对人的全面培养,容易抹杀教育的阶级界限;

③ 教育只是一种潜在的生产力,本身不会转化为生产力,转化为生产力的只是通过教育所传递的科学文化知识,这两者不能混为一谈;

④ 应当是生产力最终制约、决定着整个社会的发展,"生产力说"把教育与生产力的关系搞颠了。①

(三) 教育具有上层建筑和生产力的双重属性

"生产力说"与"上层建筑说"各自蕴含的悖论,以及两者的论争,诱发了"双重属性说"与"多重属性说"。

---

① 王本余. 论教育与生产力的关系:兼就《教育也是生产力》一文与刘长明同志商榷[J]. 教育研究, 1993(6).

双重属性说认为,教育受生产力和生产关系制约,从来就有两种社会职能:一种是传授一定生产所要求的社会思想意识,具有明显的阶级性;另一种是传授与一定生产力发展水平相适用的劳动经验和生产知识,为发展生产力服务。教育本来具有上层建筑和生产力的双重性质,不能简单地把它归之于生产力,也不能归之于上层建筑特点的。

其特点有:

① 教育一部分属于上层建筑,一部分不属于上层建筑,但整个说来,不能说教育就是上层建筑;

② 教育一部分属于上层建筑,一部分属于生产力,但主要属于生产力;

③ 教育一部分属于上层建筑,一部分属于生产力,但主要属于上层建筑;

④ 教育既属于上层建筑,又属于生产力。

(四) 教育是一种综合性的社会实践活动

"上层建筑说"与"生产力说"企求把教育在社会结构理论中"定位",并未取得令人信服的结果。于是,一些研究者探赜索隐,提出了"社会实践活动说"与"特殊范畴说",力图对教育本质作出另外一种不同的解释。"社会实践活动说"认为不能把教育作为观念形态,唯物主义的观念形态是第二性的,而教育是由教育对象和教育内容所组成的一种社会实践活动,与教育思想、教育观点是两码事;作为促使年轻一代身心发展的主要属性,教育的本质属性是培养人的社会实践活动。

"社会实践活动说"的主要论点为:教育是通过培养人才来为社会服务的,教育的专门特点决定了它同社会生活的各个方面都有联系。既同生产力的发展有关,也同生产力关系有关;既同经济基础相联系,同时也和政治、法律、道德等上层建筑相联系;教育的本质是其社会性、生产性、阶级性、艺术性、社会实践性等的统一。它是一种综合性的社会实践活动。

对于长期处于"生产力说"或"上层建筑说"争论的人们来说,"社会实践活动说"似是一股清风,但"社会实践活动说"不久就遇到了"特殊范畴说"的挑战:

① 培养人的活动,并非人类所有教育现象的本质;

② "社会实践活动说"不可能成为教育区别于其他一切社会现象的根本依据。把教育的本质定义为培养人的社会实践活动,很难说明教育与文学、艺术、

道德等其他也具有培养功能的社会实践活动的根本差异;

③"教育"与"培养"常为通用词语,故为同义反复。

"社会实践活动说"是对教育职能外部表现的概括,而不是对教育的内在矛盾的揭示。这种说法虽反映了教育的某种属性,但不可能成为一切教育现象的本质,也就不可能成为使教育区别于其他社会现象的根本依据。

(五) 教育是促进个体社会化的过程

"社会化说"大概是来源于"教育是培养人的活动"这一观点。"社会化说"把教育看做是培养人的过程,但又对这一学说不太满意,它只是对教育现象的描述,是同义语的反复,而不是对教育内涵的揭示和阐明。鉴于此,部分学者提出教育是使人社会化的过程,即"社会化说"①。社会化是指根据一定社会的要求,把个体培养成为符合社会发展需要的具有一定态度、知识和技能结构的人。

这个过程的规定性就是:教育者以一定的外在教育内容向受教育者主体的转化,实现人类文化的传递,促使和限定个体身心发展,促使个体社会化。这一学说成立的依据是:它揭示了教育的内部矛盾——社会要求和个体心理发展水平的对立统一;揭示了人与社会的关系及其教育的作用。

"社会化说"仅仅把教育看做是促进个体社会化的过程,从而忽视了社会关系对人的自发影响,不能为我们解释"个体为什么要社会化"等问题。

(六) 教育是培养人的社会活动

"培养人说"是在分析了教育区别于经济基础、上层建筑的特殊性后提出来的,认为教育的特殊属性即是培养人,教育即是培养人的社会活动。② "培养人说"与"教育实践"有些许相同,也把教育的属性界定为社会活动,但却更加强调教育与其他社会活动的根本区别所在——"培养人"。

"培养人说"的主要观点为:教育在本质上是培养人的社会活动,通过对个体传递社会生产和生活经验,促进个体身心发展,实现个体的社会化,同时使社会得以延续和发展。其缺点在于把"培养人"看作教育的属性,无异于把"人"看

---

① 孙喜亭.关于教育的本质与功能的探讨[J].江西教育科研,1991(4):3.
② 余立.再论教育的属性[J].上海教育科研,1990(2):3-4.

作"人的本质"。教育的本质不在于抽象地"培养人",而是在于培养对于特定社会发展有意义的人,在于培养什么人。

目前关于教育本质的讨论并没有形成最后的结论,但围绕着争论,学者们开始了深层的反思,开始了教育本质问题的研究。从理论上,对教育本质的认识有助于我们深入理解教育活动本质的规定性,从而建构科学的教育理论体系。在实践中,对教育本质的认识有助于使教育实践按照教育本质的要求发展,使教育实践向着培养全面发展而具有独立个性的人的方面努力,革除当前教育片面追求升学率以及教育"目中无人"的时弊,对当前所进行的基础教育课程改革具有非常重要的意义。

第四节 教育起源

人类的教育是伴随人类社会的产生而一起产生的,推动人类教育起源的直接动因是劳动过程中人们传递生产经验和生活经验的实际社会需要。其次,教育也起源于人的自身发展的需要。生产本身又有两种:一种是生活资料的生产,即食物、衣服、住房以及为此所必需的工具的生产;另一种是人类自身的生产,即种类的繁衍。所以教育起源于人的社会需要和人的自身发展需要的辩证统一。

讨论教育的起源,有两个根本性的问题需要思考:一是动物界中是否存在教育,教育是否为人类特有的现象;二是产生教育需要一些什么样的条件。有学者认为动物中存在着与人类相同的教育,因而可以从动物界中探讨教育的起源问题,这方面的代表人物是法国的利托尔诺(C. Letourneau,1831~1902)和英国的沛西·能(T. P. Nunn,1870~1944)。而美国教育家孟禄(P. Monroe,1969~1947)却提出不同的见解,他认为教育就是儿童对成年人的本能的、无意识的模仿,模仿是教育的起源。前苏联教育家米丁斯基在《世界教育史》一书中提出:"只有从恩格斯的'劳动创造了人本身'这个著名原则出发,才能了解教育的起源。"①

---

① 齐梅,柳海民.关于教育起源的假想与推断[J].辽宁教育研究,2004(7):17.

一、生物起源说

(一) 理论来源

教育的生物起源论由法国社会学家、哲学家利托尔诺首倡。他在《各人种的教育演化》一书中认为,教育现象不仅存在于人类社会中,在人类产生以前,已经在动物界存在。大动物对小动物的爱护和照顾便是教育行为。不仅在脊椎动物界有,甚至在昆虫世界也有教师和学生。人类的教育不过是继承了动物界早已存在的教育形式而已,就其实质而言,与动物界并无差别。生存竞争的存在是产生教育的基础。动物为了保存自己的物种,本能地要把自己的"知识"和"技能"传授给小动物。

(二) 基本观点

英国教育学家沛西·能在《教育原理》一书中说:"教育从它的起源来说,是一个生物学的过程,不仅一切人类社会(不管这个社会如何原始)有教育,甚至在高等动物中间,也有低级形式的教育。"教育是"扎根于本能的不可避免的行为""生物的冲动是教育的主流"。[1] "生物起源论"者认定,教育是由生物进化而来。动物为了保存自身和群类,就须顺应求生本能并将这种本能传给下一代,这种活动就是教育或者教育的基础。

(三) 评价

教育的生物起源说是教育学史上第一个正式提出有关教育起源的学说,也是较早地把教育起源问题作为一个学术问题提出来的学说,它看到了人类教育与其他动物类似行为之间的相似性,这是一巨大的进步,标志着在教育起源问题上开始从神话解释转向科学解释。这种观点,在提出之初曾有过较大的影响,但这种学说,有意将人的社会性与生物性等同,有意模糊人与动物的界限,因而教育的生物起源论,也很难得到普遍的赞同。

---

[1] [英]沛西·能.教育原理[M].王承绪,等,译.北京:人民教育出版社,1992:38.

近几年来也有人在教育起源问题上提出"前身说",即认为在人类社会产生之前,在古猿中已经有了教育活动。所有这些主张,其基本错误是混淆了动物的本能活动与人类社会教育活动的界限,没能把人类教育行为与动物类教育行为之间的差别区别开来,因而也没能把握人类教育的目的性和社会性。

二、心理起源说

(一) 理论来源

教育的心理起源论由美国学者孟禄首倡。他从其心理学观点出发,批判了生物起源说,认为生物起源论者忽视人的心理与动物心理的本质区别。他根据原始社会尚无传授各项知识的教材和相应的教学方法,认为教育起源于原始公社中儿童对成人的本能的无意识的模仿。

(二) 基本观点

孟禄在《教育史》中写到,原始社会的教育"普遍采用的方法是简单的、无意识的模仿""原始社会只有最简单形式的教育。然而,在早期阶段中,教育过程却具备了教育最高阶段中的所有基本特点。"①即承认模仿既是最初的教育形式和手段,也是教育的本质。

(三) 评价

这种观点,淡化了人的生物性,突出了人的主体地位,奠定了教育必须具备心理前提的理论。它强调研讨教育的起源必须从人的心理发展史入手,这是有一定道理的。模仿毫无疑问是教育中的一个重要因素,但人类的模仿与动物的本能活动的区别还在于它的意识性和目的性。教育也不单是模仿,因此单纯从模仿来说明人类的教育活动,仍然不能科学地说明教育的基本特点,也不能真正解决教育起源问题。

---

① 瞿葆奎.教育学文集:教育与教育学[M].北京:人民教育出版社,1993:178-191.

三、劳动起源说

（一）理论来源

"劳动起源说"也称为教育的社会起源说，认为教育产生于社会的生产劳动。这是前苏联学者于 20 世纪 30 年代提出的，是恩格斯"劳动创造了人本身"[①]这个命题的延伸。其代表人物主要是前苏联米丁斯基、凯洛夫等教育史学家和教育学家。米丁斯基在其著作《世界教育史》中提出：只有从恩格斯的"劳动创造了人本身"这个著名的原则出发，才能了解教育的起源。教育起源于人类特有的生产劳动。他们在批判资产阶级教育思想的同时，力图以历史唯物主义的观点来阐明教育的起源，特别是运用恩格斯在《劳动在从猿到人转变过程中的作用》中阐述人和人类社会起源的观点，提出教育起源于劳动。长期以来，我国教育界均接受了这一观点。

（二）基本观点

① 教育是人类社会的活动，为人类社会所特有，不能与动物的某些本能活动相混淆，而抹杀它的社会性特点。

② 教育是有目的、有意识的活动，不是或主要不是无意识的模仿，有意识和有目的性是教育的本质特点之一。不能把人类有意识的教育活动与动物的无意识的本能活动相混淆。

③ 在原始的教育中，传递生产劳动经验虽不是全部，但仍属教育活动的主要内容，这不仅因为生产劳动是制约其他社会活动的决定因素，而且如语言与交往等的发展也与生产劳动有着密切的关系。

④ 学校教育的产生，无疑是人类社会生活、特别是文化有了较大的发展之后的产物，在日常生活中已经不能完全完成教育的任务，需要有专门的机构和专门的人员来从事这项工作。这种教育已渐渐成为某些社会阶层所独占，而不

---

① 中共中央马克思恩格斯列宁斯大林著作编译局. 马克思恩格斯选集[M]. 北京：人民出版社，1972：508.

是全社会成员所共享,社会已开始步入阶级社会,教育也就具有阶级性的特点了。

⑤ 教育要实现社会需要,无论是生产需要,还是生活需要,或是文化需要,都要在人的培养规格上体现出来,而且最终要通过人的培养来实现为社会服务的目的,因而讨论教育的起源,也不能忽视人的发展需要问题。

教育是一种社会现象,它起源于人类社会的生产劳动,植根于人类谋求生存和发展的需要,反映着原始社会低下的生产力和简单的生产关系的客观要求。人类在创造工具、使用工具进行生产劳动中,形成一定的技能、技巧,积累一定的经验。为了维持人类的生存和发展,必须把年长一代所掌握的技能、技巧和经验传授给下一代。此种传递生产劳动经验的活动即为教育产生的基础。

(三) 评价

人类和一般动物一样,首先面临着生存的重要问题。但人类的生存斗争和动物的生存竞争不同。动物,即使是高等动物,也只能依靠遗传的本能去适应环境、维持生存,完全受自然规律的支配。当自然环境发生大的变化而不能适应时,就有可能被自然所淘汰。人类则不同,人类的生存不再是纯粹的适应环境。历史唯物主义告诉我们:人与动物的根本区别在于人会制造工具、使用工具,从事生产劳动。人们通过自己有意识的劳动,以获取维持生活的物质资料。在生产劳动实践中,人的体力、智力得到了发展。人们积累了大量的认识自然和改造自然的经验,诸如制造工具、使用工具的技能、技巧,有关狩猎、渔业、农牧业、手工业等各种生产知识。年长一代为了维持和延续人类的社会生产和生活,使新生一代更好地从事生产劳动,就把积累起来的生产斗争经验传授给新生一代,这便是最初的原始教育活动。人类的劳动是社会的共同劳动,人们在从事物质生产的过程中,必然会建立一定的生产关系。在一定的社会联系和关系中,形成了一定的劳动纪律、风俗习惯、道德规范,积累了社会的生活经验。年长一代在传递生产斗争经验的同时,也把这些道德规范、风俗习惯以及宗教禁忌等方面的经验传递给年轻一代。这是原始教育活动的另一个重要方面。

教育的劳动起源论从揭示人类的生存和物质生产的关系出发,并把工具的制造作为教育产生的一个显著的标志。但近年来,我国学术界对"劳动创造了人"的结论提出了许多不同的看法。较有代表性的观点是:"按遗传学的观点,不是劳动创造了人,而是劳动选择了人,保留了人。而且人也创造了劳动本身。"①劳动是人的属性,人、猿的分化,劳动并非唯一的因素。据此,只有说:人"选择""保留"或"创造"了教育。事实上,在人、劳动和教育这三者之中,很难作出源、流之分。

20世纪80年代初,我国教育界在讨论教育本质过程中,针对劳动起源论的不足,提出了教育起源于适应和满足人类社会生活需要的观点。生活需要起源论者认为,教育与劳动同属人类生存所必需的实践活动,二者不是主从关系。原始的劳动解决的只是人与自然之间的关系问题,教育解决的则是人与人之间的关系问题,劳动生产物,教育生产人(社会化的人),不能把生产人的教育看做起源于生产物的劳动。教育不仅传递劳动经验,还传递生活所需的其他经验,如人类集体活动的规范、风俗习惯、避灾御害的知识等。②他们认为,人类个体和社会需要,可以分为三类:人类生存、安全、种的繁衍等方面的需要;劳动交往、社会活动的需要;认识、美的享受和自我实现等精神生活的需要。正是在适应和满足人类社会的整个需要过程中才产生了教育活动。需要起源论也有一定的道理,并不是完全可取,但任何社会现象的产生,诸如政治、科学、文化、艺术、宗教等都可以说取决于"需要",这种无所不包的理论,实质上是一无所包。教育究竟是怎样起源的,虽然还是一个没有完全解开之谜,但以前有关的学说,都给我们提供了思想材料,可供借鉴,匆匆忙忙给各种起源说贴上有色标签的做法是不可取的。真正解决这个问题,有待于古人类学家、考古学家为教育史家提供确凿有据的资料、化石和实物。

第五节 教 育 发 展

教育伴随人类社会的产生而产生,又伴随着人类社会的发展而发展,在人类社会的不同阶段又有不同的特点。在漫长的原始社会已经有了教育现象,但

---

① 叶澜.教育概论[M].北京:人民教育出版社,1991:41-42.
② 毛礼锐.中国教育通史[M].济南:山东教育出版社,1985.

这时学校教育还没有产生,又因为教育学主要是研究学校教育现象的,因此我们研究教育的发展,总结其特点也是从学校教育的产生开始的。

一、古代教育的特征

古代教育是指存在于古代社会的教育,包括原始社会、奴隶社会和封建社会三种不同的社会形态。原始社会是人类的儿童期,占了人类历史99.8%以上的发展时间,人类在这个历史阶段里,十分缓慢而又艰难地发展着,是人类从动物的野蛮向人类的文明发生质变的逐渐积累。随着人类的诞生,教育也诞生了。

(一)原始形态的教育

原始人的教育是人类最早期的教育,由于其无明确教育意识,无专门的教育形式,教育的进行主要和生产劳动、生活活动过程本能地、紧密地结合,以潜移默化的方式,在模仿中、在做中学。原始社会的教育注重实际应用的知识和技能,教育方法是通过参加实际生活引导儿童在应用中锻炼实际的本领。主要途径有三种。一是游戏、模仿和从做中学。由于儿童在童年期缺乏参加实际生活的能力,所以他们的学习一开始则是在游戏中模仿成人的行为。二是解说、训诲和启发诱导。长辈的解说,训诲和启发诱导,同样是原始社会中重要的教育方法,这在社会道德的培养方面最为显著。三是奖励、帮助和鼓舞引导。许多原始性民族都在教育儿童青年时注意有意识的指导,知道奖励的效果大于惩处,能够把善良的习惯与愉快的后果联系起来,以求其巩固;使不愉快的后果跟随在不善良的行为之后,以求其改正。

总之,原始形态的教育,是浑然一体地存在于原始社会生产和社会生活之中的,原始形态的教育有如下一些特征:

① 教育是在劳动的过程中产生的。在原始社会,教育原与生产劳动直接联系(到了阶级社会才分离开来),并为当时的生产服务。

② 由于原始社会不存在剥削、压迫的现象,没有阶级,所以,教育也没有阶级性。那种教育属于公共性质,是完全平等的。在氏族社会,男女两性间的教育逐渐有所差别,这是由于社会劳动的分工所引起的。

③ 原始社会的教育是同生活结合在一起、是多方面的。只因当时生产力很低,社会生活简单,所以教育的内容也较贫乏,教育的组织和方法都还处在萌芽状态(后来才渐趋复杂、丰富)。因此,我们在认识原始社会教育的性质以后,不可把它过分理想化。

④ 原始社会的教育为原始社会的发展情况所制约,它恰为满足当时社会的经济和文化的要求,和阶级社会中把教育看成特权阶级的专利品,并使教育与生产劳动脱离截然不同。因而对于当时社会的进步作出了贡献,它完全符合教育发展的客观规律。

(二) 学校教育的产生

学校教育的产生是古代社会教育的一个突出特点。学校教育是形式化教育与非形式化教育的分水岭,它产生于奴隶社会时期。学校教育在奴隶社会萌生有其现实的条件:

① 社会生产力水平的提高,能够提供相当数量的剩余产品,为学校的产生提供了必需的物质基础。

② 脑力劳动和体力劳动的分工,为学校的产生提供了专门的从事教育活动的知识分子。由于生产力的发展,脑力劳动和体力劳动开始分工,出现了专门从事教育活动的知识分子,使教育从生产劳动和人们日常生活中分离出来,当时的王、史、卜、贞等人就是我国早期脱离生产的知识分子。脑力劳动和体力劳动的分离,在一个相当长的历史时期,具有推动文化教育发展与社会进步的作用,是学校产生的必要条件。

③ 文字的创造发展和知识的积累,为学校的产生提供了教育内容和专门传授知识、技能的社会条件。文字的产生和发展是学校萌生的直接条件。我国殷墟出土的甲骨文是中国最早的文字。古代的埃及、巴比伦和印度等出现了早期的学校,这些国家正好也是较早产生文字的国家。知识的积累也使学校教育的产生成为可能。

④ 国家机器的产生,需要专门的教育机构培养官吏和知识分子。国家的建立,意味着阶级对立的更加深化。在奴隶社会中,拥有财产、不劳而获者,只能是少数,并且往往是处于权力顶端的少数。有权、有闲、有钱,进而分化出了一批特殊的教育对象。统治阶级迫切需要把这些人培养成为本阶级的继承人和

统治人才,以加强对劳动人民的思想统治。这些都需要创建学校。

在这样的条件下,"有计划、有组织地进行系统教育的机构"——学校产生了。一般认为,在原始社会末期就有了学校的萌芽,但是,作为独立存在的社会实践部门的学校,则是在奴隶社会才出现的。据考证,公元前2500年古埃及王国出现了世界上最早的学校。据我国《礼记》等书记载,在夏朝已出现了"庠""序""校"等施教机构,到了殷商和西周,又有了"学""瞽宗""辟雍""泮宫"等教育机构的设立,这些可视为我国最早的学校。学校的产生是人类教育发展过程中的一个质的飞跃,它提高了教育实施的专门程度,使教育具备了独立的社会职能。

(三) 古代社会学校教育的特征

古代学校萌芽于原始社会,产生于奴隶社会,发展和兴盛于封建社会,在古代学校几千年的历史轨迹里,古代社会学校教育的特征主要呈现以下几个方面:

1. 学校已具有了专门的教育机构和执教人员

奴隶社会阶段随着生产力的发展,社会上出现了专门从事知识传授活动的知识分子和专门的教育场所、教育机构。学校为教育的发展提供固定的教育场所,使学校有了一个稳定的场地,从而使教育水平有了一定程度的提高。

2. 学校教育对象具有鲜明的阶级性和严格的等级性

由于阶级的产生,学校一开始就被剥削阶级所垄断,成为统治阶级的工具。统治阶级控制着教育权,把学校作为培养奴隶主阶级和封建统治阶级接班人的场所。教育的目的是为统治阶级培养人才,劳动人民被剥夺了受学校教育的权利,学校教育具有鲜明的阶级性。我国奴隶社会设立学校的目的就在于"明人伦"。"明人伦"的实质无非是明贵贱、别尊卑,使受教育者能够成为自觉维护宗法等级社会制度的统治人才。在古希腊的奴隶社会中,有斯巴达和雅典两种教育体系。斯巴达的教育完全服从于对奴隶的残酷武装镇压和对外战争的需要。学校对奴隶主的子弟实行严格的军事体育训练并形成他们对奴隶和体力劳动的极端仇视及蔑视的心理。而雅典由于手工业和商业比较发达,贵族和平民间的斗争比较复杂,其教育已经不止是培养军人,并且提出了培养有学问的政治家和商人的要求。我国夏、商、周三代的文教政策为"学在官府",只有奴隶主及其子弟才能享受学校教育,劳动人民子弟被排斥在学校大门之外,只能接受自然状态的非形式化教育。在我国封建社会如唐朝中央官学设有"六学""二馆",入学资格有等级差异。"六学"中的国子学,收文武三品官员以上的子孙入学;太学收文武五品以上官员的子孙入学;四门学收文武七品以上官员的子孙入学;律学、书学、算学,收八品以下官员的子弟和庶族地主的子弟入学。"两馆"分别是东宫的崇文馆和门下省的弘文馆,专收皇帝、皇后的近亲及宰相大臣的子弟入学。隋唐以后,是实行科举取士制度,使教育变为科举的附庸,统治阶级利用这种方法把教育完全纳入培养官僚人才的轨道。在欧洲封建社会中由于政教合一,学校完全掌握在僧侣手中。因而学校教育的主要目的是培养教士,以宣扬迷信和维护封建秩序的基督教义为学习的主要内容。

3. 学校教育内容严重脱离生产劳动和社会实践

我国奴隶社会学校教育的主要内容是"六艺",即礼、乐、射、御、书、数。"礼"是别上下、分尊卑,维持世袭的等级制的典章制度和道德规范;"乐"是祭祖天地、鬼神、祖先,颂扬帝王、贵族,鼓舞军心的音乐和舞蹈;"射""御"是射箭、驾车等作战技术;"书"是语言文字的读写及文学历史方面的知识;"数"是计算以及历法、天文等自然科学方面的知识。封建社会学校教育的主要内容"四书""五经",与生产劳动毫无关系。在欧洲,不论雅典、斯巴达教育还是中世纪的教育,也都只重视思想统治教育和军事体育,而蔑视生产知识的学习。欧洲中世纪教会教育中的"七艺"(文法、修辞学、辩证法、算术、几何、天文、音乐)的王冠是神学,"七艺"存在的全部意义就是为了论证神学的合理性。以上这些都说明了古代学校教育内容都是和生产劳动相脱离的。

4. 官学与私学并行的教育体制

古代官学分中央和地方两个层次,地方官学率先兴起,它由地方官府所办,所需经费来源于官府,西周时的"乡学"即是典型的地方官学。中央官学创于汉,盛于唐,衰于清末,是由封建王朝直接举办和管理,旨在培养各级统治人才的学校系统。私学起于春秋,是与官学并行、行于民间的教育,中国的私学伴随了中国古代社会的整个发展过程。

5. 教育形式主要采用个别施教或集体个别施教的教学组织形式

古代社会生产的手工业方式决定了教育上的个别施教形式。在古代社会,教育的形式是个别教育,即一个教师教几个或十几个学生,学生不分年级,教材

第二章 教育本质论

各不相同,在教学方法上崇尚书本,引经据典,要求学生呆读死记,对学生实行棍棒纪律等。这种形式适应了当时低下的生产力水平和科技文化发展的要求。

二、近代教育的特征

近代社会是以18世纪末到19世纪世界产业革命浪潮为基础产生的一种全新的社会发展阶段,由于各国进入工业革命的时间不同,各国进入近代社会的时间也有所不同。教育的发展与变革同样离不开经济社会的变迁,教育受当时、当地的社会经济条件所制约。关于近代教育起始年代的划分,教育界的争论很多。我们一般认为,欧洲近代教育肇始于15~16世纪的"文艺复兴",成熟于20世纪初的美国;①而我国的近代教育发起于19世纪中期的鸦片战争,1904年"癸卯学制"标志着中国近代教育制度的建立。

(一)我国近代教育的特征

马克思认为:"一方面,为了建立正确的教育制度,需要改变社会条件;另一方面,为了改变社会条件,又需要相应的教育制度。"②第一次鸦片战争结束以后,西方资本主义列强用大炮、兵舰和鸦片轰开了中国的大门。列强的入侵,一方面使中国传统的自给自足的自然经济开始解体;另一方面,中国强行被卷入资本主义世界的狂潮。以"儒礼"为内容的传统教育主题已不再呈现独占局面,旧的教育主题开始受到冲击,产生腐败。与此同时,新的、外来的——开始是裹着大炮的声威,新的教育主题开始萌芽、发展和壮大起来。

中国教育的近代化是从19世纪60年代开始的,以"洋务运动"为标志。其特征有:

1. "中学为体,西学为用"的科学教育指导思想

"中学为体,西学为用"是洋务派办教育的总的指导思想,在这一思想指导下,各类新式学堂在课程设置上,突出"实用性"课程,开设"格物""天文""舆地"

---

① 杨文花. 为什么说文艺复兴是近代教育的开端[J]. 科教文汇,2008(2):204.
② 中共中央马克思恩格斯列宁斯大林著作编译局. 马克思恩格斯全集[M]. 北京:人民出版社,1964.

"算术""化学"等。最早提出这一思想的是"开眼看世界"的第一人——魏源,湖广总督张之洞和两江总督曾国藩是倡导者,他们是伴随着洋务运动而产生的,随后逐步酝酿成"实业救国"思想。容闳、何启、胡礼垣在《新政论议》中指出:学校科目中应包括机器工务、轮船建法、电气制用、开矿理法、农务树畜等科,以期"振兴农工商各项实业""富国裕民之本"。①

2. "广开学校",创建新式学堂,强调国民教育的重要性

出于对传统教育的质疑,主张效仿西方资本主义教育制度开办新式学堂,并派"志趣远大,品质朴实,不牵于家累,不役于纷华"的聪颖子弟去欧美留学。不仅推动了中国近代教育的改革,还为近代中国培养了第一批科技人才。尤其是在甲午战争失败以后,许多进步思想家将拯救中国的希望寄托于教育,认为教育是立国之本。维新派在此思想基础上进一步提出了"国民教育"主张,认为教育应当立足于"教民"。严复曾大声疾呼"鼓民力""开民智"和"新民德",认为全民都受新式教育,才是真正的富国强兵之道。维新派的主将们最早提出了义务教育的主张。维新派从物竞天择、存种保国的高度,强调了国民教育的极端重要性。

3. 确立近代教育体制,推动了教育的发展

1904年颁布的"癸卯学制"是我国近代第一部真正意义上的学制,虽然它里面包含许多"忠君、尊孔、尚公、尚实"的教育宗旨,但它为以后学制的进一步完善奠定了良好的基础。

辛亥革命以后,民国政府教育部先后颁布了"壬子癸丑"学制等,新学制的实施,使中国近代教育进入一个全新的历史时期,全国各级学校得到了迅猛发展。据中华教育改进社调查,到1922~1923年全国学生猛增到6 819 486人,其中女生为417 820人,占全部学生的6.32%。其中,小学生人数为6 601 803人,中学生人数为182 804人,大学及专科学生为34 880人,这个数字不包括教会学校学生在内,如果再加上各地教会学校的学生,全国各级学校学生达到100万人。

---

① 元青.中国近代实业教育初探[J].天津师范大学学报,1986(2):30-32.

(二) 西方近代社会的教育

18世纪工业革命开始在英国兴起,手工劳动、作坊生产开始被现代大工业取代。科学技术的发展,推动了社会制度、思想观念和生活方式的巨大变化;科学技术的发展,也对教育提出了新的发展要求,从而促进了教育的发展。西方近代社会(早期资本主义社会)的教育有下列特征:

1. 扩大了教育对象,初等义务教育开始实施

随着机器大生产的产生和发展,科学技术的日益进步,日益要求教育必须培养既具备一定科学文化知识,又掌握一定生产技能的新一代劳动者。大工业生产的发展,使生产经验由个人的技能发展为知识形态,师徒传艺、家传世教等教育方式已经不能完成培养近代社会所需要的劳动者和科学技术人才的任务,需要通过学校教育进行系统的学习和专门训练。再加上工人阶级争取受教育权的斗争,因此资产阶级提出了普及义务教育的主张,教育的范围扩大了,学校教育的形式也逐渐多样化,并向制度化方向发展。

工业革命的进一步发展,促使资本主义国家提出普及初等教育的要求,并为初等教育的普及提供了物质基础。德国最早在1763年就作出了普通义务教育的规定,英国在1891年在全国实施初等免费教育,当年学龄儿童的入学率就达到90%。

2. 教育与生产劳动的联系逐渐紧密

教育与生产劳动、科学与生产,由分离到结合。近代教育与生产劳动的关系,既不是和生产劳动融合在一起,也不是和生产劳动完全脱离的,而是处于一种独特的状态:它们既作为两个过程互相独立,又不可分割地联系在一起。一方面由于大工业生产要求劳动者在从事体力劳动时,发展智力、掌握科学知识,把体力劳动和脑力劳动结合起来;另一方面,大工业生产促进了科学技术的发展,又为劳动者的体脑结合创造了条件,而科学知识的发展和在生产中的应用也丰富了教学内容,教育与生产劳动的结合成为掌握这些知识的必要手段。因此,教育与生产劳动的结合成为历史的必然。

3. 教育内容日益丰富,产生了班级授课制

近代学校教育一经产生,就与古代学校教育有着巨大的差别,科学教育的内容、新的组织形式和方法成为近代学校教育的一部分。学校形式日趋多样化,在欧洲逐渐出现了"拉丁学校""文科中学""公学"等。教育内容逐渐丰富,自然科学的内容如数学、物理、力学、天文、地理等都成了学校教育的主要学科。随着受教育人数的大量增加,出现了新的教学组织形式——班级授课制。这与以个别教学为主的古代学校教育相比较,大大提高了教学效率,还改革了教学方法,革新了教学设备。

4. 国家重视对教育的干预,以法治教

19世纪以前,学校教育多为教会或行会主持,国家并不重视。19世纪以后,资产阶级政府逐渐认识到公共教育的重要性,随后逐渐建立了公共教育系统。并实行宗教与国家分离的世俗化教育,规定学校可以不进行宗教教学,允许学生不参加学校的宗教教学或课外的宗教仪式。近代西方资本主义国家教育发展的一个最明显的特征就是重视教育立法,教育的每次重要进展或变革,都以法律的形式予以规定和提供保障。

三、现代教育的特征

在西方,近、现代教育以1945年为分界点,在我国则是以1949年为分界点。教育,在发展国家被看做是追赶现代化的法宝,在发达国家被看成增强国家竞争力的基础,教育在数量上迅速膨胀,特别是高等教育突飞猛进;另一方面,生产力的发展,政治结构的重组,人类对自身的生命价值、人生态度、价值观念、生活方式的重新认识,也极大地影响着教育的改革和变化。总之,科技、生产、社会的变革,教育观念的变化导致现代学校教育发生重大变化。综观现代社会教育的变革,有如下几点特征。

(一) 学校教育普及、制度化,教育形式多样化

进入现代社会以来,学校教育的普及日益制度化的具体表现有三点:一是通过颁布专门的教育法令法规来规定国家、家庭和学生个人各自必须履行的义务,从而保证义务教育的普及真正落实教育实践之中;二是形成一系列具体的行为规范来督促义务教育的落实;三是义务教育年限的确定与延长需由新的法令去规定和推行。自19世纪末少数发达国家颁布了初等义务教育法以后,义务教育逐渐成为国际潮流,被视为衡量一个国家是否文明的标志之一。据联合

国教科文组织统计,到20世纪90年代,在世界上186个国家中有98个国家规定了九年或九年以上的义务教育。

在教育普及及制度化的同时,教育的形式日益多样化。现代社会各国不断发展新的教育形式,以弥补教育结构的不足,满足不同层次求学者的需要。从纵向看,有胎教、学前教育、初等教育、中等教育、高等教育及研究生教育与博士后研究等;从横向看,有普通教育、职业教育、特殊教育、成人教育等,形成了一个纵横交错、形式繁多的教育系统。

(二)学校教育重视与生产劳动的结合

学校教育与生产劳动相结合是社会生产、社会经济发展的需要。现代社会,个人的全面发展包括德、智、体、美、劳等方面的和谐统一发展。要实现这样的发展目标,教育与生产劳动相结合依然是一条重要的途径。教育与生产劳动相结合是实现人的全面发展的需要,因此,培养全面发展的人离不开教育与生产劳动相结合的实施。

(三)教育逐步一体化

教育一体化主要指教育者的一体化,即强调学校、家庭、社会的一体化,其目的在于构建学校、家庭、社会共同承担教育责任的新型教育模式。学校、家庭、社会教育的一体化的提出,是因为学校教育存在着诸如教育对象的局限性、教育空间的封闭性、教育形式的单一性、教育时限的阶段性、教育内容的滞后性等诸多不尽如人意的问题。尤其是随着社会政治民主程度的增强、经济的发展、科技的进步等,单一的学校承担教育责任的做法弊端日益暴露,教育预期和教育效果的矛盾也更加突出,从而导致人们对学校教育的批评日益强烈。现代社会生活的丰富多彩及复杂多变,使得学校仅凭自己单一的力量很难达到培养学生的预期目标,作为影响青少年成长的家庭及社会环境,必然会越来越多地或直接或通过日益广泛运用的各种传播媒体参与到学校教育中来,成为学校教育的重要补充力量,扩充和提高学校教育的效果或抵消、削弱学校教育的良好作用,从而使学校教育与社会环境影响发生冲突。为了使教育的理想成为教育的现实,学校、家庭、社会必须联合共同承担起教育的责任,否则,很难完成现代教育任务,实现预期教育目标。

基于这样一种认识和事实,学校教育系统必须有意识地把虽不具有像学校这样的系统教育的职能但却具有公共教育影响的家庭及社会,譬如图书馆、广播电台、电影院、报社、博物馆、青少年宫、文化馆等社区文化活动组织及场所和企业事业单位等,都纳入自己的系统之内,自觉地、有计划地、有组织地利用社会上各种具有教育价值的公共资源和设施来培养主动适应社会的劳动者、建设者。

(四)终身教育思想开始普及

"终身教育、终身学习"的思想,自古有之。我国早在孔子时代就有终身教育思想意识。近代,著名教育家陶行知倡导终身教育,他主张"活到老,干到老,学到老,用到老"。一般认为,终身教育的思想始于20世纪60年代,由联合国教科文组织成人教育局局长法国的保罗·朗格朗(P. Lengrand,1910~)提出。其基本主张是:一个人一生中任何阶段学习的告一段落都不意味着学习的结束,而只是下一阶段学习的开始,这种学习是持续不断的活动,应当贯穿在人的整个生命正常进程的各个阶段。终身教育作为一种大教育的基本模式,主要反映教育在时间上的延伸。如果我们以现行的教育界定为坐标原点,终身教育理论主张教育在时间上向两个不同的方向延伸:其一是延伸幼儿教育至婴儿教育直至胎儿教育,这种教育的可能性也被发展心理学、胎教和超前教育理论及实验所证实;其二就是延伸职前教育至职后教育或延伸学校教育至学校后教育,延伸青少年教育至成人教育直至老年教育。终身教育的核心就在于全力建立这样一种教育价值观或教育系统,这种价值观或教育系统必须有利于社会所有成员的心智潜能得到最大开发,从幼年到成年直至老年都能适应世界本身的变化,不断学习更多的知识,提高不断适应新生活的能力。

终身教育提出后得到了人们广泛的认同,它以对各种教育的综合性、本身的灵活性、方法的机动性等优势,满足了不同年龄、不同程度、不同条件、不同需要的人,使之可以在不同的形式下开展学习,成为世界各国普遍倡导的一种教育理念。1972年5月联合国教科文组织的报告《学会生存——教育世界的今天和明天》对"终身教育"和"学习化社会"的观点作过精辟论述,强调人必须"在一生的一切时间和空间中学习"。1973年,印度教育家达夫在《终身教育与学校课程》中指出:终身教育是一个终生的过程,包括学校正规教育和非正规教育;通过终身教育可以实现个人或社会的适应机能和革新机能。1994年在意大利举行了"首届世纪终身学习会议",提出了终身学习是21世纪的生存概念。终身教育的理念被越来越多的人接受,终身学习成为时尚。

1. 什么是教育?教育主要有哪些因素构成?
2. 关于教育的本质问题存在哪些比较有代表性的观点?
3. 简要介绍几种教育的起源学说。
4. 简述人类社会不同时期教育的特点。

分析题

1. 谈谈你对下列一段文字的理解。

《教育——财富蕴藏其中》一书曾明确指出:"为了迎接下一个世纪的挑战,必须给教育确定新的目标,必须改变人们对教育的作用的看法。扩大了的教育新概念应该使每一个人都能发现、发挥和加强自己的创造潜力,也应该有助于挖掘出隐藏在我们每个人身上的财富。"①

2. 阅读下列案例,谈谈您的认识。

一位牧师正在考虑明天如何布道,一时找不到好的题目,很着急。他6岁的儿子总是隔一会儿就来敲一次门,要这要那,弄得他心烦意乱。情急之下,他把一本杂志内的世界地图夹页撕碎,递给儿子说:

"来,我们做一个有趣的拼图游戏。你回房里去,把这张世界地图拼还原,我就给你五美分去买糖吃。"

儿子出去后,他把门关上,得意地自言自语:

"哈,这下可以清静了。"

话音刚落,儿子又来敲门,并说图已拼好。他大惊失色,急忙到儿子房间一看,果然那张撕碎的世界地图完完整整地摆在地板上。

---

① 雅克·德洛尔.教育:财富蕴藏其中[M].北京:教育科学出版社,1997:76.

"怎么这样快?"他不解地问小儿子。

"是这样的,"儿子说,"世界地图的背面有一个人头像,人对了,世界也就对了。"

牧师爱抚着小儿子的头若有所悟地说:

"说得好啊,人对了,世界就对了——我已找到明天布道的题目!"①

---

① 胡汉新.人对了,世界就对了[EB/OL]. http://bolg.sina.com.cn/s blog-63a886ba0100nm 65.html.

第三章 教育规律论(一)——教育与社会发展

1. 掌握：教育万能论、人力资本论、筛选假设理论、劳动力市场理论、教育的功能、教育现代化、教育全球化等概念。

2. 理解：① 每一种社会因素(生产力、政治经济制度、文化传统、人口状况等)如何影响和制约教育的发展；② 教育对社会政治、经济、文化、科技、人口诸因素所发挥的功能；③ 为什么当代社会人民群众对教育的要求和期望越来越高；④ "中国未来发展、中华民族伟大复兴，关键靠人才，基础在教育"；⑤ 理解"教育公平"与"社会公平"的关系。

3. 应用：① 说明"百年大计，教育为本""强国必先强教"的理论依据；② 总体把握影响教育发展的社会制约因素，分析发展教育所必备的社会基本条件；③ 论述"优先发展教育"的必要性；④ 学会分析如何着眼于21世纪经济社会的发展需求，来全面推进教育改革。

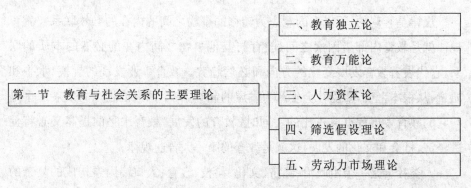

第一节 教育与社会关系的主要理论
- 一、教育独立论
- 二、教育万能论
- 三、人力资本论
- 四、筛选假设理论
- 五、劳动力市场理论

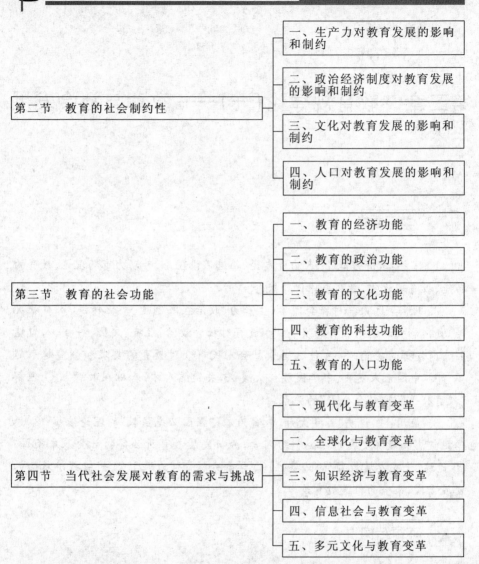

规律是客观的,不以人的意志为转移的事物之间的内在的必然联系。教育规律就是教育内部诸因素之间、教育与其他事物之间内在的必然的本质的联系,它代表着教育发展变化的方向和必然趋势。教育事业发展的规模、水平和质量,从根本上说,要受社会生产力发展的制约,一个国家的生产力发展水平是与它的教育发展程度成正比的。同时,教育的发展,教育水平的提高又必将促进经济、社会和文化的发展,这就是教育的第一大普遍规律。

人类社会是一个由政治、经济、文化、科技、教育、人口诸因素构成的复杂的庞大系统。系统中的各个要素之间并不是孤立存在的,而是相互联系、相互制约、相互依存的功能耦合系统。教育作为以培养人为己任的专门化社会实践活动,是社会大系统中的一个子系统,其生存、发展与维护都与社会其他因素有着密切的关联。

第一节 教育与社会关系的主要理论

从历史上看,在不同的国家和地区,在不同的历史时期,人们对教育在社会发展进程中的地位和作用的认识是与时俱进的。将这些认识予以归纳汇总,就形成了相应的教育独立论、教育万能论、人力资本论、筛选假设理论、劳动力市场理论等教育的社会功能理论。

一、教育独立论

中国封建社会的教育完全隶属于封建政治。近代以来的军阀割据和党争,教育经费极其短缺,而各政党又为小团体的利益经营,从私利出发去干预教育。帝国主义在华学校全由教会控制,侵害中国的教育主权。在此时局下,教育很难办好。在此背景下,以蔡元培为代表的一些资产阶级思想家提出了教育独立论的主张。

其标志是1922年蔡元培的《教育独立议》和《非宗教运动》、李石岑的《教育独立建议》的发表。1922年2月12日,全国教育独立运动会在北京高等师范学校召开成立大会,发表教育独立宣言书,要求教育经费独立和教育制度独立。

蔡元培认为教育是一种发展个性、培养人才的工作,它有自己的规律,必须经过长期的积累才能见成效。提出教育一是要独立于政党,二是要独立于宗教,应当完全交给教育家去办,保有独立的地位。他认为教育以人为本,而政党以事业为本;教育求远效,而政党求近功,二者在方向上就有矛盾,所以教育应摆脱政党的控制。教育讲究尊重个性,而宗教总是要人盲从;教育追求前进,而宗教趋于保守。所以教育要摆脱宗教的影响。

教育独立应该包括：第一，经费独立，要求政府划出某项固定收入，专作教育经费，不能移用。第二，行政独立，专管教育的机构不能附属于政府部门之下，要由懂得教育的人充任，不能因政局而变动。把全国分成若干大学区，每区设一中心大学，管理区内各种学校及教育事宜，政府不得干涉学区工作，各区教育经费从本区收税。第三，思想独立，不必依从某种信仰或观念。第四，内容独立，能自由编辑、自由出版、自由采用教科书。第五，以传教为主的人，不得参与教育事业。

蔡元培关于教育脱离政治、政府、政党的主张，反映了资产阶级民主派要求摆脱军阀政府对教育的控制，希望按照教育规律办好教育事业、把教育交给教育家办理的美好愿望；教育脱离宗教的主张更含有反对帝国主义文化侵略、在中国独立自由地发展教育事业的进步意义。

而在许多西方国家，教育独立论是以教育中立论形式出现的，主要表现为教育不受政党、教会的控制，在政治上、宗教信仰上保持中立。

二、教育万能论

教育万能论是把教育的作用夸大到可以决定社会，否定遗传素质差异对人的发展影响的教育主张。教育万能论包括两个流派：一是过分夸大教育对人的发展作用的教育万能论；二是过分夸大教育对社会的发展作用的教育万能论。

它形成于西欧封建社会末期与资本主义崛起的时期，代表人物是法国的爱尔维修、德国的康德和英国的空想社会主义者欧文。18世纪的爱尔维修在洛克"白板说"基础上，在论著《论人的理智能力和教育》中，明确提出了"教育万能"的观点。他反对天赋观念，认为人的天赋是平等的，遗传素质不存在差别，人是环境和教育的产物，人的性格、气质和精神都是教育的结果。他认为教育不仅可以塑造人，而且可以塑造社会，"人受了什么样的教育，就会成为什么样的人""教育是改造社会的最重要手段"。他还认为性格的形成与发展取决于教育。

康德认为，人之所以成为人，完全靠教育。德国哲学家莱布尼茨也曾说，如果给他以教育的全权，不需要一百年，就可以使欧洲改观。

将教育万能论付诸实践并予以发展的集大成者，当属19世纪英国空想社会主义者欧文,他认为人的个性是由环境和教育决定的。提出"性格形成学说",认为可以通过培养个人和民族的性格来改造社会,而教育是培养社会的重要手段,并提出教育要同生产劳动结合。1825年,欧文在美国创办了以"新和谐村"为名的共产主义公社,在公社里推行他的教育理论。

20世纪20～30年代,中国学者胡适、蔡元培、陶行知等,强调"教育救国""科学救国",主张通过创办学校、普及教育来改变中国的落后面貌。这也属于一种教育万能论。

教育万能论有两个基本主张:一是教育对个人的发展起决定性作用,认为人的思想观点、个性是受他所生活的环境及所受的教育影响而形成的;二是教育是改造社会的最重要手段,教育万能论认为通过教育来培养整个民族、国家以至社会的性格能够改造社会,推动历史发展。

三、人力资本论

人力资本是与物质资本相对应的概念。它是由美国经济学家沃尔什(Walsh)最早应用,进而由舒尔茨(T. W. Schultz)首先给予理论阐述而获得特定含义的,是指人们在教育、培训、保健等方面进行投资所形成的资本。它是凝结在行为主体身上的体力、健康、经验、知识、技能及其所表现出来的可以影响从事生产性工作的能力,可以在经济活动中给行为主体及其所属社会带来收益。在经济增长中,人力资本的作用大于物质资本(即设备以及单纯的劳动者数量)的作用。

1935年,沃尔什发表论文《人力资本观》。1960年,舒尔茨在就任美国经济学会会长时发表题为《人力资本投资》的就职演说。贝克尔(G. S. Becker)著有代表作《人力资本》。丹尼森(E. F. Denison)运用因素分析法进行经济增长因素的实证分析,论证出1929～1957年美国经济增长中的23%的份额归功于美国教育的发展。

人力资本理论是西方经济学中关于人力资本的形成、作用和收益的理论。其核心概念是人力资本。人力资本是相对于物质资本而言的,它也是一种生产要素资本,对生产起促进作用,是经济增长之源泉,并且和物质资本相比,在现代经济活动中的作用更大,对经济增长的贡献更大。

其基本观点如下：

第一，人力资源是一切资源中最主要的资源，人力资本投资的作用大于物力资本投资的作用，人力资本的形成是我们这个时代经济中最突出的特征。

第二，教育不但是一种消费，也是一种投资活动。在各种人力投资形式中，教育投资是最有价值的。教育投资，就个人而言，个人接受教育就可以增加知识和学习技能，提高个人收入回报；就社会而言，教育为社会培养人才，能够提高劳动生产率，促进社会经济的发展。教育投资是一种生产性投资，教育活动是使蕴藏在人体内部的能力得以增长的一种生产性活动。

第三，人力资本的核心是提高人口质量，教育投资是人力投资的主要部分。各国人口质量的差异，主要取决于后天的能力。这种后天能力，主要是知识、技能、文化水平、企业精神等，是教育的结果，是资本的一种形式。

第四，人力资本增长的速度比物力资本增长的速度快得多，投资于教育比投资于物资设备更为有利。资本积累的重点，应从物力资本转移到人力资本，人力资本投资的经济效益远大于物质投资的经济效益。

第五，教育投资应以市场供求关系为依据，以人力价格的浮动为衡量信号。

人力资本理论，加深了人们对教育与经济发展之间的关系的认识。在这一理论和经济发展需要的双重刺激下，教育的经济主义思潮获得了极大的张力。

四、筛选假设理论

在20世纪六七十年代，伴随着全球经济的发展，人力资本理论日益深入人心，人们对教育扩张与经济增长的关系持乐观主义的态度。但随着70年代席卷全球的石油危机与经济不景气，教育扩张式发展带来了诸如"文凭膨胀与贬值""过度教育"、高失业率、劳动生产率下降等问题，人力资本理论对此却难以解说，理论本身开始受到质疑，自70年代后学界开始另辟他径，重新评估教育的经济效益，由此，筛选假设理论、劳动力市场理论等应运而生。

1970年，伯格（I. Berg）出版了《教育与职业：训练大盗》一书，该书将人力资本方法贬斥为"训练大盗"，认为教育只是用来作为区别个人能力的一种手段。此后，相继有阿罗（K. Arrow）、斯宾斯（D. SPence）、斯蒂格利茨（J. E.

Stiglitz)等人对人力资本理论提出了挑战,他们首先对人力资本理论关于教育提高生产率的主张提出了质疑,并把教育的作用归结为其筛选的功能,最终形成了"筛选假设理论"。

该理论认为,教育的主要作用不在于提高人的认知水平,而是对具有不同能力的人进行筛选。"教育作为一种筛选装置,它为雇主提供信号来帮助雇主识别不同能力的求职者,将他们安置到不同职业岗位。"

该理论认为,雇主总是希望从众多的求职者中间选拔出适当的人选去填补岗位空缺,他们虽然在劳动力人才市场上并不能直接了解求职者的能力,但是可以了解到一些求职者的个人属性与特点。一类是性别、种族、家庭背景等先天性因素,一类是诸如教育程度、婚姻状况、个人经历等后天获得的、可以改变的因素。前者被称为"标志",后者被称为"信号",雇主可以通过标志和信号,尤其是教育信号来了解求职者的能力。

教育作为一种筛选的工具,对个人和雇主来说都是有价值的。对个人来说,个人投资教育实际是向劳动力市场发出个人具有何种能力水平的信号,如果因为教育的信号作用而使得能力高低之间的工资差异大于教育的成本,那么,纯粹为信号价值而进行的教育投资就产生了个人收入。对雇主而言,如果教育作为一种信号能准确地向雇主传达员工未来的生产率,雇主就愿意按教育信号来选择员工并支付相应的工资。

筛选假设理论把教育过程看成是根据个人先天能力进行排序的过程,把教育水平看成是反映个人能力或未来生产率高低的有效信号。在当代社会,教育制度扮演着一种信号过滤器的作用,个人受教育程度的高低既是求职者表达个人能力的信号,又是雇主鉴定求职者能力的装置。由于教育水平反映了求职者的工作能力,雇主便对教育水平较高者支付较高的工资。

总体来说,筛选假设理论是从分析劳动力市场上雇主选聘求职者的过程去说明教育的经济价值。它承认教育与工资的正相关,指出这种正相关是通过筛选作用来实现的,即"教育—筛选—工资",教育对经济增长的作用源于其在劳动力市场上所起的筛选作用。教育只反映了个人的能力,并没有增加个人的能力。由于该理论强调教育文凭的重要性,故它亦被称为"文凭理论。"

该理论描述和解释了20世纪70年代以来困扰许多国家的教育文凭膨胀问题,因此在世界各国得到了广泛传播。但该理论片面强调教育的信号筛选作用,并由此否认教育通过提高人的认知技能从而提高劳动生产率的作用,这是错误的。

五、劳动力市场理论

劳动力市场划分理论涉及教育与工资问题的研究,是20世纪70年代初期出现的,其主要代表人物有皮奥里(Piore)、戈登(Gordon)、多林格(Doeringer)、爱德华兹(Edwards)、卡诺伊(Carnoy)等人。1971年,多林格和皮奥里发表合著《内部劳动力市场及人力政策》,他们把劳动力市场划分为主要劳动力市场和次要劳动力市场。人力资本理论对教育的作用及教育与工资关系的分析不精确,未考虑劳动力市场的内部结构,忽视了劳动力市场是划分为不同部分的,在不同的部分中教育与工资的关系是不同的。

劳动力市场理论采用制度经济学的观点,指出劳动力市场由于种种制度性力量的影响而被划分为不同的部分。在劳动力市场的不同部分里,教育与工资的关系是不同的。该理论在其最简单的形式上以"二元论"著称,故又被称为"二元劳动力市场理论"。劳动力市场由主要劳动力市场和次要劳动力市场两部分构成,不同背景的人将进入不同的市场,从而享受不同的待遇。主要劳动力市场提供的是大公司、大企业和大机构中的职业岗位,雇员工作稳定、工资高、工作条件好、就业稳定、职业有保障、权利平等,晋升前景良好,自主性大;次要劳动力市场提供的是小公司、小企业的职业岗位,雇员工作不稳定,工资低,待遇差,就业不稳定,条件低劣,要求苛刻,晋升机会少,工作条件差。两个市场之间相对封闭,人员很少流动。

在美国等发达国家能进入主要市场的基本上是教育水平较高的男性白人,进入次要市场的主要是教育水平较低的少数民族成员和妇女。这表明,只有在主要市场中,教育水平与工资才有直接关系。

该理论认为,劳动力市场划分为不同部分,教育是将人们分配到不同劳动力市场的重要手段。教育的作用不在于提高个人的知识技能,而在于它能决定个人是在主要劳动力市场,还是在次要劳动力市场上工作。对于人力资本理论和筛选理论关于教育与工资显著正相关的结论,只能在主要劳动力市场中成立,而在次要劳动力市场中是不成立的。

该理论揭示了教育在资本主义国家劳动力市场划分中的作用,解释了教育的扩展未能改变各阶级、集团间收入不平等的现实。但是,它对教育与经济关系的论述是不全面的。

第二节 教育的社会制约性

社会通过教育向受教育者传递一定的科学文化知识与思想意识,目的在于使受教育者能够成为一定社会所需要的人。教育作为人类社会的一种特有的以人的培养为本职工作的社会实践活动,其发展本身是社会发展的一个重要组成部分,并且是社会发展的一个重要标志。从本质上说,教育的过程,也就是受教育者逐步实现社会要求的过程,社会的要求必然制约着教育的全过程和教育要求的方方面面。因此,教育的发展首先离不开社会发展所提供的资源与条件,必然受到社会发展客观进程的制约。

社会是一个由政治、经济、文化、科技、教育、人口等要素构成的功能耦合系统。现代教育作为现代社会系统中的一个子系统,其发展必然要受到社会中的生产力、政治经济制度、文化、科技、人口等其他子系统因素的影响和制约,对此,我们称之为现代教育的社会制约性。

一、生产力对教育发展的影响和制约

物质生产是人类社会存在和发展的首要前提与基础,自然也是教育存在和发展的首要前提与基础,教育的发展首先受到社会生产力发展水平的制约。任何社会办教育都必须以一定的人力、物力、财力为基础,必须以现实生产力发展水平所能提供的物质条件为前提。同时,生产力发展状况与发展水平也对教育发展及其人才供给提出相应的发展要求。

(一)生产力的发展水平制约着教育事业的发展规模和速度

发展教育事业必须建立在一定的物质基础上。办教育必须要具有一定的

人力、物力、财力,而社会能够给教育发展提供的物质条件是由生产力水平决定的。虽然社会的制度设计与人类的主观意志的确关涉到教育的发展,但是,从可持续发展的角度看,教育发展的规模和速度,归根结底,最终将取决于生产力的发展水平与资源供给能力。

任何社会的教育发展规模和发展速度,主要取决于社会能够给教育发展提供的物质基础,以及生产力发展对劳动力的需求程度。一方面,一定社会的生产力发展水平,决定着该社会所能提供的剩余劳动产品的多少、自由劳动时间的多少,而剩余劳动产品和自由劳动时间的提供数量,又直接关系到社会财富的积累和允许多少人脱离或暂时脱离物质生产过程从事精神生产劳动,并提供相应的教育经费支撑。可以说,生产力的发展水平直接决定着社会给教育发展所能提供的物质条件。另一方面,生产力发展水平制约着教育发展水平的社会需求。一个国家的经济发展水平与该国的文盲率、入学率、义务教育普及率、高等教育发展水平直接相关。

从总体上看,生产力的发展水平与教育事业的发展规模和速度之间大体上呈正比例关系,即社会生产力发展水平越高,教育的发展规模就越大,发展速度就越快,接受教育的人数就越多、时间就越长。

以公共教育经费投资为例,教育经费投资的绝对数量及其占国民生产总值的比例,与生产力发展水平之间一般呈正比例关系。

一个国家的教育投资水平以及对教育的重视程度,通常用政府支出的教育费用占国民生产总值(或国民收入)的比重来衡量。一般说来,一个国家的教育投资水平与其经济发展水平之间有很强的可比性。总体来说,公共教育投入与人均 GNP 水平之间呈正相关关系。

(二)生产力的发展水平制约着人才培养的规格和教育结构

教育的根本问题是培养什么样的人的问题,但人才培养的规格或标准如何,以及需要建构怎样的教育结构来培养这种规格的人才等问题,并不是完全由教育本身来决定的,从根本上说,这是由社会生产力发展水平决定的。

在古代社会,由于生产力水平低下,经济发展缓慢,直接从事生产的劳动者和经济活动的人员,一般不需要经过专门的学校教育和训练,学校也不承担培养劳动者的任务,而是主要培养社会政治、法律、宗教、军事等上层建筑领域的统治人才和知识分子。到了现代社会,随着社会生产力和经济的快速发展,对物质生产领域的劳动者素质的要求明显提高。社会的生产劳动发生了质变,真正的复杂劳动开始产生。生产劳动"已是人本身的体力所无法完成的了",没有知识的劳动已成为"微不足道"的了,"新的生产力要求生产工作者比闭塞无知的农奴更有文化,更加伶俐,能够懂得机器和正确地使用机器。"这就是说,要参与现代化大工业生产,劳动者必须学习和掌握一定的科学文化知识,掌握机器生产的基本原理。社会生产力开始直接向学校教育提出它的人才要求。这种要求,首先使学校教育的培养目标发生了质的变化,与生产劳动密切联系的工程师、技术人员、管理人员进入培养目标行列,而不再仅仅是培养官吏、律师、知识分子或宗教人士。

同时,生产力发展水平及其经济结构也制约着教育结构的变化。所谓教育结构通常是指包括基础教育、职业技术教育、高等教育、成人教育在内的各种不同类型和层次的教育比例关系及其组合方式。经济发展必然引起产业结构、行业结构、技术结构、消费和分配结构的变革,与此相适应,教育结构也必将随之发生变化。如大中小幼教育的比例关系,普通教育和职业教育的比例关系,全日制教育与业余教育的比例关系,一般教育与特殊教育的比例关系,高等教育中不同层次、不同科类间的比例关系,都要与一定的经济发展水平和一定的经济结构相适应,否则就会导致教育事业内部比例结构失调,从而导致人才培养的结构性失调,造成某些层次和某些科类的人才短缺或相对过剩。

(三)生产力的发展水平制约着课程的设置和教学内容的变革

经济发展在促进科学技术的发展与更新的同时,也必然促进课程设置与教学内容的发展与更新。一方面,生产力的发展所带来的科学知识的积累和更新,为学校教学内容的充实和课程设置的调整提供了可能的条件;另一方面,生产力的发展又要求教育所培养的劳动者能够掌握生产与管理所需的知识和技术,这又为课程设置与教学内容的变革提出了客观的要求。

在物质生产水平低下的古代社会,教育内容主要是传授直接的生活经验和生产经验,学校开设的课程门类很少,并且大多是人文学科和治世之术,如哲学、政治、道德、宗教等人文学科以及语言、文字等工具课程,而与生产劳动直接关联的自然科学和技术课程涉及很少。随着社会物质生活水平的逐步提高,科学技术的飞速发展,课程结构与教学内容也发生了巨大变化,逐步为适应经济发展而反映生产和科学技术发展的当下水平。近代社会以后,在原有算术、几何、天文学等传统课程的基础上,代数学、三角学、植物学、动物学、物理学、化学等相继进入到课程中。到现代社会,为满足经济和技术发展的要求,自然科学的内容大大增加,强调文理渗透,理工结合,工管交叉,新兴学科、交叉学科、跨学科内容不断进入学校教学计划,学校开设的课程门类增多,总体形成了较完整的学科门类体系。

故从总体上看,学校的课程设置及教学内容的变革与选择,除了政治经济制度和思想传统等成因外,最直接的动力莫过于以生产力的发展水平为基本依据。

(四) 生产力的发展促进教育教学方法、手段和教学组织形式的变革与发展

学校的物资设备、教学实验仪器以及组织管理所使用的某些工具和技术手段,都是一定的生产工具和科学技术在教育领域的应用,它们不但反映了社会生产力的发展水平,而且都随着生产力的发展水平的提高而逐步获得提高。

在古代社会,落后的小农经济和手工业生产方式,决定了当时的学校只能采取口耳相传的讲授方法,以及后来的粉笔加黑板的教学设备,个别教学是其主要的教学组织形式。故教师注入灌输、学生呆读死记既是不得已而为之,也是客观之必然。工业革命后,生产和科学技术的发展,大面积的班级授课取代了师徒式的个别施教,生动的直观教学、演示实验、参观实习等教育方法开始进入教学领域,大大改变了以往的注入式教学枯燥乏味的状况;到 20 世纪中后叶,借助电影电视、录音录像、人造卫星,尤其是现代多媒体技术与计算机网络,个别化教学呈现出良好的发展势头,传统的粉笔加黑板模式获得新的生机,现代教学手段的运用,优质教育资源得以共享,学生的学习兴趣与教学实效大大增强。这一切都得益于生产力水平的不断提高。

二、政治经济制度对教育发展的影响和制约

生产关系的总和构成社会的经济基础,它通过政治决定社会的上层建筑及文化教育,因而一定社会的政治经济制度对文化教育事业的发展具有制约作用。

对于"政治"二字的内涵,其本义为"公共事务"的管理、处理,"政者事也""治者理也"。近代伟大的革命先行者孙中山先生对此做了进一步的解释,"政治二字的意思,浅而言之,政就是众人之事,治就是管理,管理众人之事,便是政治。"马克思主义认为,从政治的本质看,政治是经济的最集中表现;从阶级社会政治的基本属性看,政治就是各阶级之间的斗争;就其基本内容而言,政治就是参与国家公共实务;从其综合特征看,政治既是一门科学,也是一种艺术。

社会的政治经济制度对教育的制约作用,最集中的表现是政治经济制度的性质决定教育的社会性质,即政治经济制度决定着教育的思想政治方向和为谁服务的问题。从人类社会的发展史来看,人类社会已经历经原始社会、奴隶社会、封建社会、资本主义社会和社会主义社会五种不同的社会形态,存在过五种不同性质的政治经济制度,相应地也同时存在五种不同性质的教育形态。

政治经济制度对教育的制约作用,主要表现如下。

(一) 政治经济制度决定教育的宗旨和目的

教育的根本任务是培养人。教育所培养的人应当具备何种政治方向与思想意识倾向,则是由一定社会的政治经济制度决定的。社会的政治经济制度不同,其教育宗旨与教育目的也不相同,政治制度直接决定教育目的的性质和方向。教育总是以巩固和发展统治阶级的自身利益为根本宗旨。原始社会公有制下的教育目的是培养未来的氏族成员;阶级社会里,统治阶级总是力图按照他们的意志来要求和造就下一代,奴隶社会学校最重要的目的是把奴隶主子弟培养成为维护宗法等级制度的统治人才与军人;封建社会学校的教育目的是培养士绅;资本主义社会学校的主要目的,一方面将资产阶级子弟培养成统治与技术管理者,另一方面是通过义务教育培养熟练劳动者与政治顺民;社会主义社会学校的教育目的与以往阶级社会不同,是为未来造就德智体美全面发展的

社会主义事业建设者和接班人。

(二) 政治经济制度决定教育的领导权

任何社会中占据统治地位的阶级,必然要在教育上居于领导和支配地位,并按照本阶级的利益和共同意志举办和管理教育。一是通过立法、政策制定和人事任免等手段来领导和管理教育。二是通过控制财政权力来领导和管理教育。任何国家和地区的教育经费的来源、构成、使用、分配,无不受到政府的控制。教育经费除与生产力发展水平、国家财政供给能力相关外,政府决策因素也相当重要。其一,控制国民收入分配中的二次分配的比例,像新中国极左时期的"一工交,二财贸,剩下多少搞文教"的时代,教育的经济地位可想而知。其二,通过经济政策间接控制和引导教育管理,如政府的教育采购、美国联邦政府通过经济援助对私立教育的经济干预。其三,通过思想上的优势力量来控制和领导教育,从而培养和造就合乎统治阶级政治经济利益需要的人才。

(三) 政治经济制度决定受教育的权利和机会

从根本意义上说,社会所能提供的教育资源的总量、决定社会成员接受教育机会的最基本因素,当属生产力发展水平为教育所创造的物质资本。但是,经济发展与教育机会之间并不存在简单的一一对应的关系。其中,政治经济制度起着中间纽带作用。在教育资源与机会总量既定的条件下,机会的分配问题就直接受到政治的制约。在政治经济上占据统治地位的阶级,必然要想办法通过政策或制度向本阶级或某些既得利益集团倾斜。

国家设立什么样的教育制度,什么人有资格和可能进入什么样的学校学习,进入某一层级或类型的教育序列需要什么标准,都与国家的政治制度有关。奴隶社会的奴隶完全被剥夺接受正规学校教育的权利;封建社会等级制下,社会下层人士及其子女也少有接受学校教育的机会,社会中上层内部也是等级门阀森严。到了资本主义社会,在机器大生产、科技革命和产业革命的需求推动下,在工人阶级争取自身与下一代受教育权的斗争推动下,教育机会均等的要求逐渐被资产阶级政治家及其政权所接受。只有在政治相对开明的现代社会,教育的权利与机会均等才有了实现的社会现实基础。

第三章 教育规律论(一)——教育与社会发展

(四) 政治经济制度决定教育体制、结构和部分教育教学内容

各国教育体制、结构形式差异迥异,固然是多种因素合力影响的结果,但其中直接造成这种影响的主要成因是国家政体。一个国家的政体与其教育体制和结构的关系非常密切。国家结构形式与其教育体制和教育制度的结构形式之间的对应关系,从一个侧面说明了教育与政治之间的内在关联。如美国政治上高度分权的联邦制决定了美国教育管理上高度的地方分权模式,而法国教育管理上的集权模式,恰恰是其政治上中央集权体制在教育领域的具体体现。我国传统计划经济体制时期的高度统一的教育管理体制,究其实质,就反映了当时的中央集权的政体性质。改革开放新时期以来,随着政治体制改革中地方权力的扩大,中央统一领导、分级管理、地方负责的宏观教育管理体制逐步形成与完善。

教育要培养具有何种政治方向、社会价值和政治思想品质的人,要向受教育者传播某种主导性政治理念、主流社会意识形态及其伦理道德的要求与内容,都将直接受到一个国家或地区的政治制度的制约。在教育内容的抉择方面,从古代社会的"钦定"教材,到当代社会课程标准的制订与教材内容的审核,无不体现出政治意志对教育教学内容及其知识的取舍作用。

(五) 政治经济制度制约教育的改革与发展

推动教育改革与发展的动力因素虽然多元,但其中政治经济制度起着直接的推动作用。一方面,社会形态的更替、政体的变迁与社会革命,都将直接引发教育的巨大变革与发展,中华人民共和国的建立以及俄国十月革命、法国大革命、美国独立、日本明治维新等社会革命,都曾对本国的教育产生根本性的冲击与变革。政治基础变动,教育结构与教育秩序必然要同步配套。

另一方面,在社会其他因素所引发的教育改革与发展中,政治经济制度仍然发挥着特殊的作用。无论是由经济发展与科技进步引发的教育变革,还是由社会与文化变迁所带来的教育发展变革,从目标确定、机构设置、人员配备到组织、指挥、协调、监控,都离不开政治力量这一中间环节的作用发挥。也就是说,"任何由非政治力量而引发的教育改革和发展,都需要而且只能借助于政治的中介作用。现代世界各国所进行的大规模的教育革新,无一不是由政府和教育

行政机关所直接组织、调节、控制的"。①

当然,我们也要看到,随着社会的发展尤其是教育自身的发展壮大、历史的进步,教育与政治的关系先后历经了从古代社会的"教育从属于政治"到近现代社会的"教育相对独立于政治"的嬗变。

三、文化对教育发展的影响和制约

文化与教育之间的关系究竟如何?首先涉及人们对于"文化"一词的理解。究竟什么是"文化",至今仍是一个歧义丛生的概念。"文化"(Culture)一词,少说也有数百种解释与界定。溯其语源,"文化"一词源自意为耕作的拉丁文"Colere"一词的派生词"Culfura",其原意指人在改造外部自然界使之适应于满足食住等需要的过程中,对土壤、土地的耕耘、加工和改良,18 世纪以后其含义有了较大转义与引申。

"这个词,一方面被肯定地引申为如下的含义,就是针对自然、野蛮而言的文明(相当于英语的 civilization,来源于拉丁语的市民 Civis)的意思(日语的文化即文明开化也是同样);另一方面又具有惋惜被产业化冲走了的旧日生活的内容,因而把这个词用于称呼与单单是外部物质的'文明'相区别的思想精神方面的东西。"②

对于"文化"这个词,一般趋向于认为与其说是讲某种已完成的状态或结果,不如说是趋于完成的过程或情况。在所有"文化"的定义中,康德和泰勒的解释颇具代表性。1790 年,康德在《判断力的批判》中把"文化"定义为"有理性的实体为了一定的目的而进行的能力之创造",这种"创造"就是人类在精神、心灵和肉体上的"自然力",从人受自然力统治的"原始状态"向着人统治自然力的状态逐步发展。人称"西方文化学之父"的英国学者泰勒(Edward B. Tylor)1871 年在《原始文化》一书中给文化下了一个经典性的定义,"所谓文化或文明乃是包括知识、信仰、艺术、道德、法律、习俗以及作为社会成员的个人而获得的

---

① 成有信,等.教育政治学[M].南京:江苏教育出版社,1993:82.
② 覃光广,冯利,陈朴.文化学辞典[M].北京:中央民族出版社,1988:737.

其他任何能力、习惯在内的一种综合体。"①

几乎所有的文化定义都注意把文化与人类的活动及其结果联系起来，都承认文化是独立于各种遗传素质和机体的生物特征之外的，即文化是与自然和先天相对应的一种概念，有广义和狭义之分。广义指人类在历史实践过程中（即在改造自然、社会和自我过程中）所创造的物质财富和精神财富的总和；狭义来说指社会的意识形态以及与之相适应的制度和组织机构。

综合国内外对"文化"的理解与界定，我们大致可对文化做如下理解，"文化包括动态的文化活动与静态的文化成果，广义文化是与自然相对应的物质与精神文化的统一体，包括器质文化、制度文化与精神文化等，狭义文化则专指精神文化。"②器质文化指以满足人类物质需要为主的那部分文化产物；制度文化是指人类处理个体与他人、个体与群体关系的文化产物；精神文化是人类的文化心态及其在观念形态上的对象化，包括人们的文化心理和社会意识诸形式。其中，精神文化又称观念文化，处于文化体的核心地位。

在此，我们主要讨论狭义文化与教育的关系。教育与文化的关系较为特殊。教育本身也是文化的一种现象与表现，是人类整个文化的有机组成部分；文化本身又是教育的内容，教育则是传递与深化文化的工具，也正是借助于教育，文化才得以延续和发展。

（一）文化影响教育思想和教育观念的形成

教育思想和教育观念的形成和发展深受文化的影响。文化中的政治、法律、哲学、道德、文学、宗教、社会风气、社会习俗、社会心理意识等社会意识形态，对教育都会产生某种影响。尤其是其中的哲学思想与政治意识，无不直接影响着教育观念。

（二）文化影响教育内容本身

其一，文化的繁荣与发展使得课程教学内容日益丰富与更新，这是社会文化对学校教育的影响中最为显而易见的一个方面。知识的更新与科技的进步，

---

① 覃光广,冯利,陈朴.文化学辞典[M].北京:中央民族出版社,1988:109.
② 王全林.新世纪高校校园文化重构的四个突破口[J].皖西学院学报,2001(1):114-117.

教育哲学

使得学校的课程结构一方面要不断将富有时代气息的新文化成果充实进课程体系,如计算机教育、信息教育、环保教育等;另一方面,学校不得不压缩或删减某些陈旧或过时的文化内容,如大学低年级课程高中化、中学课程小学化的推进。

其二,文化发展变化影响课程结构。当代科技文化的勃兴,使得传统的以人文教育为主的课程结构让位于科学教育为主的结构。

(三) 文化影响教育的实施

这尤其表现在教育方法、教育手段与教学组织形式方面。如广播、电视、电脑网络等现代化大众传媒,既属于文化系统,同时其中的相当一部分又属于教育系统的组成部分,如现代社会中的广播电视教育、网络课程等远程教育。而图书馆、博物馆、文化馆等文化设施则是作为学校教育设施的补充部分,间接地影响着学校教育。

随着文化传播途径和手段的变革,在"地球村"时代,网络与信息技术的大力推进,传统意义上教师的中心信息源地位改变,从唯一中心变成多中心中的一员,传统意义上教师的"文化霸权"地位与师生关系都面临结构性转换与调整。

(四) 文化传统影响教育特色的形成

文化传统是影响各国教育特色形成的重要因素。以大学为例,德国大学崇尚学术自由,学生有选择学科、学习方法的自由,要求学生热爱科学课程,并独立思考;英国大学注重培养学生成为有教养的人,教学过程的核心是学生个人与导师面对面进行交流,强调导师的人品,注重价值观的陶冶和思维方式的训练,而非罗列事实;美国的大学则采取功利主义的态度,各大学之间可以有很大差别,学校开设有各种学术性、实用性、职业性的课程,以最大限度地适应学生的需求。这些国家各不相同的高教特色,都在一定程度上反映了本国根深蒂固的文化传统。

从不同文化的比较来看,一个国家或地区的教育模式总体上是与其文化模式相一致的。例如,中国古代的文化模式是"伦理型"的,而西方的文化模式则是"知识型"的,从而使得中国古代教育与西方教育在目标模式上明显不同。中国古代强调通过修己正人,"明人论";西方则注重通过知识的学习达到对真理的认识;在社会组织形式上,中国强调"大一统",而西方则强调"多元化",这直接导致了东西方办学模式和教育管理模式的不同——中国强调国家办学,集中统一;西方则强调地方办学,开放多样。

四、人口对教育发展的影响和制约

教育作为培养人的活动,不仅与个体状况直接相关,与社会人口状况也紧密相关。人口是指生活在一定社会、一定地区,具有一定数量、质量和结构的人的总体。人口是人类社会存在和发展的基础。人口既有量的特征,又有质的差异,人口增长速度的快慢、数量的多寡、质量的优劣都同教育有着密切的关系。教育与人口的关系指的是教育事业与社会中人的总体的关系,而非与个体的关系,尤其在近代建立义务教育制度以来,教育与人口的关系更为紧密。一定的人口对教育发展的影响主要表现在以下几方面。

(一)人口数量影响教育规模

社会的人口数量是不断变化的,其变化的速度可用人口增长率来表示。人口增长率的变化可归结为三种类型:第一种是高出生率和高死亡率构成的低增长,古代社会大抵如此;第二种为高出生率和低死亡率构成的高增长,19世纪以后的资本主义国家和20世纪的多数发展中国家处于此种类型;第三种为低出生率和低死亡率构成的低增长,目前发达国家已过渡到此类型,我国的计划生育政策也将人口状况从第二种向第三种类型快速推进。

1. 一定的人口数量及增长率影响教育事业发展的规模和速度

一定数量的人口是构成教育事业及其活动的前提和基础,特别是学龄人口数量直接制约着教育事业的规模和发展速度。以人口增长率对教育发展的影响为例,低出生率和低死亡率构成的低增长对教育的规模和速度的影响较为稳定,只要经济投入适度,教育就能够很好地满足人口接受教育的需要。而第二种类型就比较复杂,对教育的影响也就更大。在人口增长高峰期时段,必然要求不断扩大教育规模,以满足人口的教育需要,但在人口增长相对低谷期,就会面临教育资源过剩问题。尤其是在大力实施计划生育国策的中国大陆,人口数量的波动直接影响到各级各类教育的布局及其结构调整。如当前农村学校资源过剩、班额过小等问题的引发就与农村适龄人口变化密切相关,当前仍需要进行学校布局调整,以应对所面临的问题。

2. 人口增长还制约和影响教育发展战略目标的实现和战略重点的选择

在一定时期内,在其他各方面条件都具备时,若人口增长过快,就必然要求教育的规模和速度加快发展,其难度也必然会随之提高。在人口增长速度快的地区,教育发展应以扩大规模、满足数量需求为战略重点;而在人口增长速度较为平缓且经济发展有保障的地区,教育发展则以提高教育质量为战略重点。

(二)人口结构影响教育结构

其一,人口的年龄结构制约各级教育的发展规模与进程。如实行计划生育政策之前,由于适龄人口基数过大,我国的初等义务教育发展也较为缓慢;90年代以后由于计划生育政策所带来的人口年龄结构的调整,九年制义务教育推进速度大大加快;又如随着老龄化社会的提前到来,老年教育问题必须予以同步跟进。其二,人口就业结构影响学校教育的结构。如果生产力水平低,多数劳动者集中在第一、二产业就业,此时教育的发展水平就有限,教育的类型结构也比较单一。相反,如果生产中的科技含量加大,劳动人口流向第三产业,教育的发展就必然有良好的环境和条件,教育的类型和结构也必然呈现多样化的特点。如当下中国大力发展职业技术教育就与劳动力密集型的就业结构不无关联。其三,人口的地域分布制约学校布局,如高校主要集中在大中城市,就与城市人口集中分布密切相关。

当前中国农村城市化进程中的农民工子女流动及其教育问题,就直接影响到城乡学校的布局结构调整和教师配备。

(三)人口质量影响教育质量

人口质量对教育质量的影响表现为直接和间接两个方面:直接影响是指入学者已有的水平对教育质量的总影响;间接影响是指年长一代的人口质量对新生一代人口质量的影响,从而延伸影响到以新生一代为对象的学校的教育质量。众所周知,年长一代对新生一代的影响是多方面的。以身体素质为例,这种影响一方面通过遗传来实现,另一方面通过对新生一代的养育过程实现。教育对象的先天性缺陷和遗传疾病会给教育带来一系列特殊问题。优生是保证新生一代遗传素质良好的重要条件,孩子出生后的科学养育更是保证新生一代身体健康成长的重要条件。这两方面的实现,不仅与父母的身体素质有关,也与父母的精神素质相关。只有具有一定文化水平的父母,才会重视优生和儿童的科学养育问题,才可能掌握和运用这方面的知识。

第三节　教育的社会功能

教育作为社会大系统中的一个子系统,在受到生产力、政治经济制度、文化、人口等其他平行的子系统因素影响的同时,也以其自身特有的方式,在社会发展进程中对经济、政治、文化、科技、人口等系统发挥着积极的作用与影响。

一、教育的经济功能

教育的经济功能指教育系统对生产力和经济发展所起的作用。当代经济发展已由依靠物质、资金的物力增长模式转变为依靠人力和知识资本增长的模式,教育也日益成为经济增长中的决定性因素。

(一) 教育把可能的劳动力转化为现实的劳动力,促进经济增长

一般而言,作为劳动者的人的劳动能力是生产力诸要素中最为重要也最为活跃的因素。这里所说的人,是指掌握一定生产知识和劳动技能,具有一定劳动能力的人。

教育担负着培养劳动力、开发人力资源的任务,是社会再生产的必要条件,因而也是经济增长的必要条件。社会再生产主要依靠劳动力再生产而实现,而劳动力再生产的基本因素是教育和训练。

1. 把可能的劳动力转化为现实的劳动力

当人们还未掌握一定的生产知识和劳动技能时,他还只能是一个可能的劳动力,要把这种可能的劳动力转化为现实的劳动力,在现代社会主要是靠学校

教育与职业培训来实现的。通过教育,可以使人掌握一定的科学知识、生产经验和劳动技术,成为现实的劳动力,从而形成新的生产能力,促进社会生产的发展。社会生产力越发展,劳动力中的智力因素所占比重也越大。一些统计资料表明:在机械化初期、中期、全盘自动化时期,体力劳动和智力劳动所消耗的比例从 9∶1,6∶4 到 1∶9。

2. 把一般性的劳动力转化为专门性的劳动力

此中,专业教育与职业技能培训尤为突出。义务教育阶段接受的主要还是普通文化科学知识教育,与就业和职业关联度不大,仍属于一般意义上的劳动者与劳动后备力量。普通中学毕业生一旦升学无望,则在人才市场与生产岗位的适应性与竞争力不强。唯有接受专业教育与职业技能培训,才能成为具备实践能力与岗位适应性的专业性劳动者。

3. 把较低程度的劳动力提升为较高程度的劳动力

现代社会的科技进步与产业结构的升级换代,对劳动者提出了更高的教育要求。在学龄阶段的单一的学校教育并不能保证终身够用,毕业即与学校终结的观点已经不合时宜。劳动者需要不断接受继续教育与岗位培训,终身教育势在必行。此时,教育成为了终身提升劳动者素养与能力的基本手段。

4. 把某一种形态的劳动力改造为另一种形态的劳动力

在社会化大生产条件下,随着社会经济的发展,产业结构升级换代,劳动者的岗位变迁与行业变换日益习以为常。要想顺利实现这种横向流动,接受教育与培训便成为必需。

无论在哪个层次上,学校教育在培养劳动力、开发人力资源、提高劳动生产率、提高人力资源的质量方面,其作用都显得越来越重要。这是因为:第一,它能向社会提供一支能在科学上有发明、在生产技术上有创造的科学研究和设计队伍;第二,它能向社会提供一支能掌握和运用先进生产方法的技术队伍;第三,它能向社会提供一支适应于工业化水平的生产和技术管理人员的队伍。劳动力素质的提高及其相应带来的劳动生产率的提高,将对经济增长带来强劲的拉动作用。

当然,我们也要看到各级各类教育在经济增长中的作用方式是各不相同的。基础教育的主要作用是提高民族文化素质,为经济发展提供良好的发展潜能;职业教育和专业教育直接生产劳动能力,为经济的发展提供了技术与人力支持。

事实证明教育是促使经济腾飞的根本。

日本战后经济得以迅速发展,教育功不可没。从明治维新开始,日本就注意发展教育,二战后,落实教育立国战略,从而使日本在 80 年代末的劳动生产率和人均国民收入居西方七个经济大国的榜首。

中国自改革开放以来的经济社会发展,科教兴国战略起到了腾飞加速器的作用。十七大以来,优先发展教育,建设人力资源强国,实现"学有所教"的社会建设目标,必将大力推进创新性国家建设,加速推进全面建设小康社会的发展进程。

(二) 教育通过生产和再生产科学技术促进经济增长

人类自进入 21 世纪以来,科学技术业已成为推动经济增长与社会进步的强大动力,科学技术是第一生产力的意识日益确立。但是科学技术本身不能自发产生,更不能自动推广与应用。作为一种知识形态的生产力,科学技术只有直接应用于生产实践中,同相关生产要素紧密结合,产生社会物质财富时,才能从潜在的生产力转化为直接的生产力。在此进程中,教育发挥着十分重要的基础性作用。其一,教育具有再生产科学技术的功能,使科技传播、推广、被劳动者所掌握成为可能;其二,教育具有直接生产科学技术的功能,尤其是现代高等教育肩负着发展科学技术、生产科学技术的职责,是基础科研的重任,是应用研发的主要基地;其三,教育通过直接与科研院所、产业部门联系与合作,走产学研一体化道路,在高新技术产业领域直接介入产业开发,直接促进经济增长。

鉴于教育对经济发展的巨大作用,世界各国的有识之士已逐渐形成一种共识:国际间的经济竞争、军事竞争、综合国力竞争,在很大程度上是科学技术的竞争、民族素质的竞争,而归根到底是教育的竞争。

(三) 教育推动经济社会的协调发展

自十六大以来,党中央提出坚持以人为本,树立全面、协调、可持续发展的科学发展观,十七大更是对此予以全面阐述,它体现了我国发展指导思想上的重大转型。要想实现经济社会的又好又快发展,就必须加快转变经济发展方式,大力推动经济增长方式由粗放型向集约型、由只注重以物为本的片面追求经济增长向注重以人为本的全面协调可持续发展转型,坚持把自主创新能力作为调整产业结构和转变发展方式的中心环节;要想实现经济社会的又好又快发展,就必须把促进经济社会发展与促进人的全面发展统一起来;要想实现经济社会的又好又快发展,就必须坚持社会主义经济建设、政治建设、文化建设与社会建设的四位一体,坚持走生产发展、生活富裕、生态良好的文明发展道路。

经济社会的协调发展是全面建设小康社会、推进社会和谐的基础。在推动经济社会协调发展方面,教育首先发挥着三个方面的直接作用:

① 作为经济社会的一个组成部分,教育本身的健康发展就事关经济社会的协调发展。教育处于民生改善的社会建设之首的地位,其发展本身仍然存在不少问题,离"学有所教"的"五所"社会建设目标还存在距离,对教育问题的解决本身就是对经济社会协调发展的直接贡献。

② 教育可以传播并创造与经济社会协调发展有关的观念、态度、价值,促使人们形成经济社会协调的科学发展意识,增强参与经济社会协调发展建设的自觉性。

③ 教育通过培养复合型高级专门人才来促进经济社会的协调发展。即培养能够处理经济社会协调发展技术问题的自然科学人才、社会科学人才、人文学科人才以及跨学科与综合学科人才。

在推动经济社会协调发展方面,教育还发挥着五个方面的间接作用[①]:

① 教育可以满足人们的精神文化需要,充分体现经济社会协调发展、以人为本的精神实质;

② 教育可以通过促进经济增长,推动经济社会协调发展;

③ 教育可以通过解决人口问题,推动经济社会协调发展;

④ 教育可以通过扩大劳动就业,推动经济社会协调发展;

⑤ 教育可以通过促进均衡发展,推动经济社会协调发展。

(四) 教育消费本身可以在一定程度上直接拉动内需,促进经济增长

虽然对于教育消费能否直接拉动经济增长以及在多大程度上拉动经济增

---

① 王玉崑.教育经济学[M].2版.北京:华文出版社,2005:83-85.

长的内需上,存在种种争议,但是在客观上,教育消费可以在一定地域、一定程度上刺激与拉动内需,带动经济的增长。

二、教育的政治功能

教育并不是消极被动地接受政治的制约,作为一种能动的社会因素,教育对政治产生巨大的影响。在不同社会和不同的历史时期,教育表现出不同的政治功能,它既可为维护和巩固某一政治制度服务,也可为推翻某一旧的政治制度、建立新的政治制度服务。教育具有什么样的政治功能,是由教育的社会性质决定的。在一般情况下,教育的政治功能如下。

(一)通过培养政治所需要的人才发挥维系社会政治稳定的功能

通过培养人才为政治、经济服务,这是教育发挥政治功能的主要方面。学校通过思想教育等形式,进行公民训练,传播一定的政治思想意识,包括政治、经济、法律、道德、思想等方面的内容,使受教育者成为具有一定阶级的政治思想意识的人。西方学者把这种运用教育的力量培养青年一代具有某种政治思想意识的过程称之为"政治社会化"过程。学校培养出来的人才,有一部分直接进入上层建筑领域,成为国家各级各部门的政治领导人才,为维护和巩固政治和经济制度服务。

在我国古代,学校实际上是一种官吏养成所,学生主要学习的是为官从政之术。现代社会的某些专门学校或学院,如军事院校、政治院校等,其目标就是培养政治领导者。此外,随着社会的发展,科学社会化,社会生活科学化,现代社会已成为科学、技术、管理三者不可分离的整体,管理已经成为一门专门的学问。受教育的程度,已成为进入政治领导层的重要条件。通过系统的学校教育,培养具有较高科学文化知识和管理才能的政治领导者,已成为世界各国共同的发展趋势。

毋庸置疑,社会政治活动所需要的人才均需通过教育来培养,这是自古以来的一条不变的法则。通过培养人才来影响社会政治,是教育的政治功能的主要表现形式。

(二) 通过传播思想、形成舆论发挥政治功能

教育特别是学校教育,历来是知识分子和青少年集中的领域,他们思想敏锐,有见解、有学识,是新思想、新文化的策源地。此外,通过教育者和受教育者的言论、行动、讲演、文章、学校的教材、书刊等,也能起到宣传思想、制造舆论、动员民众、影响政治生活的作用。学校的"小气候"可以影响"社会大气候"。在历史上,反动统治阶级利用教育传播反动的思想观点,麻痹人民的思想,消除人民的反抗意识。恩格斯在论及19世纪奥国革命时曾经说过,由于梅特涅的愚民政策使维也纳的大多数人民"对于最普通的政治问题也一无所知",在一定程度上推迟了社会的发展。革命的阶级则通过教育宣传革命思想,提高群众觉悟,使其奋起斗争。

在现代社会,教育发挥着弘扬社会政治、思想、道德及文化领域中的正面因素,抑制与抵御腐朽、落后的消极因素,进而推进政治民主化的作用。

(三) 通过教育推进政治民主化的进程

政治民主化是现代社会政治发展的必然趋势。一个国家的政治是否民主,主要取决于该国的政体,但同时也与人民的文化素质、教育水平密切相关。列宁说:"文盲是站在政治之外的,必须先教他们识字,不识字就不能有政治,不识字只能有流言蜚语、传闻偏见,而没有政治。"[①]因为政治民主化的最主要表现之一,是人民群众参政、议政。政治民主化的广度和深度,可以用人民群众参政、议政的广度和深度来衡量。人民群众参政、议政的广度和深度,是受人民群众的文化知识水平制约的。正是在这个意义上,列宁说文盲是站在政治之外的。

历史已经表明,文化和教育的落后,往往是产生和盛行政治上的偏激、盲从、专制主义的原因之一;而教育的兴旺发达,则是政治民主与进步的基础性条件。

判断个体的政治社会化发展成熟与否,一般有四个主要标志,一是个体是否具备了最基本的政治常识,是否了解最基本的政治规范;二是个体是否已形成对特定的政党、政权、政府以及政治制度的肯定的认同的态度;三是个体是否

---

① 中共中央马克思恩格斯列宁斯大林编译局. 列宁全集:第37卷[M]. 北京:人民出版社,1967:59.

已形成较为稳定的政治情感,杜绝政治冲动、政治盲从;四是个体是否已具备政治参与意识和政治参与能力。

一个国家的教育普及程度越高,公民素质也就越高,就越能具有公民意识,认识民主的价值,推崇民主的措施,同时在政治生活和社会生活中积极履行民主的权利,承担相应的义务。因此,国民教育的发展和全体国民公民素质的不断提高,是推进政治民主化的重要前提和保证。

因此,学校培养出来的人的政治面貌、精神面貌、民主意识、参与意识如何,对整个社会的政治民主化进程至关重要。

(四) 通过教育促进社会公平

公平在本质上表现为现实的人对现实的社会存在(主要是社会活动的参与和社会资源的分配)所作的价值判断,单个人不存在公平问题,"公平的概念只有在人与人关系上才有意义"①。现代社会分工越来越细,每一个人的生存和发展对整个社会的依存度越来越高,都同他人和社会组织密切关联,因此,公平问题比任何时候都受人关注。从十八大报告提出"逐步建立以权利公平、机会公平、规则公平为主要内容的社会公平保障体系"。

人类的一切社会活动都可以被归结为对社会资源的创造与分享,公平问题贯穿于这一活动的始终。杨海波先生认为公平便分为三种不同的形式:活动过程进入与退出的自由性或机会均等;活动过程参与的民主性或权力平等;活动结果占有的等级性或差别对待。机会均等要求人的全面流动性,除非个人不具备流动的能力,或者自愿放弃流动的要求,社会不应设置任何阻碍人的自由流动的障碍。如果考虑到人的流动能力在很大程度上是后天形成的结果的话,那么机会均等首先要求人的流动能力形成条件的平等,即教育机会均等。权力平等所遵循的是天赋原则,同时它也是人的约定,它要求在所有的社会活动当中,其参与者个人意志都应该得到充分的表达,而活动中所执行的,则是多数人相同的意志。因此,现实中的权力平等坚持的是多数原则,或者说,是以部分人的部分权力的主动放弃为条件的。差别对待是在机会均等与权力平等得到充分

---

① [英]彼得·斯坦,等.西方社会的法律价值[M].王献平,译.北京:中国人民公安大学出版社,1990:78.

保证的前提下,以由能力大小的不同所决定的贡献的多少为基础,来对社会资源进行分配,贡献多的多得,贡献少的少得。但这种差别对待又以一定的无差别为基础,只有当人人都得到能满足其最基本的生存需求那一份以后,才开始强调差别性。因此,差别对待强调天赋原则与机会均等原则相统一。将上述三种形式的公平结合起来,并保持它们之间的内在统一性,也就构成了最一般意义上的公平[①]。

教育公平是社会公平的重要基础,《国家中长期教育改革和发展规划纲要(2010～2020年)》(以下简称《纲要》)指出:"教育公平的基本要求是保障公民依法享有受教育的权利,关键是机会公平,重点是促进义务教育均衡发展和扶持困难群体,根本措施是合理配置教育资源,向农村地区、边远贫困地区和民族地区倾斜,加快缩小教育差距。"《中共中央关于全面深化改革若干重大问题的决定》(2013年11月12日中国共产党第十八届中央委员会第三次全体会议通过)提出:"大力促进教育公平,健全家庭经济困难学生资助体系,构建利用信息化手段扩大优质教育资源覆盖面的有效机制,逐步缩小区域、城乡、校际差距。"

现代社会制度指向公平,现代社会道德提倡公平,但是,在人们心中却常常充满不公平的感觉。美国行为科学家斯塔西·亚当斯提出的"公平理论"[②]认为不公平感受产生的原因:第一,与个人主观判断有关。一个人不仅关心自己本身的付出与回报,而且总会自觉或不自觉地将自己付出的劳动代价及其所得到的报酬与他人进行比较,并对公平与否做出判断,而一般人总是对自己的投入估计过高,对别人的投入估计过低。第二,与个人所持的公平标准有关。每个人所持的公平标准是不同的,公平的标准是采取贡献率、需要率,还是平均率呢?例如,这对应于就高校出现的奖学金、助学金、平均发放的补助金三种模式,哪种公平?第三,它与绩效的评定有关。合理的方式是按绩效付报酬,并且各人之间应相对均衡。但如何评定绩效?是以工作成果的数量和质量,还是按工作中的努力程度和付出的劳动量?是按工作的复杂、困难程度,还是按工作能力、技能、资历和学历?不同的评定办法会得到不同的结果。

---

① 杨海波.公平的历史发展与现阶段中国的公平[J].中国社会科学院研究生院学报,1996(5):69-74.

② Adams,J. Stacy. Towards an understanding of inequity [J]. The Journal of Abnormal and Social Psychology, 1963,67(5): 422-436.

毋庸置疑,社会活动和资源分配中的不公平确实存在,但是,亚当斯研究告诉我们:本来是公平的事,因为个人认知方式的原因,总有一些感到不公平。因此,我们要做的事有两种:通过制度安排,使人们参与社会活动和社会资源的分配更加体现公平;另一方面,还需要加强公民教育,改变人们的社会认知,要让我们的社会知觉更加理性。

对教育的公平也有不同的认识。罗尔斯(J. Rawls)指出:"获得文化知识和技艺的机会不应当依赖于一个人的阶级地位,所以,学校体系(无论公立还是私立学校)都应当设计成有助于填平阶级的沟壑。"①

自由至上主义者诺齐克认为对教育资源的自我所有权不容侵犯,他指出"我拥有自己,我就拥有自己的天赋,因而也就拥有依靠我的天赋通过我的劳动所产出的东西,即个人的财富。每个人都具有独立的生命体,不能被别人当手段利用,为别人的利益而牺牲自己"。按天赋获取应得的教育资源,诺齐克认为,尽管天赋的差别会造成资源分配的差别,甚至是较大的差别,对天赋较低者是一种不幸,但不是不公正。相反,无视或人为缩小这种差别,就是侵犯个人的权利,在道德上是不正当的,也是不允许的。教育公正在于程序公正,而不在于结果。只要竞争中遵循了同一规则,做到规则面前人人平等,竞争的结果无论怎样,都是公平的。

科尔曼(J. S. Coleman)和莱文(H. Levin)的研究认为,教育机会均等概念应该包括以下四个维度:

① 入学机会均等,即学校制度应在某一范围、时间内对社会上的所有年轻人提供均等的学校教育;

② 参与教育过程均等,即社会或政府应投入均等的教育资源,为所有个人提供均等的学校经验和学习经验,使他们在就业和升学上享有均等的待遇;

③ 教育结果上的均等,即学生在接受同样的教育后能取得均等学业成绩或学历;

④ 教育效果上的均等,即同样的教育成就能为学生带来均等的聘任和升迁

---

① John Rawls. Justice as Fairness: A Restatement [M]. London: Harvard University Press, 2001:43.

的机会,并使他们能获得同等的社会经济地位①[1]。

美国《独立宣言》宣称:"人人生而平等,他们都从他们的'造物主'那边被赋予了某些不可转让的权利,其中包括生命权、自由权和追求幸福的权利。"在日常生活中的人与人之间人格、尊严平等同样是不言而喻的。这是上文所述的第一原则。

但是,我们又必须看到人人生而有异,无论是个人的遗传素质、生理特征、心理特征、自然环境、社会环境都各不相同,每个成长的轨迹即使有相似之处,也各具特色。一言以蔽之,人与人之间的差异是普遍存在的。

社会主义社会基本的分配原则是"按劳分配",即多劳多得,少劳少得,不劳不得。由于每个人的付出,包括能力的大小、水平的高低、劳动时间的长短都会有些差异,因此,人与人之间的收入差异也是普遍存在的。有差异是正常的,但是,不能说有差异就是不公平的,恰恰相反,这种差异正是公平的体现。差异是公平的另一种表现形式。

三、教育的文化功能

一方面,教育本身是社会文化的一个重要组成部分,另一方面,教育又在文化的继承、传播、选择、交流、创新诸方面发挥着特殊的功能。

(一) 教育的文化传承功能

人类文化的传承大体有两个途径:一是以物的载体或物化的观念形态存在与延续,如实物保存、运用各种符号(文字)记录等;二是以人作为载体实现延续,即通过人的活动形式、心理、行为方式等保存文化。前者可以成为客体文化,后者可以成为主体文化。无论是何种文化的传承,都要以人对文化的理解为中介,而人对文化的理解本身离不开教育与学习。学校教育因为具有知识的系统性、普及性和教学的简约性等特点,故而成为传承文化过程的最基本与最重要的途径。文化是教育的内容,教育是传递文化的工具,借助教育这一工具,

---

① 钟景迅.教育公平的应有之义及其研究方法反思:质化研究在其中的作用和意义[J].高等教育研究,2013(3):53.

人类世代累积下来的文明文化成果才得以保存,并代代相传,文化也正是借助教育才得以延续与发展。

(二) 教育的文化选择功能

文化是构成教育活动的背景和内容,但并非所有的人类文化都能够进入到教育活动中,那些原生态的文化成果虽然丰富多彩,若不经加工处理,未必适合教育传播与交流。只有符合真善美标准的文化,才有可能进入到教育活动中。这就意味着教育需要对文化进行选择、加工与整理。教育虽然是文化传递的一个基本手段,但教育又不等同于文化传递本身,它对文化的传递是有所选择、有所处理、有所保留的。首先要通过课程编码方式进行筛选过滤,以便与时代需求和主流文化价值观相一致,并且符合人的身心发展规律,便于学习对象接收和接受。如教育家孔子"删诗书,定礼乐,修春秋",就整理并发展了殷周以来的中华文化。

(三) 教育的文化交流功能

文化是一定时期特定地域人们的共同创造物,具有时代性和地域性,各个民族、各个国家或地区都有自己的文化特质。随着社会的发展、科学技术的进步,文化的时代性、地域性日益被打破,文化开放是大势所趋,文化交流成为必然。文化交流是指在一定社会价值体系下,不同文化之间相互影响、吸收和融合的过程。

历史上,文化交流与传播的途径多种多样,如迁徙、商贸、教育、战争、学术论辩、旅游、体育竞赛乃至当代的通讯、计算机网络、卫星传播等,其中,教育是一个最重要的途径。

文化间的传播和交流是文化发展的主要动力。教育的文化交流是将文化从一个区域向另一个区域扩散,是文化在空间上的流动。常见的教育文化交流形式有:校际之间的文化交流与传播(如学术互访、校际教师互聘)、互派留学生、国际间与地区间的文化传播与交流(如国际学术会议、国际培训、国际课程与学分互换)、信息网络交流等。由此可见,教育实现文化交流的最主要途径有二:一是以人的活动为载体的教育活动交流,如学者间的学术交流、学生间的课程学习交流;二是以物化形式为载体的交流,如学术成果、课程内容、研究方法等的文化交流。

（四）教育的文化创新功能

交流是文化生命力之所在。而交流本身不可能仅仅满足于简单化的复制或模仿，本身就是一个不断综合与创造的过程。社会文化总是处于不断发展更新的进程中，发展变化中必然要通过教育来丰富、重构与创新。

教育的文化创新功能的实现主要通过三种途径展开：一是教育本身就内在固有的文化选择、批判功能，使得文化创新得以可能；二是教育教学过程中师生建构所致，在教师的教学与学生的学习中，从备课（预习）到上课（听课参与）再到复习巩固（练习作业）的进程中，师生无不在再造与建构课程知识本身；三是通过教师的科研与学生的研究性学习，直接产生创新性科技文化成果。

四、教育的科技功能

20世纪以来几乎没有一种其他的人类心智探索活动能像科学技术那样取得如此巨大的成功，也几乎没有一种其他的活动能像科技那样无微不至地影响着我们生活的方方面面。在社会大系统中，教育与科学是两个相互独立而又密切联系的子系统，科教兴国战略将两者的关系拉得更近。

科学和文化一样是一个使用极广而又难以界说的名词。人们更多的是从某一侧面对其本质特征加以揭示与描述。科学（Science）一词由拉丁文 Scientia 演化而来，原意指"知识和学问"，中国传统文化中多用"格物致知"予以指代，1893年康有为引入日本思想家、教育家福泽渝吉对"Science"的翻译，引进并使用"科学"概念。以英国科学家贝尔纳为代表，认为在不同历史时期、不同场合，"科学"一词有不同的指代。每一界定都能反映出科学的某一方面特质。

从历史轨迹看，人们对科学的理解大致如下：

① 科学是人对客观世界的认识，是反映客观事实和规律的知识；
② 科学是反映客观事实和规律的知识体系；
③ 科学是反映客观事实和规律的认识活动；
④ 科学是一项反映客观事实和规律的知识体系相关活动的事业。

科学从"知识"→"知识体系"→"认识活动"，不单纯是一种概念的变化，而是人们对科学进行研究的方法论的转变。

"科学作为探索真理的一种认识活动,不仅包含了这种活动的结果——知识体系,而且也包含了取得这种结果的过程——科学方法;不仅包含了这种活动的客体——认识对象的客观因素,而且也包含了活动的主体——科学家的主观因素,尤其是他们在长期的科学研究活动中凝聚而成的科学精神。"[1]

二战以后尤其 20 世纪 50 年代以后,人类已进入"大科学"时代,科学从牛顿、波义耳时代的个人爱好变成了一种"社会建制"与社会性活动,科学已成为国家的事业、成为专门职业、有了自己的组织、成为了社会制度中的一个部门(如中国的科技部)。作为一项事业的科学,在社会总体生活中的地位与功能更加凸显。

所谓技术,一般界定为"科学的应用化",是根据生产实践和科学原理发展而成的各种工艺、操作方法和技能,它包括生产工具、设备、程序等。

科学和技术两者是相辅相成、辩证统一的整体,在现代社会,科学转化为技术的周期呈越来越短的趋势。

在精神文明领域,科学发挥着认识的功能,起着认识世界的作用;在物质文明领域,科技作为"第一生产力",在改造世界中发挥着巨大的功效。

科学技术对教育的影响主要表现为:科技能够改善教育者的教育观念,提高其教育能力;科技可以揭示受教育者的身心发展规律,从而提高学习者的学习能力与教育的实效;科技能够改进教育资料的所有方面和环节,为教育资料的更新和发展提供各种必需的思想基础和技术条件。当然科技进步与教育发展之间并非线性关系,两者未必同步,科技对教育的影响只是一种潜在的力量,能否起作用的关键取决于科技是否能进入教育教学过程,只有在适宜的社会体制和文化传统的中介作用下,才能变成现实。

那么,教育对科学技术的发展起到哪些影响作用呢?

(一) 教育对科学知识的再生产

科学技术是第一生产力,但当它还没有为劳动者所掌握并应用于物质生产过程之前,还只是一种潜在的生产力;只有被劳动者所掌握并应用于物质生产

---

[1] 袁振国.当代教育学[M].修订版.北京:教育科学出版社,1999:441-442.

教 育 哲 学

过程时,才能转化为直接的生产力。这种转化,除掉科研部门与技术推广部门外,主要还是通过教育的中介作用来实现的。首先,通过教育实现科技知识的继承和积累,完成简单再生产,把前人创造的科技成果系统化,实现代代相传;其次,通过教学的简约性,实现科技知识的扩大再生产,让下一代站在"巨人的肩膀上"去发现与创新。

(二)教育通过科学研究直接生产科技知识

教育是发展科学技术的重要途径。传统教育以传递已有的文化遗产为目的,以"传道、授业、解惑"为己任。但是,现代教育,特别是高等教育,不再仅仅局限于"传道、授业、解惑",而是同时也担负着发展科学、生产新的科学技术知识的重任。高等学校的学科门类比较齐全,专家学者云集,拥有先进的仪器设备和相关设施以及国家级和省部级重点实验室、工程技术研究中心、人文社科研究基地,不少大学还具有硕士博士培养职责,科研力量比较集中,便于综合性课题和边缘科学研究的开展,大学是进行科学研究、发展科学技术的一支重要力量,尤其在基础研究方面堪称主力军,在应用开发研究方面是一支重要力量。

(三)教育,尤其高层次教育进行科技人才的生产和再生产

可以说,现代大学是科技人才的再生产基地,是科学发现和技术发明活动的人才供给线。古代社会的教育以"学而优则仕"为正途,学习科技属于雕虫小技。但进入工业社会以后,科学走在生产的前面而成为生产的先导,并且向社会的各个领域渗透,由此通过学校进行学徒的科技训练便成为必然。

科学启蒙是培养科技人才的一个重要方面。许多优秀科学家正是在青少年学校教育时期就在教师的启发诱导下立志成为科学家、工程师的。基础教育新课程改革与大学教学改革中中小学的研究性学习课程、大学生的研究性学习立项,将使教育与学习成为未来科技人才培养的摇篮。

各行各业的科技人才更是各级各类高校的主要培养目标之一。一流研究型大学应将目标定位于拔尖创新型人才;地方应用型高校应定位于综合应用型人才;高职高专类院校应锁定实践技能型人才。

(四) 教育促进科学的建制化

早期的科学是非建制、非职业的,纯粹发乎有闲阶层个人的业余爱好,他们主要出于智力探索与好奇心之驱使。科学的建制化的途径主要有二:一是在学校里设立专门的教席,司职科研(如大学里的科研岗或教学科研岗);二是建立专门的研究机构或研究组织。由于大学的学术自由与环境相对宽松,更有利于科研探究与成果传播,一批批科学教席进入大学殿堂,由此产生了以洪堡"教学与科研相统一"理念支撑下的柏林大学和专门培养研究生为职能的霍普金斯大学,科学技术就这样首先在大学里找到了体制化的母体,并最终发展成为一个独立的"社会建制"。

(五) 现代高等教育成为科技转化为生产力的重要渠道

科学技术固然是第一生产力,但这种生产力要想转化为现实的生产力,还须通过一些中间环节的转换,现代大学在各个中间环节上都发挥着重要的作用,尤其是在"产—学—研"一体化、高新技术产业园区、高科技园区中发挥着科技孵化器的作用。

以研究生人才培养模式为例,主要发达国家大体上形成了学徒式、专业式、协作式与教学式等四种主要的培养模式及其变式。其中的协作式就是与科学、技术、生产一体化趋势相呼应的。

五、教育的人口功能

教育可以控制人口的数量,可以改善人口质量,还可以调整人口的结构,并拉动人口的迁移。

(一) 现代教育可以控制人口数量,是控制人口增长的重要手段

控制人口增长的手段很多,发展教育是其中之一,而且被认为是一个长期起作用的重要手段。通过教育有助于帮助人们树立新的社会价值观和婚育观,有助于接受人口教育,从而提高自觉实行计划生育的自觉性与意识。一些人口学专家的研究结论是:全体国民受教育程度的高低与人口出生率的高低成反

比。即人口的平均文化程度越高,人口出生率就越低,反之亦然。尤其是育龄妇女的文化程度尤其影响生育观念与生育行为。育龄妇女受教育程度与生育率水平有直接的反向依存关系,生育率随教育水平提高而下降,且几乎成直线负相关关系①。

(二) 现代教育可以改善人口素质,提高人口质量

人口素质是一个表明人口各方面素质综合发展水平的概念,由人口的身体素质、科学文化素质和思想品德素质三方面内容构成,它们都与教育息息相关。人口质量主要体现在人的科技水平、文化修养和思想觉悟、道德水准等精神因素上,教育作为促进人德智体美全面发展的实践活动,其直接的效果就是提高人口质量。因此可以说,教育是改善人口素质,提高人口质量的根本途径。

在现代化建设进程中,国民平均受教育程度和水平是一个国家现代化水平的重要指标。我国人口众多,世界第一,若在以劳动力为主要资本的自然经济时代当然是一笔最大的资源,而在正在崛起的知识经济时代,要想建设创新型国家,全面推进社会主义现代化建设,就必须大力发展教育,努力提高人口素质,造就数以亿计的高素质劳动者和数以千万计的创新型高级专门人才,走从人口大国到人力资源强国的可持续发展道路。

就身体素质而言,教育程度是标志每个社会成员文化科学知识水平的重要指标。一般说来,人们文化科学知识水平愈高,对人类自身生命发展的客观规律了解和认识也较深,在饮食、起居、个人卫生、防病健身等方面能按照客观规律办事,提高个人身体素质,因而死亡率相对较低。

至于教育对人口文化素质的影响就更为直接明显,人口科学文化素质的高低主要取决于教育的好坏。世界上通常用文盲率或识字率、义务教育普及和提高程度、就业人口的平均受教育年限、每万人口中科技人员数、每万人口中的大学生数等量化指标来衡量人口的文化素质。人口思想品德素质的形成也依赖于教育,可以说,有什么样的教育环境就会培养出什么品质的人。

---

① 刘铮.人口现代化与优先发展教育[J].人口研究,1992(2).

（三）现代教育可以使人口自然结构趋向合理化

人口结构包括人口的自然结构与社会结构。自然结构指人口的年龄、性别等方面的比例；社会结构指人口的阶级、文化、职业、地域、民族等方面的比例。所谓人口结构的合理化就是指人口结构有利于社会生产和人口的自然平衡。

教育促使人口结构合理化主要表现在：

1. 教育可以促使人口结构合理化

由于受过一定教育的妇女生育观的改变，使她们摆脱了"重男轻女"的传统意识，从而降低了女胎流产率，进而调整着新生儿的性别结构。教育对人口年龄结构的影响主要体现在教育对生育率和死亡率的影响上。由于教育对人口数量的控制使得生育率大大降低，人口增长缓慢。另外，一系列调查数据表明，教育与死亡率成反比例关系。有专家对北京市两（城）区一县人口的死亡状况进行了调查，结果发现教育对死亡率有着显著的影响。曾经有报告显示教育程度与死亡率之间呈负相关[①]。受过高等教育者死亡率最低，中学高些，小学更高些，文盲半文盲最高，且差距很大。

2. 教育可使人口的城乡结构合理化

人口的城乡结构实际上就是城镇人口的比重，其比重的大小是衡量一个国家经济发展水平特别是工业发展水平高低的重要标志。要实现现代化发展战略，就必须加快从农业国向工业国的转化，改变城乡人口比例，尽快实现农村人口向城镇人口的变迁。此中，大量的农村剩余劳动力如何就地消化，就有赖于大力普及农村义务教育，大力发展农村职业教育与技能培训，提高农村人口素质，这是社会主义新农村建设的当务之急。

3. 教育可以改善人口的行业结构和职业结构

这主要表现为由教育进步所带来的科技进步使得社会分工越来越复杂精细，产业结构与职业结构发生重组，传统行业衰落，新兴产业崛起。一般说来，脑力劳动者和体脑结合劳动者比重的提高，和体力劳动者比重的下降，将是当代尤其是未来社会的普遍发展趋势。为此，我们必须积极有针对性地发展教育事业，普及九年制义务教育，加快发展高中阶段教育，大力发展职业教育，努力

---

① 刘铮. 人口现代化与优先发展教育[J]. 人口研究，1992(2).

提高高等教育质量,为产业结构升级换代提供坚实的教育支撑。

(四) 现代教育有助于人口迁移

人口迁移是指人口从一个地点向另一个地点的迁居活动。人口的有序流动与合理迁移,对适应生产力发展和资源开发,促进地区间文化技术的交流、合作与发展,都具有积极意义。影响人口迁移的因素很多,其中教育对人口迁移的影响主要表现为:

① 受过教育的人口更容易作远距离迁移。这是因为受过系统教育的人思想开明开放,不易受本乡本土观念束缚,更愿意选择适合发展的空间去拓展事业,发挥潜能。

② 文化教育发达的城市和地区对人口迁移更有吸引力。

③ 教育本身就实现着人口的迁移。现代教育,特别是现代高等教育如同一个人才集散地,它把各地区的人才汇聚在一起,加以培养,然后根据社会发展的需要、学习者的志愿和特长,再把他们输送出去,从而实现跨区域的人才流动。留学生教育更是推进了人口的国际化流动。

第四节 当代社会发展对教育的需求与挑战

二战以来,尤其20世纪五六十年代以来,在政治、经济、文化、科技诸领域,人类社会发生了深刻的变化,随着社会现代化的变迁,人类步入信息化时代,全球化时代,世界一体化的趋势扑面而来:经济全球化、文化多元化,知识经济方兴未艾。

置身当代社会风云际会变迁格局中的现代教育,既迎来了难得的发展机遇,更面临着前所未有的挑战。在机遇与挑战面前,现代教育必须主动调适,主动变革,以成功应对当代社会发展中的现代化、全球化、知识经济、信息时代、文化多元等对教育的需求与挑战。

一、现代化与教育变革

"现代化"(Modernization)一词具有两个基本词义：一是成为现代的、适合现代需要；二是大约公元1500年以来出现的新特点、新变化。现代化理论是关于世界、国家或地区现代化的特点和规律的研究成果的统称。经典的现代化理论，大家普遍接受现代化的两个基本内涵，它们与现代化的基本词义大体一致：一是指发达国家16世纪特别是工业革命以来发生的深刻变化；二是指发展中国家在不同领域追赶世界先进水平的发展过程，现代化是一个历史过程。包括从传统经济向现代经济、传统社会向现代社会、传统政治向现代政治、传统文明向现代文明的转变等。

在当代，也有专家提出三次现代化命题。第一次现代化即从农业时代向工业时代、农业经济向工业经济、农业社会向工业社会、农业文明向工业文明的转变；第二次现代化即从工业时代向知识时代、工业经济向知识经济、工业社会向知识社会、工业文明向知识文明的转变；未来的现代化，指完成第二次现代化后，人类社会进行的新的现代化。

要实现社会的现代化，首先必须实现人的现代化，而人的现代化的实现取决于现代化的教育，即教育现代化。人的现代化是教育现代化的核心因素。是社会现代化的根本标志。

所谓教育现代化，是指教育适应时代的发展，反映并满足现代生产、现代科学文化发展需要，达到现代社会所要求的先进水平。其基本内容包括：

① 教育观的现代化：树立符合时代需要的现代教育价值观、质量观、教育先行观、人才观、学生观、教学观、终身学习观等，以奠定教育现代化的思想基础；

② 教育目标的现代化：大力推进以创新精神、实践能力和社会责任意识为核心的素质教育，树立现代人应有的基本素养；

③ 教育结构的现代化：建立大中小幼各级教育以及基础教育、高等教育、职业教育、成人教育、特殊教育等各类教育在内的多层次、多类型、多规格的教育结构，打通各级各类教育的立交桥，充分发挥教育的现代功能，满足教育的个人发展功能和社会发展功能；

④ 教育内容的现代化：教育教学内容要反映现代科学技术、社会发展和各

学科专业的最新发展成果,不断更新教育教学内容,深化课程与教材体系改革,提高教育质量;

⑤ 教学手段和方法的现代化:充分利用现代视听工具和网络等新型信息传播手段,提高教育教学效率;

⑥ 教育理论和教育研究方法的现代化:通过科学研究与实验实践探索,科学揭示现代教育教学规律,积极打造教育科学范式的转型,以推进和指导教育教学实践改革。

二、全球化与教育变革

全球化是 20 世纪 80 年代以来在世界范围日益凸现的新现象,是当今时代的基本特征。

全球化至今还没有一个统一的定义。一般而言,从物质形态看,全球化是指货物与资本的越境流动历经了跨国化→局部国际化→全球化发展阶段。货物与资本的跨国流动是全球化的最初形态。在此过程中,出现了相应的地区性、国际性的经济管理组织与经济实体,以及文化、生活方式、价值观念、意识形态等精神力量的跨国交流、碰撞、冲突与融合。

总的来看,全球化是一个以经济全球化为核心、包含各国各民族各地区在政治、文化、科技、军事、安全、意识形态、生活方式、价值观念等多层次、多领域的相互联系、影响、制约的多元概念。

全球化是一个动态变化的历史过程,不是成型的静态事物;全球化的本质特征在于跨越地理障碍(包括民族国家界限)的全球范围的交流、融合与一体化过程的加速;经济全球化是全球化的物质基础和必要前提;在全球化进程中必须共同面对和克服全球性问题的涌现。

全球化作为一种新的认识工具,是观察全球问题的一种新视角、新背景和新框架。

二战以来,由于科技的突飞猛进,世界经济日益朝着国际化趋势发展,像 2008 年下半年由美国次贷危机所引发的席卷世界的全球金融与经济危机,恰恰就反映了经济领域的世界一体化趋势。

这种全球化趋势,在哲学思潮上的表现就是相互依存论的出现,在社会学上的表现就是"地球村"理论,在文化学上的表现就是世界文化圈理论。从全球化视野看教育,主要就是树立教育国际化意识。教育国际化思潮又常常被称为"国际教育""国际理解教育""全球教育"。

教育国际化主要特点有三:一是全球开放性,即一个民族国家的教育与其他国家和地区的教育存在物质、能量、信息、人员的交流互动;二是全球共享性,在资金、师资、仪器设备等方面,全球教育的相互依赖性增强,全球教育市场与全球化教育体系正在逐步形成;三是多元教育文化并存共生格局。

在教育国际化趋势面前,我们应该如何行动呢?

① 转变教育观念,确立国际化的办学战略,包括培养目标的国际化、教学内容的国际化、学生的交流与交换、教师的交流与合作、课程、学分与学历学位的互认等。在教育价值观上,更多地体现"以人为本"的发展价值,以及为整个人类的生存与发展而服务的理念。对教育对象的理解要从三个层面去理解,即教育既要培养"个体"的人,也要培养"国家"的人,更要培养"国际"的人,应该在更为广阔的视野下,塑造教育的对象。

② 借鉴国际上先进的教育模式和方法,培养具有国际意识、国际视野和国际竞争力的人才。

③ 树立国际教育市场意识与国际教育服务贸易意识,遵守 WTO 规则,一方面积极引进国际教育资本,充分利用国外优质教育资源,为我所用;另一方面要积极拓展国际教育市场,扩大市场份额。

④ 加强对环境、能源、人口、道德等全球性问题的研究与教育。

⑤ 正确把握全球化与地方化、国际化与本土化的关系,明确教育发展的定位。

⑥ 认识全球化给教育带来的消极影响,有意识抵御全球化的风险。

三、知识经济与教育变革

知识经济是人类经济发展到依托高科技阶段的产物。在 18 世纪以前,农业经济和手工业经济的主要支撑是工具的改进;18 世纪以后开始的大工业时代,发展的主要支撑是技术革命;21 世纪的社会发展则主要依靠知识的革命、智力的革命。

1990年,联合国研究机构首次提出"知识经济"的概念,国际经济与合作组织(OECD)在《以知识为基础的经济》的报告中,首次把"知识经济"界定为"建立在知识和信息生产、分配和使用之上的经济"。知识经济(The Knowledge-based Economy),也就是以知识为基础的经济,或者说是源于知识的经济。即建立在知识和信息的生产、分配和使用(消费)基础上的经济,它是知识资本化的一种反映;在知识经济中,知识是决定经济增长的关键因素。它表明人类的经济发展比以往任何时候都更加依赖于知识的生产、扩散和应用。

人们在强调知识经济这一概念时,主要是区别于物质、资本在生产中起主导作用的物质经济和资本经济而言的。与依靠物质和资本等这样一些生产要素投入的经济增长相区别,现代经济的增长则越来越依赖于其中的知识含量的增长。知识经济的提法可以说正是针对知识在现代社会价值创造中的基础性作用而言的。

在知识经济的发展过程中,教育将起着关键性的作用。教育既是知识生产、积累、使用的主要手段,也是经济发展转向知识依赖的根本途径,更是知识向经济过程融合的桥梁和纽带。从此意义上说,知识经济也预示着"教育经济"的到来,即以教育的发展为基础的经济。

与传统劳动力经济与资源型经济相比,知识经济的特点有五:第一,知识经济是一种信息化经济,它是微电子技术、信息技术发达时代的产物,是信息社会的经济形态;第二,知识经济是一种网络化经济;第三,知识经济是一种创新型经济,创新是经济增长的发动机;第四,知识经济是一种智力支撑型经济,它是一种以智力资源的占有、配置、生产、分配、使用为最重要因素的经济;第五,知识经济是一种可持续发展的经济。

知识经济对劳动者的素质和能力提出了新要求:劳动者除必须具备较好的道德素质和业务素质以外,收集信息、选择信息、处理信息、交流信息以及开发信息资源的能力也成为每个劳动者应具备的最基本能力。

知识经济对教育体制提出了新要求:第一,贯彻科教兴国和人才强国战略,加大对教育的投入,落实教育的优先发展地位;第二,尽快建立起教育为经济发展服务,实现教育、知识和经济一体化的有效机制和途径;第三,彻底改变教育模式,从应试教育转向素质教育,努力提高人的创新意识与创新能力;第四,构建终身教育体系和学习化社会,实现人的可持续发展。

四、信息社会与教育变革

信息社会也称"信息化社会""后工业社会",是由一些社会学家、未来学家在 20 世纪 60 年代以后提出的一种新的社会范畴。是脱离工业化社会以后,信息将起主要作用、信息经济在国民经济中占据主导地位的社会。在信息社会中,信息成为比物质和能源更为重要的资源,以计算机、微电子和通信技术为主的信息技术革命是社会信息化的动力源泉。

信息社会的特点有:第一,社会经济的主体由制造业转向以高新科技为核心的第三产业,即信息和知识产业占据主导地位;第二,劳动力主体不再是机械的操作者,而是信息的生产者和传播者;第三,交易结算不再主要依靠现金,而是主要依靠信用;第四,贸易的主体不再局限于国内而是跨国的、全球的贸易。

信息社会对教育的主要影响在于:

第一,在学习的时空条件上实现了学习的革命。虚拟网络技术的发展及其应用,教育教学信息的大容量远程实时传送与存储,无形校园、虚拟学习社区正在形成,优质教育资源共享、开放学习与互动学习在技术层面更加促进了教育机会均等。

第二,以信息化手段推动教育的改革和发展,促进教育的现代化。教育信息化主要表现在两个方面:一是许多国家通过立法或政策把信息教育课程列入正式课程,加大对信息教育的投入;二是注重教育信息资源的开发和利用。在信息化条件下,正规教育更加富于柔性化,非正规教育与培训更加开放,职业教育、成人教育、高等教育的边界日益模糊,教育教学与学习的内涵与外延大大拓展与延伸,教学优质服务意识更加强烈。

第三,师生关系的重塑。传统教师中心、"知识霸主"地位被颠覆。在信息社会,主导的教学模式是基于网络的教学模式,这一模式要求教师要建构起与之相适应的教育者身份,从传统的"教师"角色走向"导师"角色,即从突出对知识占有的"教"走向突出思想和情感共享交流的"导"。信息社会打破了学校课堂、按时上课的时空局限,学生从"受教育者"走向"自主学习者",学生的主体性得到了极大的弘扬。

第四,学习方式的人性化、个性化、主体化、全球化。各种模式的虚拟大学、虚拟中小学、虚拟图书馆、虚拟实验室、虚拟博物馆等所构成的丰富的远程教育资源,不仅改变了学习的条件,而且从根本上颠覆了传统的课程概念、教学概念、考试概念,这种变化的总体趋势使得教育变得更加人性化、个性化、终身化。

当然,我们也要看到社会信息化以后,对作为未成年人的青少年受教育者可能引发的负面影响:

① 对人类思维方式的影响。计算机的符号思维模式影响青少年逻辑思维的训练,计算机程序编制和操作的刻板性将影响青少年直觉思维的形成和发展。

② 不利于良好道德观、社交观的形成。人的道德观念和价值准则要通过人际交往形成。作为智能化交往工具的计算机不具备任何道德观念,长时间与机器打交道,缺乏社会互动,会导致社会交往匮乏,影响青少年正确系统的道德观、人生观和价值观的建构。

③ 认知缺失的出现。随着计算机技术、仿真技术和通信技术的进步,学生可以足不出户就分享各种信息资源,但与此同时,人与自然、人与人的交流和沟通的不足,削弱了学生对现实生活的体验和认识,混淆"虚拟世界"和现实世界、间接经验与模拟体验以及直接体验的区别,逃避现实,从而产生认知缺失。

五、多元文化与教育变革

多元文化是关于文化形态及处理不同形态文化之间相互关系的一种理念,即指文化具有多种多样的形态,不同形态的文化具有不同的价值,各种文化彼此之间是相互联系的,应该和谐相处、共存发展。具体来说,从民族、地域、种族、阶层、性别等维度而言的不同的人们分别具有不同的文化,这些文化彼此相互联系,它们应该和谐相处,共同发展。

多元文化对于教育而言,便意味着面临多元文化教育。其价值在于:其一,多元文化教育旨在促进多元文化社会中人们对不同文化的理解,借此可以促进不同文化群体间的平等与尊重;其二,倡导教育公平,反对任何形式的歧视和偏见,帮助学生走出自身文化的局限性,致力于培养学生解决偏见的行动能力;其三,提倡对学习者主体性和自主性的尊重,培养学习者在面对不同文化时的抉择能力、批判能力和反思能力。

在多元文化并存、国际交往频繁的全球化时代,面对文化的日益多元化,教育该如何行动呢?

① 开展多元文化教育的理论研究,为人们认识和理解多元文化教育,进行面向多元文化的教育改革奠定理论基础。

② 树立多元文化的教育观。一方面是指教育中的各种文化要素是多种多样的,而不是单一的或者不应该是单一的。另一方面是教育要促进多元文化的发展。在教育目的、课程设置、学业评价等方面要融入多元文化的理念,以切实促进多元文化教育的发展。

③ 开设多元文化的学校课程,在相关学科教学中渗透多元文化理念,并在少数民族地区加强双语教育。

④ 加强教师的多元文化教育培训,解决教师在多元文化领域的知识、态度、能力、体验问题。

⑤ 坚持科教兴国、人才强国道路不动摇,坚持中国特色社会主义不动摇,坚持弘扬中华民族优秀文化不动摇。唯有国家兴旺、民族富强,才能文化昌明,并在全球文化中立于不败之地;在教育行动与国际交往中,唯有坚持社会主义主流价值观、弘扬民族优秀文化,积极构建现代先进文化,才能在全球化的洗礼中打造中国文化的"软实力"。

思考题

1. 教育对政治经济制度的影响表现在哪些方面?
2. 政治对教育的影响表现在哪些方面?
3. 经济对教育的影响主要表现在哪些方面?
4. 教育对现代科技的发展有何功能?
5. 教育与人口之间有何关系?
6. 简述教育与文化之间的关系。
7. 在全球化时代,教育该如何行动?

分析题

1. 阅读下列材料,从教育与经济关系的角度谈谈"国培计划"的意义。

教育部、财政部全面实施"国培计划"(中小学教师国家级培训计划)始于2010年。早在2007年,教育部曾实施援助西藏、新疆教师培训和西部农村教师国家级远程培训"三项计划"。2010年实施的"国培计划"包括"中小学教师示范性培训项目"和"中西部农村骨干教师培训项目"两项内容。"中小学教师示范性培训项目"是教育部直接组织实施面向各省(区、市)的中小学教师示范性培训,主要包括中小学骨干教师研修、培训团队研修、中小学教师远程培训、班主任教师培训、中小学紧缺薄弱学科教师培训等示范性项目。"中西部农村骨干教师培训项目"主要包括农村中小学教师置换脱产研修、农村中小学教师短期集中培训、农村中小学教师远程培训。2011年后又增加了幼儿园教师国培项目,并在逐年完善。

2. 人类的学习方式从过去单一的拜师学习,发展到函授学习、通过广播电视学习、通过网络学习、通过手机移动学习。试分析这些派生的学习方式产生的动因与条件。

第四章 教育规律论(二)——教育与人的发展

1. 掌握:遗传素质、环境、人的身心发展、个体的社会化、个体的个性化等概念。

2. 理解:① 影响人的身心发展的主要因素及其作用;② 学校教育对人的发展的理论建构;③ 人的本质属性及其实现;④ 教育应适应青少年身心发展的规律;⑤ 关于人的身心发展的几种理论。

3. 运用:① 运用马克思主义的思想科学认识和理解"遗传决定论"、"环境决定论"与"教育万能论"。② 发挥教育主导作用的基本条件以及各个主要条件之间的内在联系及其不可或缺性;③ 人的现代化与社会现代化的辩证统一。

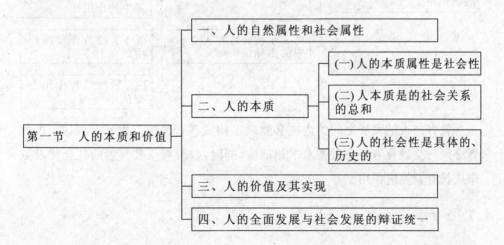

121

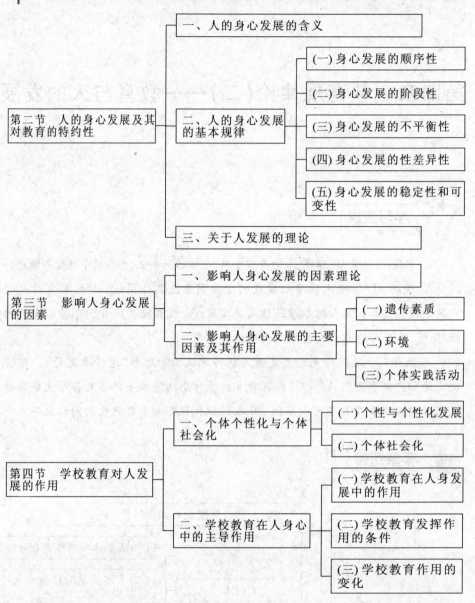

教育与人的发展之间的内在必然联系构成教育的第二大普遍规律。即教育必须与受教育者身心发展水平相适应，同时，教育对受教育者的社会化及健康成长有着促进作用。

第一节 人的本质和价值

人,既是教育的对象,又是教育的主体。要了解教育与人的发展之间的关系,十分必要的是认识人的本质和人的价值。为此,我们需要对马克思主义关于人的本质及其属性的基本理论进行介绍。

一、人的自然属性和社会属性

一般意义上讲,人身上具有的特性和属性,都可以称之为人性。归纳起来大致有以下三个方面,即自然属性、社会属性和精神属性。由于精神属性本质上属于人的社会属性,因此,我们也常常把人性分为两个方面:自然属性和社会属性。

作为自然存在物,人具有自然属性,主要是指人的肉体特征和生物特性;而人的社会属性,是指人作为社会存在物而具有的特征。马克思主义关于人的社会属性描述如下:人是什么,取决于他们生产什么和如何生产,生产实践的社会性决定了人的社会性。人所具有的社会属性,离开了人所依存的生产实践及其社会关系是无法理解的。

因此人的自然属性是社会属性得以存在的前提,离开了自然属性,社会属性也就不可能存在了。而人的社会属性又制约着人的自然属性,并在其中打上了社会的烙印,从而使人的自然属性成为社会化的自然属性。离开了社会,人的自然属性就退化成为了动物属性。

二、人的本质

马克思认为人的本质在其现实性上是一切社会关系的总和。其基本思想主要有以下几点。

(一）人的本质属性是社会性

人固然具有自然属性和意识属性，但在人的自然属性和意识属性中渗透着社会属性。人突破了自身的自然属性的某些限制而创造其生存和发展的社会环境，使自然属性从属和包含于社会属性之中。人的意识属性是在社会关系中产生和发展的，是由社会决定的，是社会的意识。人正是在创造社会中创造了自己。人的本质是人之为人的内在根据，这个内在根据只能是人的社会性。

（二）人的本质是社会关系的总和

人的社会关系不是单一的，而是多方面的、复杂的，包括经济、政治思想关系和各种具体关系。人与自然的关系也体现着人的社会关系，正是在此意义上，我们说劳动是人的本质活动。现实的人总是在种种社会关系中活动着，都在不同方面和程度上体现着人的本质，人不能离开各种社会关系而孤立、抽象地存在和活动。所以马克思说："人的本质不是单个人所固有的抽象物，在其现实性上，它是一切社会关系的总和"。在所有的社会关系中，生产关系又是最基本的关系，其他社会关系都是在生产关系的基础之上发生的，只有以生产关系为基础全面考察人的社会关系，才能把握人的本质。

（三）人的社会性是具体的、历史的

这是因为人的社会关系是具体的、历史的。

其一，人的本质是具体的，特定的、具体的社会关系决定人的具体的特殊本质。人处于不同的具体社会关系中，就具有不同的本质。在阶级社会中，人处于特定的阶级关系之中，人的本质集中表现为阶级性；在阶级关系中处于不同的地位，人的阶级本质也不同。

其二，人的本质是历史的，即发展着的，是在历史中形成的，不是凝固不变的。随着社会形态的变化，人的本质也在不断变化。

可见，马克思主义肯定了人的本质的多样性和变化性、受动性与能动、个性与共性的矛盾统一，也为科学教育发展观的制定提供了理论基础。

关于人的本质的认识，历史上观点纷纭。古希腊的罗马时代认为人的本原是由物质构成的；苏格拉底与柏拉图认为人的理念和灵魂高于一切；费尔巴哈：

"人自己意识到的人的本质究竟是什么呢？……就是理性、坚持、心。理性、爱、意志力，这就是完善性，这就是最高的力，这就是作为人的绝对本质，就是人生存的目的。"我国古代对于人的本质的认识反映在人性的善恶分辨上，"性善论"、"性恶论"、"性三品说"等都反映了不同时代的认识变化。

由此可以看到，教育思想的发展变化与人的本质的认识是紧密相连的，本质观的不同带来了不同的教育观，自然，教育行为也各异。对此，应给予科学的认识。

三、人的价值及其实现

（一）人的价值的内涵

历史唯物论认为，人的本质是一切社会关系的总和，这是历史唯物主义考察人的问题时所特有的、总的方法论。对人的价值问题的探讨也应在这一科学方法论的指导下进行。历史唯物主义认为，所谓人的价值就是人在社会生活中的价值与意义，它是人的社会关系的一个重要方面。

价值在哲学上是标志作为主体的人与客体之间的需要与满足等特定关系的范畴。在这里，人是价值的主体，离开了主体的需要，任何客体都无所谓价值。人的价值就在于人对自身的价值，即人能以特殊方式创造价值以满足自身的需要。具体来说，这表现在：

第一，价值是人的创造物，是作为主体的人的实践活动的产物；

第二，人的价值具有自我目的性；

第三，人是价值主体与价值客体，是具有工具性与目的性的有机统一。

马克思主义关于人的价值观点与宗教神学、唯心主义关于人的价值的观点存在根本区别。宗教神学认为人的价值就在于对上帝和神的意旨的服从。唯心主义则认为人的价值是绝对理念或精神的客体化。这两种观点都把人的价值神秘化了，并且否定了人的价值的主体性。

人的价值具有两重性，即人既是价值的主体，又是价值的客体，是二者的统一。作为价值的主体是指人需要有和享受的满足。作为价值客体包含两个方面，即社会价值和自我价值。社会价值是指个人对社会的和他人的责任和贡献;自我价值是指社会对个人需要的尊重和满足。在二者的关系上,社会价值是首位的,但也不能忽视个人价值。

(二) 人的价值的实现

人的价值有潜在的价值和实现的价值两种形式。前者指的是人的本质力量,即人所具有的创造性能力与潜能;实现的价值就是人的潜在价值的现实化。人的价值的实现,也就是由潜在的价值向实现的价值的转化。人的价值实现具有以下几个特点:

第一,创造价值的实践是人的潜在价值向现实价值转化的根本基础;

第二,人的价值的实现是受社会历史条件制约的。条件不同,人的价值的实现方式与实现程度也就不同;

第三,人的价值的实现是以人的主体性地位的实现为主要标志的;

第四,人的主观能动性在其价值实现活动中发挥着重要的作用。

(三) 社会价值和个人价值的辩证关系

人的价值问题,从根本上说是人和社会的关系问题。它包括人的社会价值和个人价值两个方面。

人的社会价值就是个人的创造活动对于社会的满足,也就是个人对社会作出的贡献。人的个人价值就是个人通过自己的活动来满足自己的需要。由于个人需要的满足,既要依靠自己的努力,又要依靠他人和社会,所以社会对个人的尊重和满足是人的个人价值不可缺少的方面。

社会价值和个人价值作为人的价值的两个方面,在本质上是统一的。个人价值的实现离不开社会价值,社会价值是人的价值的主导方面,个人价值从属于社会价值。在社会对个人的满足与个人对社会的贡献这两个方面关系的问题上,应将后者放在首位,因为个人的贡献是实现社会进步的源泉,也是实现个人价值的基础。

正确理解人的价值的特点,人的价值的两重性,正确处理二者的关系十分重要。应正确处理人的价值实现问题,个人、集体与社会的关系问题。

四、人的全面发展与社会发展的辩证统一

关于人的发展在"教育目的"章节另有叙述,这里仅就人的发展与社会发展的辩证关系进行必要的说明。

马克思吸收了以往任何时代关于人性、人的本质的理论观点,从哲学、经济学和社会学的角度历史地考察了个人发展与社会发展的关系,提出了个人发展与社会发展是对立统一的历史过程的观点,从而为我们确立教育目的提供了理论前提。

(一) 个体发展与社会发展的相互制约

个体发展与社会发展之间存在着不以人的意志为转移的相互制约性。

个体发展对社会发展的制约。这种制约性主要表现在以下几个方面。

首先,个体发展是社会发展的动力。人是构成社会有机体的唯一能动因素,毫无疑问,生活在社会中的个人为社会的发展提供着动力能量,社会系统中每个人的动力作用及其强度决定着该社会系统的运动和发展水平及强度。离开个体发展,社会发展也就成为无本之木,无源之水。

其次,个体发展构成社会发展的重要内容,是社会发展的重要标志。社会发展包括物质文明和精神文明两大方面。物质文明包括社会生产力的提高,而社会生产力的提高又包括构成社会生产力要素的人的体力和智力的发展。精神文明的一个重要方面就是人的科学文化素质和思想道德水平的提高。所以,社会中人的发展与社会中政治、经济、科学文化等的发展一同构成社会发展的重要内容,是社会发展的重要标志。只要分析一下社会中人的发展程度,就可以知道该社会发展的水平。

社会发展对个体发展的制约。这种制约性主要表现在以下几个方面。

首先,社会发展向个体发展提出客观要求,使个体发展成为必然和必要。马克思主义认为,社会发展的目的虽然反映个体发展的需要,但由个体发展需要集中而成的社会发展需要一旦形成,就会作为一种客观存在制约个体发展的需要。个体的发展需要产生于社会发展的客观要求,社会发展对个体发展所提出的客观要求转化为个体内部的发展需要后就构成了个体发展的动因。这一

般称之为人的身心发展的动力理论。社会发展要求其成员怎样,其成员就会有怎样的发展需要和怎样的发展结果。

其次,社会发展为个体发展提供必要的条件,使个体发展成为可能和现实。社会发展不仅向个体发展提出客观要求,使个体发展成为必然和必要,而且还为个体发展提供必要的条件,使个体发展成为可能和现实。离开社会发展所提供的条件,个体发展就根本不可能得到实现。因而在有限的生产力和落后的生产关系下,"人们的发展只能具有这样的形式,一些人靠另一些人来满足自己的需要,因而一些人(少数)得到了发展的垄断权,而另一些人(多数)经常为满足最迫切的需要而进行斗争,因而暂时失去了任何发展的可能。"这就说明,要消灭那种牺牲大多数个人的发展以满足少数个人发展的垄断权,以实现全体社会成员的全面和谐的发展,就必须有生产力的高度发展和生产关系的高度完善作为前提。

再次,社会发展制约着个体发展的性质、内容和程度。社会发展对个体发展所提出的要求不同,使个体发展在性质和内容上就有所差别;社会发展为个体发展所提供的条件的多少,制约着个体发展程度或水平的高低。在制约个体发展的诸多社会因素中,生产方式起着决定性的作用,其中生产力的制约作用最根本,生产关系的制约作用最直接,生产力对个体发展的制约作用都是通过生产关系的中介而实现的。

(二) 个体发展与社会发展的相互一致

个体发展与社会发展相互制约,其后果是个体发展和社会发展的相互一致。从上面有关个体发展与社会发展之间相互制约的关系的分析中,我们可以看出,个体发展与社会发展互为条件、互为因果。一方面,个体发展是社会发展的条件,社会发展有赖于个体发展,个体发展对社会发展具有促进作用;另一方面,社会发展为个体发展提供条件,个体发展依赖于社会发展,社会发展促进个体的发展。个体发展与社会发展之间客观地存在着律他和他律的双向互动作用。这种双向互动作用的结果,必然是个体发展与社会发展的相互一致。

马克思主义在对个体发展和社会发展的历史考察中,认识到了个体与社会之间、个体发展与社会发展之间客观地存在着辩证统一性,并进一步地联系到教育,认识到教育对个体发展和社会发展的作用及教育所受的来自个体与社会的制约性,并对教育对个体发展及教育对社会发展所能起作用的条件及程度做出了科学的说明。同时,把个体与社会共同作为教育的出发点,认为教育只有既从个体发展需要出发,又从社会发展需要出发,才能既促进个体发展又促进社会发展,使个体发展与社会发展之间形成一个良性循环。否则,单从个体出发或单从社会出发,都只能走到其良好愿望的反面。

第二节 人的身心发展及其对教育的制约性

人的一生,一般的认识是从受精卵开始的,逐步发展到婴幼儿期、儿童期、少年期、青年期、中年期、老年期,直至生命结束。人的一生包含着多个不同的发展阶段,自然也经历了不同的身心发展体验。对于人的身心发展以及规律,一般而言我们应该从以下几个角度进行认识和理解。

一、人的身心发展的含义

人的发展包括人的一生,发展既是一种状态,又是一个过程。作为状态是个体生命发展的阶段性完成,作为过程是对已经完成的发展状态的不断否定和超越,追求更新的发展。要阐述个体身心发展的一般规律,首先应明白个体身心发展指的是什么。虽然不少学者都从不同的角度阐述过,但它依然是一个不容易回答的问题。那么,从教育学的角度应该怎样认识呢?

教育要面对的是一个个活生生的人,这就决定了教育要把个体当做一个复杂的整体来研究。个体首先是一个活的有机体,有机体不断进行的是生命所不可缺少的新陈代谢运动。因此生理是个体发展的基础,是决定人的生物性存在的前提。心理学的研究已经表明,任何心理机能的出现都有其生理的基础,脑是心理的器官,心理是脑的机能。

人不仅是有机体,更加是具有其内部复杂的心理活动的高级生命体。"现代心理学的一种流行观点把人的心理看作复杂的系统",这个复杂的系统有共性的心理过程,但这个共性的过程发生在每个个体身上,又形成了个性心理的基本结构。

基于以上的认识,我们把对个体发展问题的认识集中到个体身心发展的两个方面上。"身"即身体,指人的自然的有机体构成,包括身体各构成都分的结构、功能以及整体的结构与功能。"心"即心理,指人的全部心理构成,包括人的认识能力、情感、意志、需要与动机和个性结构。个体的发展就是指个体从生命开始到生命结束过程中生理、心理及其身心整体所发生的所有变化的过程,这里,随着年龄的增长,个体的潜能在社会实践活动过程中不断激发并转化为现实个性,个体的生命发展也包含着量与质、内容与结构的不断变化,是一个从简单到复杂的发展变化的过程。

当然,关于发展,不同历史时期的认识也不尽相同。统归起来看,可以这样认识:发展基于个体的不同,反映在方向上,有积极与消极的变化;反映在形式上,有自觉、自为与消极被动或自发的、强制的变化;反映在速度与质量方面,发展既有量的增加,也有质的变化。

身体的发展主要包括机体的正常发育和体质的不断增强两个方面。机体的正常发育包括身体各个器官、各个系统的健康成长等,它是个体体质增强的条件和主要内容;而体质的增强又有助于机体的正常发育。二者相互促进、相互联系。

心理的发展包括认知过程和个性心理发展两个方面,如感觉、知觉、记忆、思维、想象、情感、意志、兴趣、气质、性格、能力等方面的发展,是认知过程和个性心理统一的和谐发展。这种统一的和谐发展,是人的全面发展的重要方面,它反映了个体成长过程中内部各个心理因素之间的辩证关系,是人的发展受内部心理因素制约的体现。

个体的身体与心理两方面是发展的两个方面,又是密切相关的。由于心理是人脑的机能,因此,身体的发展,特别是神经系统发展的状况制约着心理的活动及其发展。同样,身体的发展,也要受到认识、情感、意志和性格等心理过程和特征的影响。个体身心发展是发展的两个方面,又是一个统一体,无论哪一方面的发展变化都会对另一方面产生影响。所以我们认为,生理的发展是心理发展的物质基础,心理的发展也影响着生理的发展,而教育的存在就是为了促进人各方面的发展。

二、人的身心发展的基本规律

人的发展是个体身心两个方面的有规律的不断运动的过程,既是一个连续的发展变化过程,也可以分为几个不同的阶段。当然这几个阶段是人为划分并用于研究使用,阶段之间的划分是相对的,而且阶段之间的联系也是密不可分的。关于个体的年龄阶段划分,主要参见彭聃龄的《普通心理学》中的划分:产前期、婴幼儿期、儿童早期、儿童后期、青年期、成年期、中年期以及老年期,每一发展时期的大致年龄以及身心发展的主要特点各有不同。

由于人的身心发展在某些特殊阶段内遵循着某些共同的规律,这些规律制约着我们的教育教学工作。因此教师必须研究和利用这些规律,以推动教育教学工作质量的提升。

(一)人的身心发展的顺序性

人的身心发展的顺序性是指人的身心随遗传素质的成熟是由低级到高级、量变到质变的有顺序的持续不断的发展过程。比如人的身体的发展一般遵循着从上到下、从中间到四肢、从骨骼到肌肉的顺序,心理的发展总是由机械识记到意义识记,由具体思维到抽象思维,由喜怒哀乐等一般感情到理智感、道德感、美感等。心理学家皮亚杰关于发生认识论的研究,揭示了个体认知发展的一般规律和身心发展具有顺序性的特点。美国心理学家科尔伯格的研究证明,皮亚杰的发生认识论在个体的道德认知过程中,体现在道德准则遵循着从前习俗水平到习俗水平再到后习俗水平的发展过程。

人的身心发展的顺序性决定了教育活动必须由浅入深、由简到繁、由易到难、由少到多、由具体到抽象的循序渐进地进行。既不能拔苗助长,又不能压抑学生的发展,要重视早期教育,但早期教育的内容和方法还应适合儿童身心发展的实际水平。

(二)人的身心发展的阶段性

人在不同的年龄阶段表现出身心发展不同的总体特征及主要矛盾,相邻的阶段是有规律更替的,在一个阶段内,发展主要表现为数量的变化,经过一段时间,发展为量变到质变,从而发展水平达到一个新的阶段。青少年身心发展的年龄特点是在不断发展的不同阶段中形成的一般的、典型的、本质的特征。当然,不同发展阶段之间是相互关联的,上一阶段影响着下一阶段的发展。

所以,人生的每一阶段对于人的发展来说,不仅具有本阶段的意义,而且具有人生的全过程的意义。人在发展的总过程中,不同的阶段表现出一些不同的特征,这些特征构成了教育工作的基本依据,决定了教育必须针对不同年龄阶段的学生采取不同的内容和方法。同时注意各阶段的相互衔接,避免"一刀切""成人化"的做法。

一般认为,儿童从出生到少年,一般划分为六个阶段:

乳儿期(0~1岁)——直接情绪性交往活动;

婴儿期(1~3岁)——摆弄事物活动;

幼儿期(3~6、7岁)——游戏活动;

童年期(6、7岁~11、12岁)——基础学习活动;

少年期(11、12岁~14、15岁)——社会组织活动;

青年初期(14、15~17、18岁)——专业学习活动。

这里,需要明晰的概念是人的身心发展的年龄特征:人在不同的年龄段,表现出不同的生理、心理带有规律性的特征即所谓人的身心发展的年龄特征。

(三)人的身心发展的不平衡性

人的身心发展的不平衡性是指青少年身心方面的发展不是匀速的,经常出现时快时慢、时高时低的现象。表现为在不同的年龄阶段内,其身心发展的同一方面的发展速度的不平衡,如人的两次身体发育高峰与其他阶段相比,身体的发展更为迅速;还表现在身心不同方面的发展速度的不平衡,显示出一定的关键年龄阶段和最佳发展时期。

人的身心发展的不平衡性决定了教育工作者要了解学生的成熟期,掌握关键期,要根据个体身心发展的最佳期给予合适的教育,做到因人而异、因材施教,以促进青少年一代得到更好的发展。

(四)人的身心发展的差异性

人的身心发展还存在个别差异性,主要表现在同龄人在同一发展水平的不同;在不同方面发展的相互关系上存在差异;在男女性别上存在差异;在个体心理倾向上存在差异。

需要注意的是,个体发展水平的差异不仅是由于个人的先天素质和内在机能的差异造成的,它还受到环境及发展主体在发展过程中的努力程度和自我意识水平、自主选择的方向的影响。

年轻一代身心发展的差异性决定了教育活动要适应年轻一代身心发展的个别差异性,做到因材施教,长善救失,扬长避短。

(五)人的身心发展的稳定性和可变性

人的身心发展的稳定性是指在一定社会和教育条件下,人的身心发展的顺序阶段,年龄特征和变化速度等,大体相同,有相对的稳定性。

人的身心发展的可变性指不同的社会和教育条件下,人的身心发展是有变化的。表现出可变性、可塑性。如现在人的身高的普遍提高,心理成熟年龄的提高,入学年龄的提前等。因此需要我们的教育结合稳定性和可变性的规律特点,采取有效的方式方法,顺应人的发展的阶段、顺序及年龄特征,真正促进人的发展,实现教育的价值。

三、关于人发展的理论

关于人的身心发展的理论、流派众多,较有代表性的理论流派主要有以下几种:

(一)认知发展理论

认知发展理论的代表人物是瑞士儿童心理学家皮亚杰,他是20世纪儿童认知发展研究领域中最有影响和贡献最大的心理学家。其理论的核心是"发生认识论",主要是用发生学的观点和方法来研究人类认知的发展顺序与阶段,探讨认知形成和发展的动因、过程、内在结构和机制等。

认知发展,广义而言就是指个体在知觉、记忆、想象、学习和思维等方面的发展。皮亚杰认为,发展就是个体在与环境的不断相互作用中的一种建构过程,其内部的心理结构是不断变化的。心理结构的发展涉及图式、同化、顺应和平衡。图式是为了应付某一特定情境而产生的认知结构。最初的图式来源于先天的遗传,表现为一些简单的反射,为了应付周围的世界,个体逐渐丰富和完善着自己的认知结构,形成了一系列的图式。而人类所有的心理反应归根结底都是适应,"适应的本质在于取得机体与环境的平衡"。皮亚杰把适应分为两种不同的类型:同化和顺应。同化指将新信息纳入已有的认知结构中,而顺应是指改变已有的认知结构以适应新的环境。个体就是通过同化和顺应这两种形式来达到机体与环境的平衡,如果机体和环境失去平衡,就需要改变行为以重建平衡。这种不断的平衡—不平衡—平衡的过程,就是适应的过程,也就是心理发展的本质和原因。

关于认知发展阶段论,皮亚杰认为个体从出生到成熟的发展过程中,认知发展可以分为具有不同性质的四个主要阶段:感知运动阶段(0～2岁)、前运算阶段(2～7岁)、具体运算阶段(7～12岁)和形式运算阶段(12岁以后)。各个阶段的顺序是一致的,前一阶段总是达到后一阶段的前提。但阶段的发展不是间断性的跳跃,而是逐渐、持续的变化。随着儿童从低级向高级阶段的发展,他们由一个不能思维,仅依靠感觉和运动认识周围世界的有机体逐步发展成一个具有灵活思维和抽象推理能力的独立个体。

皮亚杰是过去几十年中儿童发展领域最杰出的代表人物之一。他提出了有关认知发展的最详尽、最全面的理论。他所强调的主客体相互作用的思想以及关于个体心理发展各个阶段的划分和对各个阶段的具体阐述等,都具有巨大的启发意义。这些理论揭示了个体心理发展的某些规律,有助于人们预测儿童的发展并实施正确的教育和辅导。从理论内容的广延性和对实际研究的启发性来看,皮亚杰构建的整个"发生认识论"学说在认知发展领域的地位是不可替代的。

近年来西方认知发展心理学的一些研究也对皮亚杰理论的某些观点提出了一些质疑,越来越多的人提出,儿童认知能力的发展并不是以皮亚杰的年龄阶段所描述的那种"全或无"的形式进行的,他们通过实验发现,许多重要的认知能力在儿童年幼时就已经存在,只是程度有限,这些能力将随着个体知识和经验的增长,一直发展到成年期。这些研究也由此推动了皮亚杰理论的新的进展。

第四章 教育规律论(二)——教育与人的发展

(二)智力发展理论

随着社会的不断发展,智力发展领域不断涌现出新的理论。

1. 三元智力理论

美国心理学家斯腾伯格所提出的三元智力理论是心理学界最为流行的全面解释人类智力的一种理论。斯腾伯格的智力理论是一种智力的认知理论,斯腾伯格区分了三种信息加工成分,即元成分、操作成分、知识获得成分。元成分是最重要的成分,它的作用是执行计划、实行监控、对结果做出评价;操作成分是在任务的执行过程中,负责执行元成分的决策;知识获得成分是指获取和保存新信息的过程,负责接受新刺激,做出判断与反应以及对新信息进行编码与贮存。他认为,元成分、操作成分和知识获得成分三者之间存在紧密的相互联系。其中,元成分始终处于调节控制地位,操作成分和知识获得成分之间的相互作用,或同一成分中不同具体方面之间的相互作用都必须以元成分为中介。三元智力理论揭示了智力活动的内部机制,为我们对智力的认识提供了一种新的视角和框架,同时对深入了解能力的实质,促进能力的训练与培养,都有重要意义。

2. 多元智力理论

哈佛大学教授、发展心理学家加德纳提出的"多元智力理论"引起了世界范围的广泛关注.并成为20世纪90年代以来影响西方国家教育改革的重要思想之一。加德纳认为,"智力是在某种社会或文化环境的价值标准下,个体用以解决自己遇到的真正的难题或生产及创造出有效产品所需要的能力"。他提出了关于智力及其性质和结构的新理论——多元智力理论,每个人都至少具备语言智力、数理逻辑智力、音乐智力、空间智力、身体智力、人际交往智力和自我认知智力。作为个体,每个人都同时拥有相对独立的七种智力。这七种智力在现实生活中并不是绝对孤立、毫不相干的,而是错综复杂的,以不同方式、不同程度有机组合在一起。这七种智力在个体身上的不同组合使得每一个人的智力都有独特的表现方式和特点;即便是同一种智力,其表现形式也是不一样的。所以很难找到一个适用于任何人的统一的评价标准来评价一个人的聪明与否、成功与否。多元智力理论的本质是,承认智力是由同样重要的多种能力而不是一两种核心能力构成的,承认各种智力是多维度地、相对独立地表现出来的而不是以整合的方式表现出来的。现代社会是需要各种人才的时代,这就要求教育必须促进每个人各种智力的全面发展,让个性得到充分的发展和张扬。

(三) 道德发展理论

科尔伯格是美国当代发展心理学家,他把"认知—发展"观点运用到道德教育中去,成为其道德发展理论的突出点。科尔伯格致力于儿童道德判断力发展的研究并提出了"道德发展阶段"理论。道德发展阶段以不同年龄儿童道德判断的思维结构来划分儿童道德观念发展的阶段,强调儿童的道德发展与其年龄及认知结构的变化有很大关系。

科尔伯格主要是从发展心理学的角度来论述道德发展的。他强调道德发展是认知发展的一部分;强调道德判断同逻辑思维能力有关;强调社会环境对道德发展有着巨大的刺激作用。科尔伯格采用的研究方法主要是道德两难法:从被试的陈述中区分出30个普遍的道德属性,如公正、权利、义务、道德责任、道德动机和后果等。每一个属性又分为6个等级,合计180项,然后把谈话中儿童的道德观念归属到180项分类表的一个小项下作为得分。儿童在某一阶段的得分在其全部表述数中所占的百分比,便是儿童在该阶段的道德判断水平。这种方法是科尔伯格研究人的道德判断发展的重要手段,并在研究中发现人的道德判断存在着一个渐进的发展过程,分为一系列不同的阶段。科尔伯格认为,人的道德判断可分为三种水平,每种水平各有两个阶段,共六个阶段。

1. 前习俗水平

这一水平上的儿童已具备关于是非善恶的社会准则和道德要求,但他们是从行动的结果及与自身的利害关系来判断是非的。这一水平有两个阶段:

阶段1,惩罚与服从的定向阶段。这个阶段的儿童认为凡是权威人物选好的就是好的,遭到他们批评的就是坏的。他们道德判断和理由的根据是为是否受到惩罚或服从权力。他们凭自己的水平做出避免惩罚和无条件服从权威的决定,而不考虑惩罚或权威背后的道德准则。

阶段2,工具性的相对主义的定向阶段。这一阶段儿童首先考虑的是,准则是否符合自己的需要,有时也包括别人的需要,并初步考虑到人与人的关系,但人际关系常被看成是交易的关系。对自己有利的就好,不利的就不好,好坏以自己的利益为准。

2. 习俗水平

这一水平上的儿童有了满足社会的愿望，比较关心别人的需要。这一水平的两个阶段是：

阶段1，人际关系的定向阶段或好孩子定向。这个阶段的儿童认为一个人的行为正确与否，主要看他是否为别人所喜爱，是否对别人有帮助或受别人称赞。

阶段2，维护权威或秩序的道德定向阶段。这一阶段的儿童意识到了普遍的社会秩序，强调服从法律，使社会秩序得以维持。儿童遵守不变的法则和尊重权威，并要求别人也遵守。

3. 后习俗水平

这一水平上的人们力求对正当而合适的道德价值和道德原则作出自己的解释，而不理会权威人士如何支持这些原则，履行自己选择的道德准则。这个水平的两个阶段是：

阶段1，社会契约的定向阶段。在前一阶段，个人持严格维持法律与秩序的态度，刻板地遵守法律与社会秩序。而在本阶段，个人看待法律较为灵活，认识到法律、社会习俗仅是一种社会契约，是可以改变的，而不是固定不变的。一般说来，这一阶段是不违反大多数人的意愿和幸福的，但并不同意用单一的规则来衡量一个人的行为。道德判断灵活了，能从法律上、道义上较辩证地看待各种行为的是非善恶。

阶段2，普遍的道德原则的定向阶段。这个阶段，个人有某种抽象的、超越某些刻板的法律条文的、较确定的概念。在判断道德行为时，不仅考虑到适合法律的道德准则，同时也考虑到未成文的有普遍意义的道德准则。道德判断已超越了某些规章制度，更多地考虑道德的本质，而非具体的准则。

科尔伯格重视把研究成果应用到教育上去，从而形成了自己的道德教育观点。

第一，道德教育的首要任务是提高儿童的道德判断能力，培养他们明辨是非的能力。在他看来，儿童道德的成熟首先是道德判断，然后是与道德判断一致的道德行为上的成熟。儿童的道德成熟水平最明显地表露在他的道德判断中。因此，科尔伯格认为一个人的道德判断水平与他的道德行为基本上是一致的。道德教育应以提高道德判断能力为重。

第二,儿童的道德发展是有阶段性的。他的研究表明,儿童的道德发展必须依次经过各个阶段,但不是所有儿童都能达到最高阶段的。尽管不能跨越各个发展阶段,但儿童总是喜欢超越自己已有的水平,达到较高阶段的道德判断水平。因此,教育要为儿童提供下一个阶段的发展模式,以利于儿童道德水平的发展。

第三,学校、家庭和社会要创造良好的条件,广泛开展各种道德教育活动,提供略微超出儿童发展水平的社会道德问题让他们讨论,以激发他们去实现更高阶段的道德水平,使他们的思维模式向更高水平发展。

(四)需要层次理论

美国人本主义心理学家马斯洛在20世纪40年代提出了需要层次理论,他认为人有五种基本需要:生理需要、安全需要、归属和爱的需要、尊重需要、自我实现需要。这些需要属于不同层次,构成一个需要的"金字塔"。马斯洛指出,只有低级需要基本满足之后,才会出现高一级的需要,也就是说,人的基本需要是由低级向高级发展的,具有连续性。但同时马斯洛也承认,也会有一些例外和颠倒的情况,表现出跳跃性。

生理的需要,指的是人对食物、水、空气、性等用于维持个体生存和种族延续的需要。安全的需要表现为人们要求稳定、安全、受到保护、有秩序、能免除恐惧及焦虑,如医疗和退休保险等。归属与爱的需要表现为人们要求与其他人建立感情联系或关系,如交朋友、追求爱情、得到所在团体的承认等。尊重的需要包括自尊和受到他人尊重。自我实现的需要是指人们力求发展并施展自己的能力或潜能,以达到完美境界的成长需要。

需要层次理论又被称为需要的金字塔理论。人总是从低层次需要转到高层次需要,塔顶的自我实现的需要是最高级的需要;越是低级的需要,对个体的重要性越强,获得满足的力量越大,同时,只有低一级的要求被满足时,才会向高一级的要求转化。但是,需要层次并不是不可逾越的,有时会越过较低级的需要层次而向高级层次跃进。

马斯洛需要理论看起来是一个金字塔形的层次划分,但实际上却并非完整的金字塔,人们的需要层次不仅仅表现为从低级向高级发展,而且还具有其他的一些特点。第一,各层次的需要是同时存在、相互交叉的。每个人都有这五种需要,只是在某些条件下无法同时追求或追求更高层次的需要,所以只能退而求其次,来满足低级的需要。第二,在不同的情况下每个人最为迫切的需要表现是不同的,即重要性排序不同。第三,需要层次还有一个最大的特点就是反复性。

(五) 最近发展区理论

苏联著名心理学家维果茨基早年曾专门研究过教学与发展的关系问题,提出了著名的"最近发展区"概念。维果茨基提出,心理的发展指一个人的心理(从出生到成年),在环境与教育影响下,在低级心理机能的基础上,逐渐向高级心理机能转化的过程。我们至少应该确定儿童的两种发展水平:第一种发展水平是现有发展水平,由已经完成的发展程序的结果而形成,表现为儿童能够独立解决智力任务。第二种发展水平是指儿童在有指导的情况下借别人的帮助所达到的解决问题的水平,即指通过教学所获得的潜力,它说明那些尚处于形成状态,刚刚在成熟的过程基础上正在进行的东西。这一水平表现为儿童还不能独立地解决某一问题,但在成人的帮助下,在集体活动中通过模仿,却能解决这些问题。这两种水平构成矛盾,学生的发展过程即是这一矛盾的不断转化过程。

根据上述思想,维果茨基提出,"教学应当走在发展的前面",这是他对教学与发展关系问题的最主要的理论认识。也就是说,我们的教育活动应建立在儿童的第二种水平之上,应立足于不断地将其"最近发展区"转化为现有的发展水平,使全部教育和教学工作走在学生发展的前面。对于如何发挥教学的最大作用,维果茨基强调了"学习的最佳期限",所谓"学习的最佳期限"是指身体或心理的某一方面机能和能力最适宜于培养和形成的时期。这一时期中,对个体某一方面的训练可以获得最佳成效,如果错过了学习某一技能的最佳年龄,从发展的观点来看是不利的,它会造成儿童智力发展的障碍。

第三节 影响人身心发展的因素

人是一个复杂的生物体。人的发展也是一个复杂多变的过程,任何因素只要与人发生作用,被人所意识,都可能影响人的发展。究竟哪些因素影响着人的发展以及作用的大小,长期以来哲学家和教育学家们对此有着各种不同的看法。

一、影响人身心发展的因素理论

(一)单因素论与多因素论

单因素论认为人的发展是被某一种因素决定的,常见的有"遗传决定论"和"环境决定论"。在西方,对于影响人的身心发展的因素及其作用的研究主要集中在心理学的范围内进行,并集中表现在遗传与环境的争论上。20世纪初,问题的提法是非此即彼的绝对二分法,即"谁起决定作用?""遗传决定论"和"环境决定论"就是这种争论的结果。20世纪中叶,研究者开始注意到遗传和环境二者都是人的发展必不可少的条件,于是研究分析各自的作用,问题的提法变成了"各起什么作用?""单因素论"的观点随之终结。

多因素论认为人的发展受遗传、环境、教育以及在此影响下逐步发展起来的个人已有的发展水平和主观能动性的制约。对影响人的身心发展的因素的认识经历了一个逐步深化的过程,通过对遗传和环境二因素"会合论"的批判,产生了"三因素论",认为遗传是人的身心发展的物质前提,环境和教育对人的身心发展起决定作用,相对于环境影响,教育对人的身心发展起主导作用。不过"三因素论"只分析了人的身心发展的外围,没有关注作为其内部的人的主观心理方面,从而产生了"五因素论"。

由于调节是控制人的个性发展的重要方面,所以又出现了"五因素论"。由于思维和视角的转换,又生成了"新五因素论",即生理因素(遗传、变异)、心理因素(认知、情感、意志、个性)、社会因素(狭义的环境、教育)、自然因素(自然环境)和实践活动因素。面对如此众多的争论,"多因素论"最终建树起来,认为影响人的身心发展的因素是多种类、多层次的,可以分解为多重因素,主要有遗传、环境、信息刺激、教育、人的主观能动性以及文化传统、时代特征等相关的背景条件。当然,上述分类又可以归结为内发论与外铄论。

(二) 内发论与外铄论

内发论者强调人的身心发展的力量主要源于人自身的内在需要,身心发展的顺序也是由身心成熟机制决定的。孟子可以说是中国古代内发论的代表。他认为人的本性是善的,万物皆备于我心,人只要善于修身养性,向内寻求,人的品性就能得到发展。现代西方的内发论者进一步从人的机体需要和物质因素来说明,如奥地利精神分析学派的创始人弗洛伊德认为人的性本能是最基本的自然本能,决定人的行为特征;美国当代生物社会学家威尔逊把"基因复制"看作决定人的一切行为的本质力量;而美国心理学家格塞尔则强调成熟机制对人的发展的决定作用。内发论观点又称自然成熟论、预成论、生物遗传决定论等,代表人物为美国心理学家霍尔、奥地利心理学家彪勒、英国人类学家和心理学家高尔顿。

外铄论的基本观点是人的发展主要依靠外在的力量,诸如环境的刺激和要求、他人的影响和学校的教育等。对于人自身的因素,有的认为是需要改造的,如我国古代性恶论的代表人物荀子就持这样的观点。有的认为人的心灵犹如一块白板,它本身没有内容,可以任人涂抹,外部的力量决定了人的发展状况。英国哲学家洛克的"白板说"是一个典型的代表。外铄论的另一个典型代表是美国行为主义心理学家华生,他这样说:"给我一打健康的婴儿,不管他们祖先的状况如何,我可以任意把他们培养成从领袖到小偷等各种类型的人。"外铄论者强调外部力量的作用,故一般都注重教育的价值,对教育在改造人的本性、形成社会所需要的知识、能力、态度等方面,都持积极乐观的态度。他们关注的重点是人的学习,学习什么和怎样才能有效地学习。这种观点又称心理发展的环境决定论、外塑论或经验论等。外铄论的典型代表是美国行为主义心理学派的创始人华生,英国教育家洛克的"白板说",法国唯物主义教育家爱尔维修、狄德罗的"教育万能论",也都属于环境决定论。

此外,还可分为成熟优势说,发展不同于学习,它主要依存于神经系统的成熟和智慧建构的水平。持这一观点的代表人物有格塞尔和皮亚杰。学习优势说认为,发展主要不是靠内部条件制约的自发性来完成,而是靠外部社会性因素的介入,即靠教育和学习。持这一观点的代表人物有华生、斯金纳和维果茨基等人。

(三) 内因与外因交互作用论

随着研究的进一步深入,针对影响人的身心发展的因素,研究者开始关注各因素"如何起作用",于是产生了"相互作用论"。辩证唯物主义认为,人的发展是个体的内在因素(如先天遗传的素质、机体成熟的机制)与外部环境(如外在刺激的强度、社会发展的水平、个体的文化背景等)在个体活动中相互作用的结果。在主客观条件大致相似的情况下,个体主观能动性发挥的程度对人的发展有着决定性的意义。因此,我们把实践、把个体积极投入实践的行动,看作内因与外因对个体身心发展综合作用的汇合点,也是推动人身心发展的直接的、现实的力量。因此,教育活动中主客体之间的关系、师生之间的关系,以及怎样使学生主动积极地参与各种教育活动,在此受到更多的关注。

可见,人的发展是多种因素综合影响的结果,是先天遗传与后天社会影响以及主体在活动中的主观能动性的交互作用的统一,人在身心发展中所表现出来的基本特点,不是其中某一种因素单独作用的结果,无论是内发论(遗传决定论)还是外铄论(环境决定论),都是强调一种因素而否定其他因素的作用,是片面的。关于影响人的身心发展的因素的观点存在多种认识,在以后的研究学习过程中可以做全面而辩证的分析。

二、影响人身心发展的主要因素及其作用

人是目前世界上的一个极为复杂的生物体,人的发展是一个复杂多变的过程。因此想全面系统地说明人的发展过程以及阐明影响人的发展因素,截止于目前是不太现实的。我们这里基于目前科学技术以及教育科学等的发展现实水平,只能够对于影响人的发展的几个主要因素进行介绍,即遗传、环境、实践活动和学校教育。

(一) 遗传素质在人的身心发展中的作用

遗传是指人从上代(父母或先代)那里继承下来的解剖生理上的特点,如机

体的结构、形态及感官和神经系统的特征,特别是脑机能的特点等。这些遗传生理特点也叫遗传素质,它是人的身心发展的物质基础和自然条件。

应当认识到,不同个体之间在其遗传素质上是存在客观差异的。现代科学研究已经发现了"遗传信息"的存在,证明基因的主要成分是一种叫做脱氧核糖核酸(DNA)的化学物质,它通过控制蛋白质的合成,从而决定生物千差万别的性状。遗传素质不仅影响人的智力,也影响人的个性特征。每个人表现出来的智力水平和个性特征,在一定程度上都受遗传基因的影响。

遗传素质是人的身心发展的生理前提,为人的身心发展提供了可能性。机体的结构、形态及感官和神经系统的特点等遗传素质,是人发展的自然的或生理的前提条件。但是遗传素质对于人的身心发展的作用仅仅是提供了物质的前提,提供了发展的可能,它不能决定人的发展。因为,遗传素质本身并不是现成的知识、才能、思想、观点、性格以及道德品质等,人类知识对于个体而言是不可复制的。

遗传素质的发展过程制约着个体身心发展的年龄特征。遗传素质有一个发展过程,它表现在人的身体的各种器官的构造及其机能的发展变化上,如身高体重的增加,大脑的发育,性的成熟等。遗传素质的成熟程度,为一定年龄阶段的发展提供可能与限制,制约着个体身心发展的年龄特点。

遗传素质的差异性对人的身心发展有一定的影响作用。人的遗传素质的差异不仅表现在体态、感官方面,也表现在神经活动的类型上。近年来,关于遗传基因的研究证实,基因物质的排列结构及其活动与人的发展有着密切的关系。遗传素质的差异,对于人的发展是有影响作用的。但是随着个体年龄的不断增长和个体机能复杂程度的增加,遗传素质的影响作用也在不断减弱。

在正确认识遗传素质对人的发展作用的同时,要反对的是"遗传决定论"。它过于强调遗传素质的决定作用,否认教育和环境对人的发展的影响作用,否定社会环境对人的发展产生的巨大影响,是极其片面的。

(二)环境在人的身心发展中的作用

环境泛指个体生活于其中的、围绕在个体周围的影响个体身心发展的一切外部因素。按照环境的性质划分,一般分为自然环境(包括自然条件与地理环境)和社会环境(包括政治、经济、文化以及与客体相关的其他社会关系)。自然环境又可以分为天然自然环境和人工自然环境，一般是指天然存在，是人与动物共有的，环绕着人类并影响着人类生存与发展的自然界，比如水、阳光、空气、地理位置、重力场、生态、植被等。

社会环境是指人类在自然环境基础上创造和积累的物质文化、精神文化和各种社会关系的总和。如民族文化、生产方式、生活方式、社区机构、家庭亲友、科学教育、社会意识形态（哲学、道德、艺术、宗教、风俗习惯等）、公共场所、社会风气、流行思潮和各类社会教育等。

环境对人的身心发展的影响表现为以下几个方面：

第一，环境是人身心发展的外部条件，环境为人的发展提供了机遇和条件，它影响人的身心发展，决定人的身心发展的内容和水平。对于生活在不同环境下的人，不同环境所提供的条件并不相同，对人的身心发展的意义也不尽相同，因而不同环境中人的发展有很大的区别。

第二，环境对人的身心发展的影响有积极和消极之分。在同一环境中，各种因素作用的方向、力量的大小是不相同的。当然个体接受环境的影响也不是消极的、被动的，而是积极、能动的实践过程。这种能动性，主要表现有：个体是通过他所参加的实际活动来对环境做出反应并获得发展的。人的发展不是消极被动地受环境的摆布，而是人的实践活动决定着人的发展；个体又是按照其已有的知识、经验、需要和兴趣等来对客观环境做出反应的。同样的环境，在不同的人身上，可以产生不同的反应。那种忽视人的主观能动性、把人看作环境的消极适应者的"环境决定论"，是完全错误的。

（三）个体实践活动在人的发展中的作用

个体的活动包括个体的生理活动、心理活动、社会实践活动三个方面，这里主要指个体同外部世界进行物质交换或精神交换的活动，反映了主体内部因素与外部因素的统一，体现了主体的主观能动性。

1. 生理活动

人作为生命体进行的活动，有机体与环境发生物质交换的过程，其实质在于新陈代谢。

2. 心理活动

每个个体对外部世界能力的个体性的反映便是心理活动。最基本的是认识活动,主要满足个体与外界进行信息交换和自我控制的要求,构建内部世界。

3. 社会实践活动

具有满足人的生存、发展与创造需要的意义,是一种能量的交换,具有鲜明的目的性、指向性和程序性。体现了人的主动选择,已不仅能使人的智慧与力量得以外化和对象化,而且使人的才干、意志、智慧在实践中得到综合运用,实现内部世界的丰富与发展。

个体具有接受教育的天赋素质和潜在能力,个体具有教育的需要,个体具有主观能动性和主动实践的能力。表现出人不仅是受教育对象,也是学习的主体。

马克思主义的内外因关系原理告诉我们,内因是变化的根本,外因是变化的条件,外因必须通过内因而起作用。环境和教育在个体的发展中所起的作用,只有通过个体的内部因素,即内部矛盾运动才能实现,它是人的身心发展的动力所在。当社会、家庭和学校向个体提出某种要求而依靠现有发展水平不能顺应这种要求时,个体就会产生一种新的需要,这时如果教育要求适合他们的需要,就为他们所接受并转化为实际行动。环境和教育对人的身心发展的作用就得以实现。反之,则无从发挥。

发展主体的各种实践活动是推动人发展的根本力量。为了实践,人必须认识自己、认识周围的环境与对象,必须发现问题、寻找解决问题的方法,必须调动内在和外在的力量来实现实践任务。

随着人的自我意识的提高和社会经验的丰富,人的主观能动性将逐渐增强,人能有目的地去发展自身。这表现在对周同环境的事物,能做出有选择的反应,能自觉地做出抉择,控制自己的行为,还表现在为自身的发展预定目标,并为实现自定的目标,自觉地进行奋斗,这是人的主观能动性推动人的发展的高度体现。

人的主观能动性是通过人的活动表现出来的。离开人的活动,遗传素质、环境和教育所赋予的一切发展条件,都不可能成为促进人发展的现实。人的活动包括生命活动、心理活动和社会实践活动,人们只有通过这些活动,才能得到发展,反之,就谈不上任何发展。从个体发展的各种可能变为现实这一意义上来说,个体的活动是个体发展的决定性因素。

第四节　学校教育对人发展的作用

一、个体个性化与个体社会化

(一) 个性与个性化发展

个性指具有一定的意识倾向性和鲜明的个体差异性。个性是人性在个体上的具体表现,它既反映人的共同性,也反映其差别性。个性是指自为的社会特质,是个体区别于他人他物的特殊性质、结构和功能。

个性发展是指在人的共同性的基础上,充分地把人的差别性显示出来,从而使每一个人都具有高度的自主性、能动性与创造性。

个体个性化指个体在社会适应、社会参与过程中所体现的稳定的特征,这里主要是个体通过学习和社会实践,逐步形成独具特色而又相对稳定的意识倾向和个性心理特征的过程。意识倾向性决定人对现实的态度和行为的动力系统,主要包括一个人的需要、动机、兴趣、信念、理想和世界观等;个性心理特征决定人关于自我的思想和行为的维持系统,包括气质、性格和能力等。个体通过接受社会影响而逐渐形成自己的主体意识、独立人格和个性才能等,从而实现个体的个性发展。

教育通过对人的道德、智力、能力的培养而提高人对自我的认识,提高人的主体性。教育帮助个体充分开发内在潜力并充分地发展自己的特长。教育使人意识到生命的存在并努力追求生命的价值与意义,教育赋予人创造生命价值的信心与力量。要想有效地促进个体个性化的发展,应该关注心理内化。

心理内化是促进学生个性发展的关键环节,这里的内化是指外部的客体的东西转化为内部的主体的东西。常见的心理内化的形式包括道德内化,即道德认识、道德情感、道德意志、道德行为。

知识内化,即是把知识结构转化为认知结构。知识内化的过程,就是在已有认知结构的基础上,同化或顺应一定的知识结构,以形成新的认知结构的过程。

智力内化,即是把实际操作转化为智力操作。

(二) 个体社会化

个体社会化是个体在社会环境影响下,认识和掌握社会事物、社会标准的过程,即一个特定社会的个人通过与社会的交互作用,适应并吸收社会的文化而成为社会一分子的成长过程,或者说是社会将一个自然人转变成为一个能适应一定的社会文化、参与社会生活、履行一定角色行为的社会人的过程。通过这个过程,个体得以独立地参加社会生活,从自然人逐渐变成社会人。主要内容是遵守社会规范;树立生活目标,确定人生理想;掌握生活与生产的基础知识和基本技能。

个体社会化是一个由自然人转变为社会人并不断完善的发展过程,是一个人从不知到知、从知之不多到知之甚多、从不成熟到成熟的社会生长过程。在发展过程中还包括四个方面:政治社会化,即指个体学会接受和采用现时的社会政治制度的规范,具备相应的态度和行为;道德社会化,即指个体将社会道德规范逐渐内化成自己行为准则的过程;性别角色社会化,即指个体在社会生活中,学会按自己的性别角色去规范行事的过程;语言社会化,主要是指以掌握社会语言为契机,将个体融入社会的过程。

教育就是一种使年轻一代系统地社会化的过程。个体正是在教育者连续不断地提出社会要求与受教育者个体原有心理水平之间的矛盾运动中发展的。个体的社会化是通过教育来实现的。需要注意的是,教育既促进个体的社会化发展,也受制于个体的发展水平,表现如下:第一,个体的生理发展对教育有制约作用,个体的成熟为教育提供了物质的基础。教育活动对人的生理发展有促进作用。第二,教育促进个体心理的发展,教育也受制于个体心理发展的已有水平。第三,从人的心理发展的实质和人脑的反映机能的发展来理解,教育受制于个体心理发展的已有水平。

教育跟人的发展紧密相连,个体的生理发展和心理发展为教育提供必要的基础与可能,而教育又促使心理发展的可能变为现实,从而促进个体的不断发展,即个体社会化程度的不断提高。

可见,个体社会化是社会得以延续的根本途径。对任何人来说,社会化都是毕生的课题。个体社会化的主要任务是通过教育掌握基本的生活技能,接受并认识各种社会生活、社会行为规范。树立明确的个人生活目标,承担不同的角色任务,为适应社会生活打下良好基础。在一般人的社会化过程中,具有决定意义的途径主要是家庭文化熏陶、学校文化教育和社会文化影响。因此,我们今天的家庭状况、学校教育内容、教育方式以及社会时尚和流行趋势,都将直接影响到我们未来的社会面貌。

在个体社会化的视野下,个体不是以领会并接受社会文化为唯一目标,不是单纯地适应社会,而是在继承基础上以发展与创新为目标,因而个性的核心是自主性、独立性和创新性。个性化教育可以被理解为一种教育追求,即强调尊重人和人的个性,提倡个性潜能的发掘和良好个性优势的发展,主张培养良好个性全面和谐发展的人,弘扬教育的特色化。个性化教育还可作为一种教育活动来理解,它是一个注重差异性的求异过程。

二、学校教育在人身心发展中的主导作用

(一) 学校教育在人身心发展中的作用

教育,特别是学校教育,作为一种特殊的环境,是直接以影响人的身心发展为目的的一种有意识的社会活动,它在人的身心发展中起主导作用,而这种主导作用是由学校教育的特殊性和个体发展的阶段性两方面的原因所决定的。但是,教育活动又区别于实践活动,实践活动的主体是人,客体是自然与社会;教育活动的主体是教师与学生,都具有主观能动性。教育影响又区别于环境影响,虽然有人视教育为"特殊环境",毕竟环境是人们活动的结果,影响人的作用的发挥是潜移默化的。教育则是过程,始终作为活动和过程存在,其影响作用的发挥是有目的性的。所以学校教育作为有计划、有组织、有系统的影响活动,是人类特有的一种活动,它能够把遗传、环境的影响充分地利用起来和组织起来,发挥其积极的影响作用,引导受教育个体向社会所需要的方向发展。学校教育的特殊性表现如下:

1. 学校教育具有明确的目的性

学校教育的目的与社会主导性的要求是一致的,学校教育内部各方面的教育影响在基本目的上是一致的,学校教育的目的是稳定的,它对人的发展方向

起制约作用。教育是有目的、有意识地培养人的活动，它是遵照一定的社会要求和人的身心发展规律，按既定目的对人施加影响的过程。教育是以专门影响人的发展为主要目的，教育要对社会环境和实践活动的影响进行筛选、过滤和调控，以保证教育的目的和方向。

教育区别于环境等因素的重要之处就是可以根据一定的目的和要求，选择影响条件，排除和控制各种不良因素的影响，从而达到影响性质和方向的一致性，以保证教育目的的顺利实现。

2. 学校教育具有良好的系统性

系统性主要表现在教育目标、课程内容、教学活动组织等方面的较强的计划性、组织性、协调性、全面性。教育对人的影响是系统地按照人的身心发展规律进行的，不但具有系统性，而且具有连续性。同时，教育对人的影响又是全面的，既影响受教育者的身体，也影响受教育者的精神；既增进受教育者的知识能力，也影响其思想品德。学校教育能够有效避免环境等因素对人的影响的自发性、片面性和偶然性，促使教育对人的影响更加具有实效性。

3. 学校教育具有良好的选择性

选择性主要表现在对教育培养目标的教育内容、教育的方式、方法和手段等方面的有计划的选择。教育总是根据一定的社会要求有计划地选择教育内容以及一切有利于学生成长发展的积极因素，并结合学生发展实际和学校的实际有效地使用各种各样的教育方式、方法和手段去组织教育活动，以确保各种教育因素对学生的成长发展作用有效性的正确发挥，推动学生健康快乐地成长。

4. 学校教育具有良好的专门性

主要表现在培养人是学校教育的根本职能，学校教育不仅设有系统和完整的专门课程、学校教育更是通过专门从事教育工作的教师来进行的。学校教育中的教师受过专门的培养训练，他们既掌握丰富精深的科学文化知识，又懂得教育规律，掌握有效的教育教学方法，"闻道在先，术业有专攻"；他们既有丰富的教育经验，又有高尚的师德。因此，在教育者的指导下，学生可以在短时间内获得最有效的发展。

（二）学校教育发挥作用的条件

学校教育具有独特的教育功能，但是其作用的有效发挥是有条件的，因为教育对个体身心发展的作用必须通过发展的内因才能实现,它要求充分发挥人的主观能动性和实践活动的价值;要求从他们身心发展的状态和水平出发,遵循发展的客观规律。

在影响人的发展的诸因素中,其作用的发挥都是有条件的。教育作用的发挥必须以人的遗传素质为前提,遗传素质是人发展的物质基础。教育必须基于人的遗传素质的特点和规律才能对受教育者施加教育影响。教育还要受人的主观能动性的制约,而人的主观能动性同时反制于教育。实践活动是培养人的重要途径,教育要积极与社会实践相结合,促进社会实践活动作用的积极发挥;但是实践活动对人的影响作用,又离不开教育活动的筛选、组织、协调。教育活动对人的发展中处于主导性地位,起着主导作用。要有效地发挥学校教育的主导作用,必须对在各种影响因素进行科学的筛选、协调、组织,这里主要从学校教育、家庭环境、社会状况三个方面予以说明:

1. 学校教育的自身状况

包括学校教育的物质条件、教师的素质、管理水平以及相关的精神条件等。由于学校教育在教育目的的协调性上直接影响着教育效果的实现,学校教育物质条件也在一定程度上影响着教育发展的速度和规模,而且教育活动本身的质量依然对于教育影响的深度的实现产生作用,教师素质也直接关联着教育水平的高低,教育管理水平也影响着教育功能的实现。因此,我们主张教育应该协调发展,学校内部应该和谐有序,这样才能充分有效地发挥学校教育的系统、全面、持续的积极作用。

2. 家庭环境

主要指家庭经济状况、父母的文化水平、家庭的人际氛围等。我们主张教育积极作用的发挥是需要各种条件的,其中,家庭、学校、社会必须形成合力,才能对受教育者的成长产生持续的积极影响。因此要求学校充分关注家长学校等形式对于家庭教育作用的激发研究,学校教育必须取得家庭教育的积极配合,推进和谐家庭建设、提高家庭教育水平和质量不仅能促进和谐社会建设,更加有益于学校教育作用的发挥。

3. 社会状况

任何教育活动都是在一定的社会条件下和背景中进行的,并受到社会条件的制约,带着社会时代的印记。社会生产力发展水平、社会政治经济制度的进

第四章 教育规律论(二)——教育与人的发展

步程度、整体的社会环境、民族心态、文化传统、科学技术发展等状况无不潜移默化地对学生的成长发展产生影响作用。我们主张建设和谐社会,推动社会的科学、健康、可持续发展,就是希望建立一个有益于社会成员健康发展的美好社会。在这样的社会环境下,成员的身心健康与幸福感无疑对成长一代会带来更加积极的影响。社会环境的影响也会与学校教育的影响形成合力,持续作用于每一个受教育者。

教育是一种塑造人的活动,它是在一种特定的、经过筛选加工过的特殊环境——学校中进行的,具有显著的可控性和选择性的特点。人们可以按照预想的目标来确定受教育者的发展方向,塑造受教育者的创造精神和健康个性,矫正受教育者的不良品德和行为。对比其他因素而言,教育在鼓励和发挥人的主体性的建设性方面、抑制和削弱其破坏性方面无疑具有更加积极的影响作用。能够保证个体主体性向健康的、良性的方向发展,并以此推进和谐社会的建设与繁荣,促进人类文明的不断建设与发展。

(三) 学校教育作用的变化

当代教育正在实现两大转变。一是教育内容方面正由单一性转向多元性、整合性。二是由一次性教育向终身教育的转变。教育已经由作为促进社会发展的方法逐步向日常生活的必需品转变,教育日益成为人们的生活和发展所需,由于终身教育的出现,教育将与整个人生相伴随,学校教育在人发展中的主导作用越来越大。

早在古希腊时期,思想家们就已经认识到应该使整个人得到发展,应使人的整体完美,发挥他的力量和能力。随着历史进程的进行,各个国家的先哲、学者都不断地探索研究人的发展的可能性与可行性。到上世纪末期,重视教育、重视通过教育促进个体的发展,已经成为发达国家的共识。1983年4月,美国教育质量委员会向美国教育部长贝尔提交了题为"国家在危险之中:迫切需要教育改革"的重要报告。提出我们的目标必须是最大限度地发展全体学生的才能,要达到这个目标,我们就应要求并且帮助所有学生尽其能力所及从事学习。我们应当要求学校提出真正的高标准,而不是最低限度标准,应当要求家长支持和鼓励子女充分发挥自己的才智和能力。日本于1984年成立的临时教育审议会,在其第二次咨询报告中提出要把以最大限度的努力使儿童的身心两个方面得到均衡发展摆在教育的中心地位。1991年5月,在《英国政府白皮书》(21世纪的教育和训练)中,梅杰首相指出:"我们的目标是简单的:就是鼓励所有青年人最充分地发展他们的能力。我们要冲破各种障碍。我们要达到更高的标准。我们要争取更多的选择。总之,我们的目的在于给每一个英国青年人充分发挥他或她特有的才能并在生活中有一个尽可能最好的起点和机会。"此外,1986年第40届国际教育会议也强调:"通过提供智育、德育、体育、美育和社会教育以及培养适应社会生活所需的条件,并以和平、国际谅解、合作和互相尊重的精神教育青年,促进个人的全面和谐的发展。"

2010年,中共中央国务院关于印发《国家中长期教育改革和发展规划纲要(2010～2020年)》明确指出了"要以学生为主体,以教师为主导,充分发挥学生的主动性,把促进学生健康成长作为学校一切工作的出发点和落脚点。关心每个学生,促进每个学生主动地、生动活泼地发展,尊重教育规律和学生身心发展规律,为每个学生提供适合的教育"。

思考题

1. 环境尤其是社会环境在人的发展过程中的作用该如何认识?
2. 请谈谈你心中理想的教育。
3. 人的身心发展有哪些特点?它们对教育有什么影响作用?
4. 遗传对人发展的影响是怎样的?
5. 环境能决定人的发展吗?为什么?
6. 为什么说教育能主导人的发展?教育能起决定作用吗?
7. 教育如何促进个体个性化?
8. 教育如何促进个体社会化?

分析题

1. 阅读下列案例,分析周弘成功的理论依据。

周婷婷1岁半因药物中毒导致双耳全聋。3岁半在父亲周弘(及其家人)的悉心教育下,开口说话并学习认字进入普通小学读书;8岁背出圆周率小数点后

1000 位数字,打破当时世界吉尼斯纪录;10 岁和父亲周弘合写了一本书《从哑女到神童》;11 岁升入中学,同年被评为"全国十佳少先队员"之一,后来考取了辽宁师范大学,毕业后赴美国留学……周弘原本不是教师,为了教育培养自己的女儿,他学习了各种教育理论,并在自己女儿身上进行了"赏识"教育的实验,经过几年努力,获得了极大的成功。周弘也被某校聘为校长并成为赏识教育的名师。

2. 阅读下列案例,分析巴登大公爵发育停滞的原因。

19 世纪初,巴登大公爵出生后被争夺王位的宫廷阴谋家将他同普通的婴儿调换,3 岁后被监禁在一个大小只能容身的地窖里,靠随意扔给的食物为生,直到 17 岁从牢中获救,身体虚弱,步履困难,身高 144 cm,听、嗅觉都较灵敏但不会说话。经过一年的学习,他的语言表达能力只达到 1 周岁半儿童的水平。

3. 比较下列两个例子,谈谈你的看法。

2007 年 1 月 1 日,海口第五届"极限长跑杯"马拉松赛举行,再过 6 天才满 8 岁的女孩张慧敏跑完全程,比女子组第一名(成人)仅多用时 19 秒。不久,小慧敏的父亲张建民又突发奇想,要 8 岁的儿童用"千里长跑过暑假"。7 月 3 日下午,小慧敏从海南三亚出发,途经海南、广东、湖南、湖北、河南、河北,最终 8 月 26 日到达北京,全程近 3558 公里。

2006 年 5 月,5 岁男童辛格参加了一项赛程达 70 公里的马拉松赛跑,终点设在西孟加拉国邦首府加尔各答市。他的举动引来儿童权益保护者的非议。结果,辛格在跑了 65 公里后被医生制止而退出比赛。今年 6 月 6 日,印度警方再度禁止已 6 岁的辛格参加一项在印度东部举行的 100 公里马拉松步行,并援引政府禁令称这种运动对儿童来说纯属"折磨"。但警方的决定招致辛格母亲、教练以及近 50 名支持者在这条公路上静坐抗议。辛格的教练表示,律师已就政府禁令向法院提起诉讼,同时他们的静坐会持续下去,直到法庭作出判决。但是不管怎么说,辛格的比赛是被禁止了。

第五章 教育目的论

1. 掌握：① 我国教育目的的基本内容；② 马克思主义关于人的全面发展学说；③ 全面发展教育的组成部分及其相互关系。

2. 理解：① 教育目的的概念及结构；② 教育目的的功能；③ 教育目的的社会制约性。

3. 应用：① 教育目的的功能在实际工作中的应用；② 分析教育目的以及相关的教育方针、学校培养目标、教学目标的逻辑关系；③ 运用教育目的的理论分析当前教育的问题。

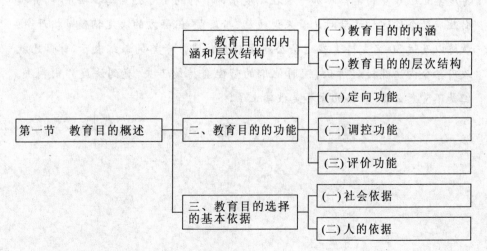

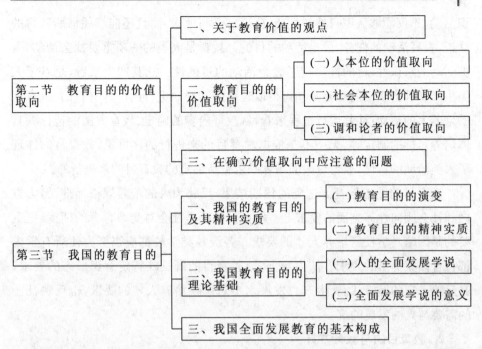

众所周知，一部人类的历史就是人类有意识地通过自己有目的的对象性活动创造的历史。人在对象性活动的过程中，能把自己的活动过程和活动对象来加以把握，根据可能并结合自己的需要，提出和设定自己活动的目的。一切教育活动都是围绕教育目的展开的，教育目的在教育活动中占据举足轻重的地位，它是教育工作的方向和目标，也是确定教育内容、选择教育方法、评价教育结果的重要依据。

第一节 教育目的概述

一、教育目的的内涵和层次结构

（一）教育目的的内涵

1. 概念

人类活动的一个基本特征，就是具有意识性和目的性。人类通过自身的意识活动,不仅能够认识自然与社会、认识自己与他人,而且还能够凭借所获得的认识,提高活动的任务、设定活动的目的。教育是人类的一项重要社会活动,人类活动的意识性、目的性决定了教育活动的目的性。从其产生来看,是基于人类生产和社会生活的经验及知识得以延续的需要而进行的一种有目的、有意识的培养人的活动;从其运行过程来看,从教育内容的确定、教育方法的选择到具体培养目标的制定等,无一不是依据教育目的来进行的。可见,教育目的体现了人类活动的特性,教育对人的培养是依据所确定的教育目的来进行的。

教育目的即指教育要达到的预期结果,反映为人的培养规格标准、努力方向和社会倾向性等方面的要求上。教育目的既是社会对受教育者的期望,更重要的是国家对学校所培养人才的要求。各级各类学校都应当努力使所有学生都符合国家提出的要求。从内容上看,教育目的既反映特定意识形态的要求,又反映一定的经济状态、生产力发展水平对所要培养人才的要求,也反映社会的需要与人的发展的统一。

2. 教育目的与教育方针

二者既有联系又有所不同。从联系上看,它们在对教育社会性质的规定上具有内在一致性,都会有"为谁(哪个阶段、哪个社会)培养人"的规定性,都是一定社会(国家或地区)各级各类教育在其性质和方向上不得违背的根本指导原则。从区别来看,一方面,教育方针所含的内容比教育目的更多。教育目的一般只包含"为谁培养人""培养什么样的人"的问题;而教育方针除此之外,还含有"怎样培养人"的问题和教育事业发展的基本原则。另一方面,教育目的在对人培养的质量规格方面要求较为明确,而教育方针则在"办什么样的教育"、"怎样办教育"方面显得更为突出。

在教育实践中,要清楚地认识和把握二者的联系与区别,不能认为二者都是各级各类教育所应遵循的指导原则和依据而将其等同或相互代替,也不能因为二者的区别而在考虑教育性质和方向问题时将其分割开来。

3. 意义

教育目的对一切教育工作都具有指导意义。教育制度的制定、教育内容的确定、教育与教学方法的运用,无一不受教育目的的指导与制约。教育目的是教育工作的方向,是一切教育工作的出发点和归宿。教育目的强调培养军人和武士,教育体系就强调基础教育和注重培养民族情感;教育目的强调培育英才,教育体系便会强调高质量教学和鼓励竞争；教育目的强调个性自由发展，教育体系就具有灵活多样和自由活泼的倾向。教育的价值观决定了教育目的，教育目的决定了教育活动。

（二）教育目的的层次结构

教育目的是各级各类学校必须遵循的总要求，但它不能代替各级各类学校对所培养的人的特殊要求。各级各类学校还有各自的具体培养目标，这就决定了教育目的的层次性。其结构如下：

学校教育的目的 { 教育目的（国家的或思想家理想中的）
　　　　　　　　培养目标（各级各类学校的）
　　　　　　　　教学目标（课程或教学的）

培养目标由特定的社会领域（如教育工作领域、化学工业生产领域、医疗卫生工作领域等）和特定的社会层次（如普通劳动、熟练技术工作、管理人员、高级行政人员、专家等）的需要所决定；也因受教育对象所处的学校级别（如初等、中等、高等学校）而变化。为了满足各行各业、各个社会层次的人才需求和不同年龄层次受教育者的学习需求，才有各级各类学校的建立。教育目的是对所有受教育者提出的，而培养目标是针对特定的对象提出的。各级各类学校的教育对象有各自不同的特点，制定培养目标时必须研究各自学校学生的特点。

教育目的与培养目标之间是普遍与特殊的关系。我们掌握了制定教育目的的原理，就不难把这些原理用于培养目标的设定上。

与教育目的、培养目标相比，教学目标是更为特殊、具体的指标，教学目标是教育者在教育教学的过程中，在完成某一阶段（如一节课、一个单元或一个学期）工作时，希望受教育者达到的要求或产生的变化结果。学校培养人的工作是一项长期、复杂而又细致的工作。学校实现教育目的和培养目标不是一蹴而就的事，对学生的培养要靠日积月累。这就要求学校以及教师将教育目的具体化，明确在某一时段内，教一门学科或组织一项活动时，希望学生在认知、情感、行动和身体方面都需要达到的具体目标。

教学目标与教育目的和培养目标之间的关系是具体与抽象的关系。教育目的和培养目标可以理解为教育意志，它们依靠一系列实现教学目标的行动落实。

二、教育目的的功能

教育目的的功能是指教育目的对实际教育活动所具有的作用。教育目的是教育活动的出发点和归宿,其层次的多样性,使它具有多方面的功能。

(一)定向功能

任何社会的教育活动,都是通过活动过程才得知它的定向的。教育目的及其所具备的层次性,不仅包含对整体教育活动方向的规定和结果的要求,而且还含有对具体教育活动的规定性。它指示给教育的不仅有"为谁(哪个社会、哪个阶层)培养人"、"培养什么样的人"这样未来的方向,而且还包括现实教育中实际问题解决的具体路径。具体体现为:一是对教育的社会性质的定向作用,即对教育"为谁培养人"具有明确的规定。二是对人的培养的定向作用,使教育依循这样的规定,不仅能改变人的自然的盲目的发展性,而且还能对人不符合教育目的要求的发展给予正确的引导,使其发展与预定方向相一致,符合教育目的的规定,产生社会所需要的新品质。三是对课程选择及其建设的定向作用。教育目的对选择什么样、何种水平的教育内容,对内容如何进行取舍等具有决定作用。四是对教师教学方向的定向作用,除了要培养学生能力和技能方向的教学定向外,还对要培养思想品德方向的价值定向,使教师能够知道所要教的最重要的是什么。正因为教育目的的定向功能,教育活动才有所依循,避免其社会性质和发展方向上的失误。任何社会为满足自身发展需要总是首先确定相应的教育目的,引导教育发展的方向,以便从根本上确保教育的社会性质和人才培养的社会倾向性。

(二)调控功能

一定的教育目的,是一定社会依据自身或人的发展需要对教育活动进行调节、控制的一种重要手段,以便达到使其自身发展的目的。一是通过确定价值的方式来进行调控,主要体现在对教育价值取向的把握上。教育的产生和发展既是由于社会的需要,同时也会受到社会的制约,社会在利用教育来满足自身或人的发展需要时,无不赋予其特有的价值取向。因此,教育目的带有一定价值观实现的要求,并成为衡量教育价值意义的内在依据,进而调控实际教育活动,使其"价值不可违背"。二是通过标准的方式进行调控。教育目的总是含有"培养什么样的人"的标准要求,这些标准对实际教育活动的影响是多方面的,是教育活动的"培养什么样的人"的基本依据。它使教育者根据这样的标准调节和控制自身对教育内容或教学方式的选择等。三是通过目标的方式调控。一定的教育目的必然要通过一系列的短期、中期和长期目标去实现。这些目标指出了教育行为的进程,具体调节和控制着各种教育活动。

(三) 评价功能

教育目的不仅是教育活动应遵循的根本指导原则,而且也是检查评价教育活动的重要依据。一种能够实现的教育目的,总是会有多层次的系列目标,这使得它对教育活动不仅具有宏观的衡量标准,而且还具有微观的衡量标准。依据这些标准,能够对教育活动的方向和质量等做出判断,评价教育活动的得与失。一是对价值变异情况的判断与评价。教育行为必然具有一定的价值倾向,但社会中个人、群体、社会各层次之间存在的利益、需要、目的等方面的矛盾与冲突,常常导致教育现实与教育价值观之间的冲突。这使得教育活动的进行,总是面临着多种多样的教育价值观和教育目的的影响和干扰,这容易导致实践中教育活动的方向模糊不清,甚至使其被赋予了另外的价值取向。例如,现行倡导的素质教育,有的就已被赋予了片面的升学的价值取向。对于这种情况,如果不坚持用所确立的教育价值观的要求进行衡量评价,就不能意识到教育活动价值的变异,也难以使其得到有力的纠正。二是对教育效果的评价。教育目的中的层次目标,不仅是指出教育活动的途径,同时也是评价具体教育活动效果达成程度的直接依据。运用这样的标准来评价具体的教育活动过程,可判断出过程的得失、质量的高低、目标达成的程度等。要确保教育目的的实现,就应注意依据教育目的不断分析评价教育过程的发展状况和结果,适时做出恰当判断。只有注意发挥教育目的对教育活动的评价功能,才能更好地从根本上把握教育活动的进行。

教育目的的上述功能,是相互联系、综合体现的。每种功能的作用,都不是单一表现出来的。定向功能是伴随评价功能和调控功能而发挥的,没有评价和调控功能,定向功能难以发挥更大的作用;而调控功能的发挥又需要以定向功能和评价功能为依据;评价功能的发挥也离不开对定向功能的凭借。在现实教育中,应重视和综合发挥教育目的的这些功能,对其合理地把握,在于对教育目的理解的深刻性和全面性。

三、教育目的选择的基本依据

教育目的作为培养人的社会活动,能对社会、对人产生多方面影响,又受到多方面的制约。在中外教育史上,人们曾提出过形形色色的教育目的。有的人认为教育目的来自理念、道德,有的人认为教育目的来自神的启示,有的人认为教育目的源于人的生物本性。他们力图证明,他们提出的教育目的是超越社会现实的,是普遍适用的。然而,不同历史时期,不同社会、不同国家的教育目的都是各不相同的。这表明,教育目的的确立,是要受到某些客观条件的制约的。

教育目的属于意识范畴,它的形式是主观的。但是,人提出教育目的是有其现实的社会根源的,它的内容是客观的。马克思主义经典作家认为,教育目的像人们的头脑中其他的主观意图或目的一样,都有其客观的历史原因。从根本上说,是由生产力和生产关系决定的,是来自客观世界,来自现实社会的。

另外,教育又是发现人的价值、形成人的价值的最重要、最直接的手段,教育的对象就是具体的人。因此,在提出教育目的时还必须考虑人的因素。马克思主义的理论指导以及社会的进步,使得今天我们对人的认识达到了前所未有的高度。我们应当充分认识到人的完善的发展对于社会发展的意义。

因此,在选择确立教育目的时,必须清楚地认识和考虑社会依据和人的依据。

(一) 社会依据

教育产生于社会需要,与一定社会的现实及其发展有着密切联系,要更好地服务于社会,就必须依据社会现实和发展需要来选择和确立教育目的。

一是要根据社会关系的现实及发展的需要。社会关系是建立在物质资料生产基础上的各种关系的总和,是社会生产关系、政治关系、经济关系、法律关系、道德关系等各种关系的总称。在社会发展中,社会生产方式的变革,总要带来社会关系结构及其制度的变革,适应社会方式的变革,总要带来社会关系结构及其制度的变革,适应社会发展变革的新的社会关系结构及其制度的建立,无不对教育培养人提出相应的要求。这在当今社会显得尤为突出。"人们已经注意到,现代化机构和组织原则、经济制度和管理方法,要真正有效地发挥作用,就决不能容忍为传统人所广泛具有的那些特征。"如果一个国家的人民缺乏一种能赋予这些制度真实生命力的广泛的现代心理基础,如果执行和运用这些现代制度的人,自己还没有从心理、思想、态度和行为方式上经历一个现代化的转变,失败和畸形发展的悲剧结局是不可避免的。"一言以蔽之,那些先进的制度要获得成功,取得预期的效果,必须依赖运用于它们的人的现代人格、现代品质。无论哪个国家,只有它的人民从心理、态度和行为上,都能与各种形式的经济发展同步前进,相互配合,这个国家的现代化才真正能够得以实现。"可见,培养现代人是现代社会关系结构及其制度发展对教育提出的根本要求,否则,将无益于现代化制度的确立。

二是要根据社会生产和科学技术发展的需要。人不仅是社会的成员(或阶级的成员)——因而要具备一定的世界观、道德等,而且也是社会物质和精神财富的创造者。因而,培养什么样的人,不仅要反映社会关系和政治经济的要求,同时也受到社会生产力和科学技术发展水平及发展需要所制约。特别是在现代社会,生产力的发展及其产业结构的变化,科学技术的作用日益显著,已经成为制定教育目的不可忽视的重要的直接的因素。当今,新的经济形式和信息化已经成为社会的重要特征,社会生产、管理越来越走向科学化、知识化、信息化和智能化,对劳动者的质量规格提出了前所未有的要求。目前,很多国家都根据这种要求来重新确定教育目的,以培养能够适应21世纪社会发展的人才。

(二) 人的依据

教育目的含有对人的素质发展的要求,这种要求不仅要依据社会现实及其发展来确定,也要依据人的身心发展和需要来确定。

首先,从人的身心发展特点来看,它是确定教育目的(以及教育目标和培养目标)不可忽视的重要依据。如果不考虑这一点,就会导致实现的教育活动脱离学生身心发展水平,难以有效地促进学生的发展。人在发展的不同年龄阶段,其身心发展特点和水平有所不同。在把教育目的转化为各级各类教育的培养目标时,必须以此为依据,这样才能使实际教育活动对学生的要求,符合学生身心发展的特点和水平,具有针对性,而不至于过低或过高、过轻或过难。心理学的研究表明,人的身心发展具有阶段性和顺序性、稳定性和可变性、不平衡性和差异性等特点。这是确定各级各类教育目的时,应予把握很好的基本前提。依据这些特点,才能将各级各类教育目的从低到高整合为一个循序渐进、相互联系、相互衔接的有机序列,为不同教育阶段实现教育活动的开展提供合适的指导。这样的目标才具有实际可行性,也能对学生身心发展起到强有力的推动作用。

其次,从人的发展需要来说,人的发展需要是教育目的选拔确立不可忽视的重要因素之一。人的发展,具有各方面的需要,包括物质的和精神的、现实的和未来的、生存和发展的需要等。这些需要不只是产生于"自我生长"过程,也与个人在"生长"过程中对社会发展变化要求的意识密切相关。人对社会发展变化要求的认识,会使社会要求转化为自我发展的需要,使其围绕社会要求来设计和建构自我发展的素质。这一需要的满足常常包括对教育的要求,这是选择和确立教育目的时必须予以考虑的。如果不考虑人的发展需要,就不能唤起受教育者在教育活动中的主动性和自觉性,就不能很好地培养造就具有积极主动精神和富有创造性的社会主体。事实上,任何社会的教育目的,对人所应具备的素质的要求,所预期形成的素质结构,不仅体现着社会规定性,而且也总是不同程度地体现对人的生理、心理、智慧才能、人格品行及生活能力、技能等方面理想化发展的追求。人是社会的主体,正视人的主体性需求,满足人的主体性需要的教育目的,才更加有利于人的价值的提升和人的本质力量的增强,才能对培养人的实际教育赋予根本的宗旨。

从教育的价值层面和技术层面来看,应当充分重视人的依据对于确定教育目的的重要意义。这并不否认由生产力和生产关系决定的教育目的的客观性,也并不是脱离社会来谈人的发展。人的发展所能达到的水平是由社会历史进程决定的。然而,社会的发展是由人来实现的,如果不能将时代的需要转化为具体的、恰当的、面向人的教育要求,从而培养出真正的"现代人",那么无论是教育的社会功能,还是教育的培养人的功能,都将是难以实现的。此外,有学者认为,时代(社会)是确定教育目的的客观影响因素,而教育目的确立者即个人因素则是作为一种主观因素存在。这其中包括教育目的确立者的社会政治观、哲学观、教育价值观等。教育目的既是特定时代的产物,同时也是个人选择的产物,是处于一定社会历史条件下的人们对社会发展、对个人身心发展所提出的要求的主观选择,而教育家的最终着眼点,必将在社会和个人之间。

第二节 教育目的的价值取向

一、关于教育价值的观点

德国哲学家李凯尔特(1863~1936)认为自然科学和历史科学的根本区别在于认识兴趣和方法的不同,文化与自然的主要区别就在于文化是永远具有价值的,自然则与价值毫不相干。世界是由现实和价值构成的,主体与客体是现实世界的一个部分,与这个部分相对的是价值的世界。哲学问题就是这两部分的关系以及他们如何统一的问题。从人们的日常生活来看,价值无处不在,政治、法律、伦理、文学、艺术、宗教、教育等领域,就其本质来看,实际上就是人们在对价值进行选择和甄别,并追求和实现在特定的主体看来是有价值的目标。如果说,在事实的世界里,人们必须遵循客观规律来活动的话,那么,在价值的世界里,人们是根据自身的需要和主体的选择来活动,因此,价值是一个与主体的情感、意志、选择有着密切关系的范畴。人类行为就其本质来说,不过是在实在的世界加盖了价值的印迹,并不断地创造人类的新文化。世界历史就是在追求和实现价值的过程中不断延伸的。①

从历史上看,西方最明确地探讨教育价值理论的人是英国教育家斯宾塞,他在1861年发表的《教育论》一书中,首次提出在教育中"科学知识最有价值"的论断,揭开了西方重视科学教育的改革序幕,极大地促进了西方实科教育的发展,并对资本主义生产力的发展起到了重要的促进作用,同时,斯宾塞也成为西方历史上第一位明确探讨教育价值理论的思想家。20世纪初美国教育家杜威在其名著《民主主义与教育》中宣称:"任何教育皆有价值属性"。他将全部教

---

① 王坤庆.论价值、教育价值与价值教育[J].华中师范大学学报:人文社会科学版,2003(7):128-133.

育价值划分为"内在的价值"和"工具的价值"两大类。著名教育家巴格莱(W. C. Bagzey)的《教育价值》(Educational Values, 1911)一书是目前发现最早的教育价值论的专著。该书提出了"最有价值的判断是人类文化中的那些共同的要素"这一基本观点,为巴格莱后来倡导的要素主义教育理论奠定了思想基础。1963年,美国经济学家舒尔茨(W. S. Hultz)出版了《教育的经济价值》一书,对教育的经济价值进行了较系统的研究,此书不仅扩大了教育价值的研究范围,而且在方法论上为教育价值研究提供了新的尝试,舒尔茨本人也因这一贡献而荣获诺贝尔经济学奖。

在教育价值概念上,人们普遍认为,教育价值是指作为客体的教育现象的属性与作为社会实践主体的人的需要之间的一种特定的关系,对这种关系的不同认识和评价就构成了人们的教育价值观。

在教育价值分类问题上,我国目前的研究是比较活跃的,人们从不同的角度形成了一些不同的看法,概括起来,主要有三种观点。

第一种看法是将全部教育价值分为两类:教育的价值和教育中的价值。前者指教育目的,人们通过教育活动,总是要追求某种目的,例如,我们所培养的人,就是一种按照社会的要求培养出有价值的人的活动,这就是教育价值的一种表现形式,它反映的是人们的教育活动意向,是一种追求善和美的行动。后者指教育的内容和方法,任何形式的教育总是通过一定的教育内容和方法来完成的,它们是达到教育目的的手段,因而也具有教育价值。这就要求人们在教育活动中,尽量地去选择那些最有教育价值的内容和方法,并利用它们去教育学生,从而使教育活动真正成为一种价值追求和实现的活动①。

第二种看法是将教育价值分为教育的社会价值和个人价值。教育的社会价值是指教育对人类社会的发展有促进作用,对一个国家、一个民族的兴旺发达有直接的推动作用。正因为教育存在着这样的价值,许多国家非常重视教育,把发展教育看做是民族复兴的百年大计,尤其是重视基础教育,致力于国民素质的提升。教育的个人价值是从教育对人的发展所起的促进作用上讲的,人通过接受教育,在增长知识的过程中,逐渐形成一定社会所需要的品德和个性,掌握一定的劳动技能技巧,使自己成长为一个合格的社会成员,为参与社会生

---

① 傅统先,张文郁.教育哲学[M].济南:山东教育出版社,1986:7-109.

活做准备。教育正是在这两个方面有价值,它才成为今天的社会发展和民族复兴的一项重要的事业,也是当代人所关注的焦点问题之一[①]。

第三种看法是将教育的价值分为宏观的价值和微观的价值。所谓宏观的价值,主要是指教育对社会发展的促进作用和对人的发展的促进作用,是教育在任何时候都具有的价值类型,正因为有了这种形式的教育价值,人们才不断地致力于教育事业的发展和完善;所谓微观的价值,主要是指在教育活动中所体现的价值,如良好的师生关系就具有教育价值,它不仅有利于教育活动顺利地开展,而且对学生的发展也具有良好的促进作用;再如,学生学习不同的学科,这些学科也是有不同的价值的,数学训练学生的抽象思维,语文培养学生的表达能力,音乐美术陶冶学生的情操和美感等,正是由于不同的学科价值的存在,才能使学生通过教育而达到全面发展[②]。

教育目的的价值取向,即对教育目的的价值性进行选择时所具有的倾向性。人们对教育活动的价值选择,历来有不同的见解和主张。教育目的的价值取向问题是教育理论中最为重要的领域。因为价值是教育目的的核心,不同的价值取向在很大程度上规范着教育活动的目的,引导着教育活动目的的考虑和选择的方向。

二、教育目的的价值取向

关于教育目的的价值取向问题,历史上有着众多的理论,纷繁复杂。争论最多也最带根本性的问题,是教育活动究竟是注重于个人个性的发展还是注重于社会的需要。由此,在教育史上形成了所谓的个人本位论和社会本位论或人本位的价值取向和社会本位的价值取向。

(一) 人本位的价值取向

人本位的价值取向就称个人本位的价值取向,即把人的价值看成高于社会价值,把人作为教育目的根本所在的思想主张。该主张提出教育目的应当从受

---

① 曾成平,熊明安.略论教育价值[J].辽宁高等教育研究,1983(4):23.
② 王坤庆.现代教育价值论探寻[M].长沙:湖南教育出版社,1990:98-103.

教育者的本性出发,而不是从社会出发;教育的目的在于把受教育者培养成人,充分发展其个性,增进其个人价值;个人价值高于社会价值,评价教育的价值应当以其对个人的发展所起的作用来衡量。其特点是:重视人的价值、个性的发展及其需要,把人的个性发展及需要的满足视为教育的价值所在;认为教育的根本目的在于使人的本性、本能得到自然发展,使其需要得到满足;主张应根据人的本性发展和自身完成这种"天然的需要"来确定教育目的,按照人的本性和发展的需要来规定教育目的。

人本位的价值取向主要反映在自然主义和人文主义的教育思想之中,其主要代表人物有法国思想家卢梭、瑞士的裴斯泰洛齐、德国的康德、美国的马斯洛、法国的萨特等。

人本位的价值取向都把人作为确定教育目的的根本依据,把人的价值看得高于社会价值,但在历史发展的过程中,也有些不同之处。一是在不同的历史时期,各种人本位的价值取向背景和针对性不同。古希腊智者派的人本位价值取向基于人是万物的尺度和对人的个性的崇拜,主张教育应以弘扬人性、发展人的个性为根本目的。而文艺复兴时期的人本位的价值取向,则以人道主义和人性论为基础,反对宗教神学对人的压抑,把摆脱宗教神学的束缚、求得人的解放和个体自我意识的觉醒,培养独立个人作为教育的根本目的。18~19世纪,自然主义者(以卢梭为代表)的人本位的价值取向,基于变革压抑人的自然本性的各种制度的要求,倡扬"天赋人权"、"天赋民权"的思想,认为个人自由、幸福是人与生俱来的"自然权利"。把培养具有独立人格的尊严的"自然人",促进人的自然发展作为确定教育目的的根本依据。人文主义以善良意志、理性、自由及人的一切潜在能力和谐发展为宗旨,认为每个人都具有一些自然所赋予的潜在的力量和才能,这些力量和才能都具有渴求发展的倾向,教育的目的就在于全面和谐地发展人的一切天赋力量和才能,使人的各项能力得到进步与均衡的发展,理想教育所要达到的目的就是使儿童善的本性和理性得到发展,以理性克服情欲,实现自己的自由。20世纪以来,人本主义主要针对西方工业化进程中出现的人的异化问题来阐述人的价值取向,重视维护人的生命价值和尊严,倡扬人的主体精神和各种需要的满足,主张教育要以人为本,培养人的独立自主性、个性的自由发展、满足人的发展的需要等作为教育的根本。二是在对待人与社会的关系上,人本位的价值取向虽都视人的价值高于社会价值,但在其态度上,有对立与非对立、激进与非激进的区分。激进的人本位价值取向的思想家,从人与社会的对立上来强调人本位的主张。卢梭是其中典型的代表,他在阐述"自然教育"思想的代表作《爱弥尔》中认为,出自造物主义之手的东西都是好的,而一到人的手里就变坏了,人是被腐败的社会弄得堕落了。因为现存的一切制度、习俗都违背了自然秩序,压抑了人的自然本性和个性;他反对通过教育把儿童训练成违背儿童自然生长秩序的"公民"(社会人),把培养"自然人"作为教育目的。他认为,人有各种自然禀赋本性的健全发展。如果按照一定社会需求来规定教育目的,就会使教育成为一种强迫的、外在的过程,进而抹杀它的本性。可见,这种人本位的价值取向具有明显的否定社会的倾向,是与现代文明相对立的。非激进的人本位价值取向的思想家则不是从人与社会的对立的角度来强调人本位的主张,他们不否认人的社会性,不否认人的发展是有其社会需要的。如裴斯泰洛齐一方面主张发展人的天赋力量和能力,使人得到和谐发展,另一方面他也注意到人的各种能力的发展是"人类的普遍需要",即社会的需要。他认为教育的目的是发展个人天赋的内在力量,使其经过锻炼,使人能尽其才,能在社会上达到其应有的地位。另外,发展人的内在力量,应当利用社会与人生相结合的教育方法,使其得到人的品德、家庭幸福、工作能力,直到实现社会上的需要。可见,这种人本位的价值取向,反映出不是把教育的个体目的与社会目的完全对立,只是认为个人价值高于社会价值,社会价值及社会的完善需通过个人价值及其发展的完善才能实现。

人本位的价值取向把人视为教育目的的根本,它在历史发展中的每一变化,都具有不同程度的变革性,或是面对社会,或是面对教育自身。在人类历史的进程中不乏进步意义,特别是在文艺复兴以后,它宣扬解放人的个性自由,对于打破宗教神学和封建专制制度对人的思想和人身的禁锢与束缚,促进人的解放,使教育回归人间,起了重大的历史作用,在人的自由和个性解放,提升人的价值和地位等方面具有深远的历史意义,其积极作用绵延至今。但是也应当看到人本位的价值取向的不足之处。在变革社会和教育的探讨过程中,不免带有历史唯心主义色彩和过激的观念意识。激进的对立的人本位思想脱离社会来思考人的发展,在提出教育目的的时候,无视个人发展的社会需要,甚至把个人发展的需要与社会发展的需求对立起来,把教育的个人目的和社会目的看成是不可调和的,这种倾向在现实中极易导致个性、自由和个人主义的绝对化。

(二) 社会本位的价值取向

社会本位的价值取向,与上述人本位的价值取向相反,把满足社会需要视为教育的根本价值。这种观点认为,社会是人赖以生存发展的基础,社会价值高于个人价值;教育是培养人的社会活动,个人只是教育加工的原料,他的发展必须服从社会需要;教育的目的在于把受教育者培养成合格的公民,使受教育者社会化,保证社会生活的稳定与延续。因此,主张教育目的不应以人的本位出发,而应从社会需要出发,根据社会需要来确定,评价教育的价值只能以其对社会的效益来衡量。这种观点有着悠久的历史,但其理论的鼎盛时期是在19世纪到20世纪初,其主要代表人物有德国的纳托普(1854~1924)、凯兴斯泰纳(1854~1932)、法国的孔德(1798~1857)和涂尔干(1858~1917)等。

社会本位的价值取向虽是19~20世纪初一些社会学家的共同特点,但同人本位的价值取向一样,其出发点也有所不同,有的是基于人的社会化,适应社会要求来主张社会本位的价值取向。他们认为,教育要造就社会化的人,就应按照社会需要来培养人。如涂尔干把塑造"社会的我"当做教育目的。有的是基于社会(国家或民族)稳定或延续的重要性来主张社会本位的价值取向。在他们看来,注重人本性发展的教育,难以形成社会意识,容易导致人的社会观念淡化,甚至使人的本性疏离社会,使人的自由行为与社会冲突,从而不利于社会稳定和发展。因此,社会(国家或民族)得以稳定延续及其利益得以实现与维护,教育目的必须以社会为本。德国教育家凯兴斯泰纳批评学校过于培养学生的个人利益和个人主义,使学生的发展不带有社会的性质。他主张教育的目的、国家教育制度的目标都是造就有用的国家公民。纳托普则认为,在教育目的的决定方面,个人不具有任何价值,个人只是教育的原料,因而不可能成为教育目的。

社会本位的价值取向重视教育的社会价值,强调教育目的从社会出发,满足社会的需要,具有一定的合理性。事实上,人的存在和发展是无法脱离一定社会的,离开社会,人也就无法获得其发展的社会条件。人获得发展的社会条件客观上是需要每个人遵守并维护社会的要求来实现的。从这一意义说,社会本位的价值取向具有不可否认的意义。但是它又过分强调人对社会的依赖,把教育的社会目的绝对化、唯一化,甚至认为"个人不可能成为教育的目的",或者认为只有"人类",而没有个人,如纳托普说:"在事实上个人是存在的,因为人之所以为人,因为他生活于人群之中,并且参加着社会生活。"这种极端的主张,完全割裂了人与社会的关系,极易导致教育对人的培养只见社会不见个人,单纯把人当做社会工具,而不是把人作为社会主体来培养,造成对人本性发展的严重束缚和压抑。

(三) 调和论者的价值取向

美国教育家杜威则试图调和个人人本位的价值取向和社会本位的价值取向的分歧,做到个人与社会两者的兼顾,他认为教育过程有两个方面,一方面是心理学的,一方面是社会学的,主张要将个人特性与社会目的和价值协调起来。一方面,杜威倡导儿童中心主义,主张培养个性,他反对脱离儿童的需要、兴趣、经验而强加外在的教育目的,认为这是对教育过程的外部强制。另一方面,杜威又主张所谓的社会中心,强调应把教育的社会方面放在第一位,尤其是强调教育应成为民主观念的仆人。

杜威的主张有不少积极因素,如重视儿童的活动在教育与发展中的作用,强调学校与社会生活的联系等。但是,他的两大主张:教育是一无外在目的的生长过程与教育应当成为实现民主主义的工具本身即是一种矛盾,因而,杜威并未成功地解决这一问题。

人与社会的关系问题是确定教育目的时不可回避的问题。人本位的价值取向与社会本位的价值取向的理论都给我们以一定的启示。这是因为,两种主张都有其合理的一面,有助于我们理解人和社会在教育目的中的重要性和不可忽视性。

但两者各有严重的片面性,是以我们不能以其各自的理论主张来简单代替教育目的的选择。就一个社会(国家或民族)整体教育目的而言,在其价值取向上要把满足人的需要和社会需要结合起来,把重视人的价值和重视社会价值结合起来,把人和社会发展的互依性、互动性、互利性作为社会整体教育目的为根本的价值取向,既有利于避免一个社会的教育对个人的压抑,也有利于避免教育对人的培养脱离社会实际与发展的需要。同时,就价值实现的着眼点而言,最终是落在人的发展上。因为,教育无论是满足社会需要还是满足人的需要,都是要通过人的发展来实现的。人的发展是教育的直接目的,是教育的社会价值和人的价值实现的着眼点。在人的发展中,既要体现社会的发展需要,也要体现人的发展的需要。

三、在确立价值取向中应注意的问题

(一) 社会价值取向确立应注意的问题

历史表明,社会价值取向的片面性或狭隘性,不仅直接影响教育多方面功能的发挥,而且也会助长社会发展的失衡性。从现代社会发展来看,教育目的的社会价值取向都比较注重全面性与综合性。单纯的社会政治价值的取向或单纯的狭隘民族主义的价值取向等,都难以符合当代社会发展的需要。

1. 以可持续发展的理念为指导

可持续发展这一理念最早源于人对自然资源和生态环境发展及其保护的认识。可持续发展由于自身对传统发展理论的超越和创新,展示了一种新的发展意义和价值观念。它强调人与自然和社会的和谐,核心是人的发展,而教育作为培养人的社会活动,对此负有重要的使命。因此,选择确立教育目的必须要依据和体现可持续发展的思想和要求,把人—社会—自然的和谐发展作为教育目的选择确立的根本价值取向。

2. 功利价值与人文价值的问题

教育的功利性,即它自身活动所产生的社会物质生产、经济发展及物质利益满足方面的功用性和效益,这方面的意义体现教育在社会中的功利性价值。教育的人文性,即它自身活动对社会精神生活、文化发展、价值建构等方面所产生的作用和效果,这方面的意义体现为教育在社会中的人文价值。如何看待二者,如何处理二者的关系,这是选择确立教育目的不可回避的重要问题。因为教育作为培养人的社会活动,必然要反映和满足社会的要求,这种要求不仅是社会物质和经济发展方面的,还有社会精神文化方面的。从社会的这种内在要求来看,教育目的的选择确立要坚持功利和人文价值的有机结合。当代教育目的的社会价值取向,在功利性和人文性的问题上不可忽视教育的人文价值。

3. 民族性与世界性问题

当代的改革开放,已把中华民族置于世界发展的潮流中。它的发展,不光是一个适应全球化、走向现代化的过程,同时也是一个能动创造、开拓进取的民族化过程。这一趋势使民族性和世界性成为教育目的价值取向不可回避的一个重要方面。在发展过程中,既要传递、保持、维护本民族的传统、生活方式、价值观念,同时也要与世界各国进行交往与合作。教育目的的价值取向,要立足民族,面向世界,在民族开放中发展、创造民族精神,使民族更好地走向世界并影响世界。

(二) 人的价值取向确立应注意的问题

选择确立教育目的,在对待人的价值取向上,应注意解决好以下问题:

1. 人的社会化和个性化问题

社会化和个性化是人自身发展的两个不同方面。中外历史上,对人的社会化价值和人的个性化价值存在着不同的认识。社会化因其所具有的个体对社会规范的遵从性,常常导致有人将其看成是对人个性化的束缚和压抑,从而轻视甚至否定社会化的意义。个性化因其所具有个体的独立性、自由性,常常导致有人将其看成是妨碍社会凝聚和一致的根源,甚至把它当做社会一致的对立物。人的发展与完善,在于社会化和个性化二者的和谐与统一。没有人的社会化及其发展,个体将难以适应社会、参与社会、自主创造于社会,从而使各个不同的个体在社会中失去共有的基础和赖以相互交往的基本规范。而没有人的个性化及其发展,个体的观念和行为就会千人一面,其自身的才智及其潜能难以充分自由地发挥。而且,对个性的束缚和压抑,不仅会造成个性自主自立和创造性的萎缩,而且还会在活动源泉上,影响到社会文化的进步,使社会发展的内在生机和活力匮乏。单纯强调社会化或是个性化都是不可取的。

2. 科技素质与人文素质问题

科技素质指与人认识、作用于自然,与人从事物质生产生活密切相关的科学技术方面的素养、品质及能力发展的水平,通常体现为科学文化知识、技能掌握及运用的能力,与此相关的思维品质、探索创新的意识、崇尚科学理性的精神等。人文素质指与人认识解决人类生存意义和价值问题、与人从事社会价值建构活动密切相关的人类文化、价值方面的素养、品质及能力发展水平,通常体现为在对人类生存意义和价值关切中所形成的价值理性、道德情操、精神境界及其能力等。从历史的发展来看,近代以前的教育基本上是以人文素质培养作为主要的价值取向。近代以来,科技素质在教育目的价值取向上日益突出,使近代教育目的的科技素质与人文素质价值取向失衡。人文教育中缺少对科技素质的培养,科学技术教育中缺少对人文素养的观照,不仅造成了当代社会人的素质的明显缺失,而且也无益于帮助社会解决"人文精神失落"的问题。在教育目的价值选择确立上,应当摆脱科学主义和人文主义的片面性,充分认识和理解科学精神与人文精神的统一性,在教育过程中使科学精神与人文精神和谐与统一。

第三节 我国的教育目的

一、我国的教育目的及其精神实质

(一)教育目的的演变

新中国成立以来,我国教育进入了新的历史阶段。其间,我国教育的表述经过多次变动。

1957年,在生产资料所有制的社会主义改造基本完成后,开始了以发展生产力、发展经济为重点的大规模建设时期,根据这一时期的政治、经济、文化等方面的新要求,毛泽东在国务会议上指出:"我们的教育方针,应该使受教育者的德育、智育、体育几方面都得到发展,成为有社会主义觉悟的有文化的劳动者。"它在当时对我国教育事业的发展和人才培养起了非常有力的指导作用,对以后教育目的的影响很大。

1978年,我国的教育目的在人大会议上通过的宪法中被表述为:"我国的教育方针是教育必须为无产阶级政治服务,教育必须同生产劳动相结合,使受教育者在德育、智育、体育几方面都得到发展,成为有社会主义觉悟的有文化的劳动者。"

1981年《关于建国以来党的若干历史问题的决议》对教育目的有新的表述:

第五章 教育目的论

"坚持德智体全面发展、又红又专、知识分子和工人农民相结合、脑力劳动和体力劳动相结合的教育方针。"

1982年,第五届全国人民代表大会第五次会议通过了《中华人民共和国宪法》,《宪法》中规定:"国家培养青年、少年、儿童在品德、智力、体质等方面全面发展。"

1985年,《中共中央关于教育体制改革的决定》提出:"教育要为我国的经济和社会发展培养各级各类合格人才,所有这些人才都应该有理想、有道德、有文化、有纪律,热爱社会主义祖国和社会主义事业,具有为国家富强和人民富裕而艰苦奋斗的奉献精神,都应该不断追求新知,具有实事求是、独立思考、勇于创造的科学精神。"

1986年,《中华人民共和国义务教育法》规定:"义务教育必须贯彻国家的教育方针,努力提高教育质量,使儿童、少年在品德、智力、体质等方面全面发展,为提高全民族素质,培养有理想、有道德、有文化、有纪律的社会主义的建设人才奠定基础。"在这里,首次把提高全民族素质纳入教育目的。

1990年,《中共中央关于制定国民经济和社会发展十年规划和"八五"计划的建设》把教育方针和教育目的明确表述为:"教育必须为社会主义现代化建设服务,必须与生产劳动相结合,培养德、智、体全面发展的建设者和接班人。"

1993年,《中国教育改革和发展纲要》提出"教育改革和发展的根本目的是提高民族素质,多出人才,出好人才,各级各类学校要认真贯彻'教育为社会主义现代化的建设服务,必须与生产劳动相结合,培养德、智、体等全面发展的建设者和接班人'的方针,努力使教育质量在90年代上一个新台阶。"

1995年,《中华人民共和国教育法》规定:"教育必须为社会主义现代化的建设服务,必须与生产劳动相结合,培养德、智、体等全面发展的社会主义事业的建设者和接班人。"

1999年6月的《中共中央国务院关于深化教育改革全面推进素质教育的决定》把教育目的表述为"以培养学生的创新能力为重点,造就有理想、有道德、有文化、有纪律的德、智、体等方面全面发展的社会主义建设者和接班人。"

2001年6月的《国务院关于基础教育改革与发展的决定》明确提出"要高举

邓小平理论伟大旗帜,以邓小平同志'教育要面向现代化,面向世界,面向未来'和江泽民同志'三个代表'的重要思想为指导,坚持教育必须为社会主义现代化和建设服务,为人民服务,必须与生产劳动和社会实践相结合,培养德智体美全面发展的社会主义事业建设者和接班人。"

(二) 教育目的的精神实质

可以看出,历次的有关教育目的的表述,虽然在字面上有所变化,具体内容不完全一样,但其中有些基本精神是一贯的。我们要求培养的是社会主义现代化建设事业和建设者有接班人,坚持教育对象的政治思想素质、道德品质素质与文化知识能力的统一,教育目的要求培养在道德、才智、体质等方面的全面发展,要求在脑力与体力两方面的协调发展。80年代之后的表述则突出了对受教育者的独创性,开拓精神和创造才能的要求,反映了当代中国社会主义现代化事业对新生一代的新期望。

1. 社会主义是我国教育性质的根本所在

我国教育目的所反映出来的这一基本精神,明确了我国教育的社会主义方向。教育作为一种培养人的社会活动,既源于社会需要也受社会制约。教育无不带有各个时代社会的特点和要求,无不体现一定的社会性质。

建国以来,我国的教育目的也体现了这一特点。但它不同于以往历史上任何社会的教育目的,是为社会主义巩固和发展服务的,维护社会主义利益,为社会主义服务,一直是我国教育目的根本所在。建国以来,无论我国社会怎样发展变化,也无论我国发展的各个时期工作重点有什么不同,我国教育目的所确定的社会主义性质都始终没有变。正是由于我国教育目的所确定的社会主义性质的规定性,才在根本上保证了我国教育发展的社会主义方向,指引着教育为社会主义事业全面的发展进步培养造就各方面的人才。

2. 使受教育者德、智、体、美等方面全面发展

我国教育目的反映出来的这一基本精神,明确了我国人才培养的素质要求。一是明确了人才应有的基本素质,即德、智、体、美等方面,将其作为人才所应有的基本素质,这几方面相互联系、相互作用,是人的生存和发展以及在现代的建设中不可缺少的基本素质。二是明确了使受教育者各方面全面发展,即在注重基本素质(德、智、体、美)形成发展的同时,也要促进其他素质的形成和发展,而不应仅仅局限在德、智、体、美四方面。这是促进人的个性丰富发展所必需的,有利于个人在物质生活领域和精神生活领域发挥展现创造性才能,更好实现自己的理想和价值,使人生存发展充满内在活力。

3. 注重提高全民族素质

我国教育目的不仅包含对人的全面发展的要求,而且还含有对整个民族素质全面提高的要求。提高全民族素质,是我国当今社会发展赋予教育的根本宗旨,也是我国当代教育的重要使命。一方面,科学技术发展对综合国力、社会经济结构和人民生活的巨大影响,使得科学技术成为经济发展、社会进步的关键,要加速科技进步并用科技进步来推动经济、社会发展,这取决于整个民族素质和能力的提高。只有这样才能使我们整个民族有能力加速科技进步,有能力将科技成果创造性地运用于经济建设和社会文明发展。另一方面,实现社会的现代化不仅仅只是经济的巨大发展,同时也包括思想、道德、文化、观念等在内的社会的全面进步。否则这个社会的发展不仅是片面的,而且经济本身也将受到各种因素的严重制约,难以获得持久的健康发展。而要促进包括思想、道德、文化、观念在内的社会的全面进步,也更需要整个民族素质的全面提高。因此,提高全民族素质,促进经济建设和社会发展,是我国教育目的精神实质的又一个重要方向。

4. 为经济建设和社会全面发展培养各级各类人才

这一教育目的反映了我国教育的基本使命,一个国家经济建设和社会的全面发展进步,需要有各级各类人才与之相适应。培养能够坚持社会主义方向的各级各类人才,是我国自改革开放以来教育目的所体现的基本要求。

二、我国教育目的的理论基础

马克思主义关于人的全面发展的学说是我国教育目的的理论基础。

(一) 马克思主义关于人的全面发展学说的基本思想

马克思主义关于人的全面发展学说是马克思、恩格斯在政治经济学的研究中考察社会物质生产与人的全面发展关系时所提出的关于人的发展问题的基本原理,是马克思主义教育思想的重要组成部分。其基本思想是:人的发展是与社会生产发展相一致的。旧式劳动分工造成人的片面发展,大工业机器生产要求人的全面发展,并为人的全面发展提供了物质基础,实现人的全面发展的根本途径是教育同生产劳动相结合。

人的全面发展具有丰富的内涵:

① 指人的生产物质生活本身的劳动能力的全面发展,"个人生产力的全面的、普遍的发展","是各方面都有能力的人,即通晓整个生产系统的人","全面发展两个人……也就是能够适应极其不同的劳动需求并且在交替变换的职能中……使自己先天的和后天的各种能力得到自由发展的个人。"这种劳动能力的全面发展,既表现为人的体力和智力的全面发展,又表现为人的才能和志趣的全面发展。

② 指人的才能的全面发展。正如马克思、恩格斯说的"每一个人都无可争辩地有权全面发展自己的才能","任何人的职责、使命、任务就是全面地发展自己的一切能力"。

③ 指人自身的全面发展,它意味着"人以一种全面的方式,也就是说,作为一个完整的人,占有自己的全面的本质","均匀地发展全部的特性"。

④ 指人的自由发展,包括"全部才能的自由发展""各种能力得到自由发展""个人独创的和自由的发展""个人的比较高度的发展"等。

(二)马克思主义全面发展学说对我国教育目的确定的意义

马克思主义关于人的全面发展学说确立了科学的人的发展观,指出了人的全面发展的历史必然性,对我国教育目的的确定具有重要的理论指导意义。

一方面为我们科学地认识人的全面发展提出了新的方法论指导。关于人的全面发展问题,在马克思主义产生以前,亚里士多德、夸美纽斯、卢梭、裴斯泰洛齐等都曾提出过应使人的体力、智力和道德等各方面和谐发展的问题。但是他们的论述都是脱离社会生产和生活的,只是从"神的意志"或"人的本性"出发来说明和解释人的发展。到了19世纪,空想社会主义者欧文等人也提出要培养"全面发展的人",但没有从根本上说清人的发展与社会物质生产、生活条件的关系。马克思主义为考察和说明人的发展提供了新的科学的方法论。它要求在规定人的发展的时候,不能脱离具体的历史条件。人的发展"既和他们生产什么相一致,又和他们怎样生产相一致""个人是什么样的,这取决于他们进行生产的物质条件。"用这种科学的人的发展作指导,有助于我们深刻理解人的发展的社会必要性和社会制约性,在确立和实现教育目的中把人的发展与社会的发展很好地结合起来。

另一方面,马克思主义指出的人的全面发展的历史必然性,为社会主义人才培养指明了方向。马克思主义全面发展学说从社会生产的发展,特别是社会大工业生产发展对人的影响中,看到了"承认劳动的变换,从而承认工人尽可能多方面的发展是社会生产的普遍规律。"揭示人的全面发展的历史必然性,有助于我国社会主义教育在人才培养中坚持全面发展的方向,丰富培养人的素质,更好地推动我国的现代化建设。

三、我国全面发展教育的基本构成

全面发展教育是对含有各方面素质培养功能的整体教育的一种概括,是对为使受教育者多方面得到发展而实施的多种素质培养的教育活动的总称,由多种既相互联系又各具特点的教育所组成。

体育是向学生传授身体运动及其保健知识,发展他们身体素质并培养他们意志力的教育。

体育的基本任务包括:指导学生身体锻炼,促进身体的正常发育和技能发展,增强学生体质,提高其健康水平;使学生掌握身体运动及锻炼的科学知识和基本技能,增强身体运动能力;使学生掌握身心卫生保健知识,养成良好的身心卫生保健习惯;发展学生的良好品德,养成学生的文明习惯,培养学生的顽强意志力。

智育是向学生传授系统的科学知识和技能,培养和发展学生的智力才能和相关的非智力因素的教育。

智育的基本任务包括:向学生系统传授科学文化基础知识,为学生各方面发展奠定良好的知识基础;使学生掌握相应的技能、技巧,并发展其思维能力、想象能力和创造能力;使学生养成良好的学习习惯和自学能力;同时要注意培养学生良好的学习兴趣、情感、意志、积极的个性品质等非智力因素,为学生各方面发展奠定良好的知识基础。

德育是培养学生正确的人生观、世界观、价值观,培养学生具有良好的道德品质和正确的政治观念,培养学生形成正确的思想方法的教育。

德育的基本任务包括:培养学生良好的道德品质,使学生成为具有良好的社会公德、文明行为习惯的遵纪守法的好公民;培养学生正确的政治方向,使学生形成正确的政治信念,具有为国家富强和人民富裕而努力奋斗的献身精神;培养学生正确的世界观、人生观,使他们形成科学辩证的思想方法,正确认识世界和人生,在社会生活中追求新知,解放思想,实事求是,勇于创新;培养学生良好、健康的心理品质,使学生能正确认识自己,形成正确的思想品德认知、信念和行为习惯。

美育是培养学生健康、正确的审美观,发展他们感受美、鉴赏美和创造美的能力,培养他们的高尚情操和文明素质的教育。

美育的基本任务是:培养学生正确的审美观点,使他们具有感受美、理解美以及鉴赏美的知识和能力;培养学生艺术活动的技能,发展他们体现美和创造美的能力;培养学生美好心灵和行为,使他们在生活中体现内在美与外在美的统一。美育并不等于艺术教育,也不仅是"美学"的学习,它的内容要比艺术教育与"美学"学习宽得多,是自然美、艺术美、社会美、行为美的教育。

劳动技术教育是引导学生掌握劳动技术知识和技能,形成劳动观点和习惯的教育。

劳动技术教育的基本任务包括:通过科学技术知识的教学和劳动实践,使学生了解物质生产的基本技术知识,掌握一定的职业技术知识和技能,养成良好的劳动态度和劳动习惯。同时,结合劳动技术教育,还可授予学生一定的商品经济知识,使学生初步懂得商品的生产、经营和管理,了解当地的资源状况和经济发展规划,以及国家的经济政策、法律,具有一定的收集利用商品信息的能力。

人的全面发展已成为当代世界各国教育普遍重视并努力实现的目标。我们必须从日益知识化、科学化、智能化、审美化的社会生产和生活中看到人的全面发展是何等的重要。缺乏全面发展的观念,忽视全面发展,是不能培养和造就出适应现代和未来社会发展需要的人才。五育之间既是相对独立又是相互联系的,在教育实践中,应坚持使学生在德、智、体、美、劳诸方面都得到发展,防止和克服重此轻彼、顾此失彼,坚持全面发展的教育质量观。在实际的教育教学过程中五育是融为一体的,一名优秀的教育工作者必然善于将多方面的教育任务和促进学生各方面的发展有机地结合在一起,有所侧重,又有所兼顾。

1. 教育目的究竟是主观的,还是客观的?
2. 如果承认教育目的是客观的,那么教育目的是由社会的要求决定的,还是由儿童身心发展的规律决定的?
3. 如果承认教育目的是由社会所决定,那么决定教育目的的是生产力还是生产关系或是生产方式?
4. 教育目标是教育目的的具体化,是在教育目的的规范下制定的。但在实际工作中,经常出现教育目标在某些提法上的差异,你怎么看待这个问题?
5. 集体研讨一下"建设者""接班人"与"一代新人"的异同。

分析题

1. 结合所学知识分析欧内斯特·L·博耶的一段话:"教育的目的不仅是为学生的职业生涯做准备,而且要使他们过一种有尊严和有意义的生活;不仅要生成新的知识,而且要把知识用来为人类服务;不仅是学习和研究管理,而且要培养能够增进社会公益的公民。"
2. 谈谈你对"卢刚事件"的看法。

不幸的事情发生在1991年11月1日,那是一起震惊世界的惨案。一位叫卢刚的中国留学生,在他刚获得爱荷华大学太空物理博士学位的时候,开枪射杀了3位教授以及一位和他同时获得博士学位的中国留学生山林华,这所学校的副校长安·柯莱瑞也倒在了血泊中。

3. 联系实际,谈谈你对下列这封信的认识。

一位二战中纳粹集中营的幸存者,后来当上了美国一所学校的校长。在每一位新老师来到学校时,他都会交给那位老师一封信。信的内容完全一样,里面写的是:"亲爱的老师,我是集中营的生还者,我亲眼看到人类所不应该见到的情景:毒气室由学有专长的工程师建造;儿童由学识渊博的工程师毒死;妇女和幼儿被受过大学教育的人们枪杀。看到这一切,我怀疑:教育究竟为了什么?我的请求是:请你们帮助学生成为有人性的人。你们的努力绝不应当被用于制造学识渊博的怪物、多才多艺的变态狂、受过高等教育的屠夫。只有在使我们的孩子具有人性的情况下,读写算的能力才有其价值。"①

---

① 张惟. 一位二战中纳粹集中营幸存者的话[EB/OL]. http://eblog.cersp.com/userlogz/57942/archives/2008/991310.shtml

第六章 教育主体论

1. 掌握：当代教师的特征，学生的本质属性和师生关系的特性。
2. 理解：① 教师的品质；② 不同的社会发展阶段对教师的要求；③ 学生的特点；④ 师生关系对学生发展的影响。
3. 应用：① 根据教师发展的阶段理论规划自己的未来；② 根据师生关系的特征分析当代师生交往中出现的冲突。

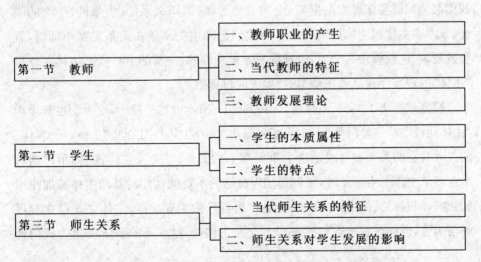

教育是一种有目的、有计划、有组织的培养人的社会实践活动，教师与学生是构成教育活动的基本要素，相当于其他要素而言是当然的主体。但是，当这

个主体同事存在时,其主体性实现过程中的冲突就自然产生了。因此,就出现了不同的教育模式。第一种是以教师为中心的传统教育模式,这种以赫尔巴特为代表的传统教育派所倡导的教育模式,片面强调教师的权威性,忽视学生的主动性,不利于培养学生的自主能力和创造精神;第二种是以学生为中心的教育模式。这种以杜威为代表的"现代教育"派所倡导的教育模式,从一个极端走向两一个极端,片面强调学生的学习主动性,削弱教师的启发引导作用,忽视人类长期积累与总结的简介经验的学习,往往使学生的学习陷入一种自发性、盲目性的探索过程;第三章是"以学生为主体,以教师为主导"的模式。这种"主体——主导论"的出发点,是既充分发挥学生的主观能动性,同事又充分发挥教师的启发引导作用。这是我国当前认同程度最高的一模式。但是,由于"主体"对应的是"客体","主导"对应的是"被导","主体"、"主导"两个概念的层次和维度并不统一,且内涵又有一定重叠性,理论上的模糊性导致教育实践中往往会出现一种倾向遮蔽另一种倾向,或者一种倾向抑制另一种倾向。即要么强调学生是绝对的主体,姚蜜强调教师是绝对的主导,或者在教师和学生"双主体"之间进行折中。

有学者认为不论是教师、学生,还是教育中的环境,都处于一定的关系网络之中,都是一定教育关系中的不同节点,或者说,都是关系的要素。这意味着,我们必须突破实体思维的框架,走向关系思维,即用关系的、生成的、动态的眼光,来考察主体和主体性的问题。当我们把师生关系放在关系思维中理解,就会发现,不论教师还是学生,没有哪一方是纯粹的、一贯的、单一的"主体",教育"主体"的现实存在是处在动态的、生成的过程中①。

胡塞尔提出了"交互主体性"(intersubjecttivity)这一概念,这个词也被译作"主体间性"或"主体际性"。在胡塞尔提出"交互主体性"以前,"主体——客体"的二元对立的关系被看成是这个世界唯一的关系。"交互主体性"揭示:"当两个或多个主体发生联系时,他们都能以自己的主观能动性对其他主体施加作用和影响,同时对其他主体的对象活动作出自己的主观反应,主体之间存在着理解与沟通,也存在着矛盾和冲突。"②"交互主体性"这一新的哲学视角为我们理

---

① 张广君.现实教育主体:目的性与工具性的统一[J].教育研究,2004(6).
② 冯向东.从"主体间性"看教学活动的要素关系[J].高等教育研究,2004(5).

解教育拓展了一个全新的视野:教育教学活动是一个有机的整体,是一个不可分割的系统;教学并不是教和学的简单相加;学生和教师都不是孤立的个体,他们是在与自己、与他人、与世界的对话和交流中不断地建构自己的生命世界的。

第一节 教 师

教师是教育事业的第一资源。在一定意义上说,教师的质量就是教育的质量,教育的差距归根结底是教师的差距。中华民族伟大复兴的基础是教育,教育的关键在于教师。《礼记》云:"出则有师,师也者,教之以事而喻之德者也"。孔子是中国古代教师的典型代表,颂称为"万世师表"。中国古代教师地位崇高,"师"与"天地君亲"并列,享受供奉和祀拜。

夸美纽斯说:"教师是太阳底下最光辉的职业。"因为教师为人类文化的继承、更新、繁荣、发展并使之代代相传,也为人类自身的发展做出了不可磨灭的贡献。因此,它永远具备着伟大与崇高!

一、教师职业的产生

在中国"师"一词最早与军队有关,最早出现在我国西周时期的金文中,称为"师氏",简称"师",原来是商、周军队的组织单位。《易》中"师"为第七卦,原文为:"师:贞,丈人,吉,无咎。象曰:师,众也。贞,正也。能以众正,可以王矣。"①大意是:"师,具有聚集众人之意义。贞,具有公正的意义。能够以正道率领群众,便可以王天下了。"师"是由"军队"引申为"训练军队的官员",即"师氏"。"大师"是更高级的军官。因为西周时担任国王警卫队长的师氏、保氏,除了负责警卫、随从、军旅等大事之外,还要兼管贵族子弟的教育工作,而军事训练是重要的内容,教官是由师氏兼任,久而久之,师就转化为教育者的称呼。这与我国古代"官师合一""学在官府"是一致的。郑玄注《周礼·地官司传序》师

---

① 梁明海.易经[M].太原:山西古籍出版社,1999:31.

氏说:"师者,教人以道者之称也。"

汉语中对教师的称谓还有"先生""老师""教师""西厢"等。"老师"一词也出现得很早,原是对年辈最高学者的称呼,比如:我国汉代著名历史学家司马迁在他所著的《史记》一书里的《孟子……荀卿列传》中说:"齐襄王时,而荀卿最为老师。"到后来,人们就习惯地把"老"和"师"并称,逐渐地就不再管年龄的大小了,一概称教师为老师了。明清两代时曾称主考官为老师;清朝末期办学堂,称教师为"教习";1911年辛亥革命以后,因为教师同其他官员一样依照法令任免,所以又把教师称为"教员",即从事教学工作的人员的意思。

古希腊教师则从"仆人"(教仆)中产生。退伍军人、家庭主妇甚至有了一点文字知识的社会赋闲人员可以充任教师。

在中国春秋战国时期,官学衰微,私学开始兴起,一批具有文字知识的文化人创办私学(可以看做是私立教育的起点),开展了私家讲学活动,孔子就是其中的杰出代表。

汉代又有了"经师""人师"之别。东汉郭林宗说:"经师易得,人师难求。""经师"者,乃教书匠之谓,"人师"者,即教育者之谓。"人师"为陶冶学生性格的导师,不但要有高深的学问,而且要有伟大的人格和高尚的修养[①]。

教师的品质可分为人品、学品和师品。首先是"人品"。教师的道德行为应该成为引领下一代的榜样,成为"君子",而不是"小人"。子曰:"己不正,何以正人""其身正,不令而行;其身不正,虽令不从。"其次是"学品"。孔子说:"学而不厌"。韩愈则是"口不绝吟于六艺之文,手不停披于百家之编。记事者必提其要,纂言者必钩其玄。贪多务得,细大不捐。焚膏油以继晷,恒兀兀以穷年"(韩愈《进学解》)。教师若能做到如饥似渴,善于学习,广见博闻,吸纳众长,不断丰富知识的行囊,充实智慧的宝藏,以己之学习带动学生的学习,就具备了较高的学品。再次,"师品"。教师要具有奉献意识,诲人不倦;具有蜡烛精神,燃烧自己,照亮别人;具有人梯精神,让学生从自己的肩膀上出发,向科学的高峰攀登;具有园丁精神,流出的是汗水,迎来的是春色;具有创新精神,接纳学生的不同思想,鼓励学生探索。教师具备了良好的人品、学品、师品,也就树立了崇高的

---

① 卢冠琼. 郑师渠:教师"传道"内涵与时俱进 当今之"道"乃社会主义[EB/OL]. 中国青年网. http://news.youth.cn/wztt/201504/t20150415_6580141.htm[2015-04-15].

第六章 教育主体论

师表形象,进而成为学生敬仰、效仿的楷模。

唐代散文家韩愈《师说》一文将师的职能进行了总结——"传道授业解惑"。这种思想到上个世纪都是一直是我们对教师认识的主流意识。

在世界范围内,师范学校滥觞于17世纪的法国,1681年,法国"基督教兄弟会"神甫拉萨尔(L. Salle)在兰斯(Rheims)创立了世界上第一所师资培训学校,不久奥地利、德国开始出现师资培训机构。这些早期的师资培训机构培训时间很短,主要采用学徒制的方法,使学生获得一些感性的认识和教学的经验。

师范学校的出现使教师由自发成长到专门培养的开始,标志着教师从经验性向专业性的历史性转变,意味着教师专业化的发轫。20世纪以后,"能力本位"的师范教育理念处于主导地位,一直影响着部分先进国家的教师教育实践,最终发展到影响师范教育的培养模式,美国斯坦福大学教师教育学院以此创立的微型教学模式(微格教学),并为各国所借鉴。这种培养模式把教师当做技术工人来培养,解决了扩展数量的问题,同时也暴露出了新的问题——教师的工具价值被强化,教师的主体性发展被弱化了。

20世纪60年代以后,全世界范围内对教师素质的关注达到前所未有的程度,教师专业化的理念得到了普及和强化。教师专业化是指教师"个人成为教学专业的成员并且在教学中具有越来越成熟的作用这样一转变过程"[①]。它是指教师不仅是一种职业,而且是一门专业,即有一定的专业标准——具有自己独特的职业要求和职业条件,有专门的培养制度和管理制度。在我国教育学士、教育硕士、教育博士的教师教育体制的形成,意味着教师教育的质量的升级和专业化的规格提升,中小学教师专业技术职称的评审和聘用是实践层面教师专业化加深的具体表现。

如果把教师专业化看做是社会对教师专业水平的要求,那么教师专业发展则是教师自身成长的要求,因此,又称之为教师专业成长。教师专业化意味着师范院校毕业只是教师发展的初级阶段,教师是一个持续发展的专业人员,需要通过不断地学习与探究的历程来拓展其专业内涵,提高其专业水平,使其逐渐达到专业成熟的境界。从这个意义上讲教师的专业发展是个终身发展的

---

① 邓金.培格曼最新国际教师百科全书[M].北京:学苑出版社,1989:553.

过程。

　　透过历史的长卷在广阔的社会背景下,来考察社会对教师的要求和教师自身发展的规律,我们就会发现农业文明时代的教育以传承为主要特征,其对应的是知识型的教师(学高为师),教师的基本任务是"传道、授业、解惑",即使是解惑,也是为传(道)授(业)服务的;工业文明时代的教育,如同其社会生产方式一样,是培养统一的、"标准件型"的人才为目标,其对应的是技术型的教师,教师如同工厂里工人一样,学生是被加工、被塑造的对象,教师是园丁或雕刻匠,学生是被栽培的花朵或被琢之玉。而在当今信息时代中,教育是以受教育者的潜力的开发和个性化发展为最高目标,教师与学生必须共同面对持续变化的社会,必须联手探索新知识、处理广博复杂的信息,共同学习,共同成长。在师生共同构成的学习型组织中,学生是学习的主体,教师是学生学习的合作者、指导者和促进者,这就要求教师自己首先要不停地学习,同时要研究如何引导学生学习、促进学生学习,教会学生创造性地学习,所以教师必须学会研究的。基础教育课程改革对教师的要求正是如此,即教师必须成为"学生学习的促进者"、"教育教学的研究者"、"课程的建设者和开发者"、"走出象牙塔与社区相联系的实践者"。因此,教师必须是研究型的。

　　研究是创造的必要条件。人类对创造活动和创造性人才的价值的发现和重视是一个不断递进的过程,在农业文明时代,劳动资料主要是自然提供的,如土地、水、耕牛等;人们借用自然物而延长了自己的肢体,从而加强了自己的力量,在劳动的方式上主要是体力劳动。工业文明时代劳动资料是人借助于自然提供的物质及其创造出来的机械动力,机械动力进一步增强了自己肢体控制自然的力量,替代了人的那些单调、重复、繁重和耗时的体力劳动,使人们逐渐从繁重的体力劳动中解放出来;由于机器代替了人的大量劳动,产业结构也发生了深刻的变化,劳动密集型产业逐渐被技术密集型和知识密集型产业所替代,不仅三个产业的从业人员比例发生了逆转,而且就是在第一、第二产业中科技的含量和脑力劳动的含量都大幅提高,脑力劳动者的比例大为增加,体脑结合成为主要的劳动方式,脑力劳动逐渐占据了主导地位。在正在进入的信息化社会里,办公自动化、电脑、机器人将逐渐代替人们重复而单调、复杂而枯燥的脑力劳动,现在用机器人取代无技能的工人,用话语处理器取代打字员,甚至连一些设计和计算的工作也受到了影响(用计算机取代办公室文员,计算机辅助的设计系统取代技术专家)……人工智能的普遍导入将造成这一趋势在整个技链中得以扩散①。人类脑力劳动的层次将不断提高,重心最终将逐渐过渡到其最高形式——创造性劳动上去,并且在未来的社会中它将成为人类主要劳动形式。

创造性活动虽然自古皆有,但是没有哪个时代像现代这样重要,没有哪个时代像现代这样普遍,也没有哪个时代比现在更需要创造,而这创造又必须靠我们人类自身来完成,因此,创造性人才是当今最稀缺的资源,而创造性人才的成长和培养必须依赖具有创新意识的研究型教师,研究型教师是培养创造性人才的必要条件。因为"没有教师的生命质量的提升,就很难有高的教育质量;没有教师的精神解放,就很难有学生精神的解放;没有教师的主动发展,就很难有学生的主动发展;没有教师的教育创造,就很难有学生的创造精神。"②

二、当代教师的特征

农业文明时代的教师是只是型的,工业文明时代教师是技术型的,在当代教师要根据学生的特点、学校的环境和条件、自身的特长和水平创造性地开展教育教学活动,创造出鲜活的教育实例、个性化的教育情境和教育生活。这就要求教师必须成为研究者,即成为研究型教师。研究型教师应至少具有以下特征。

(一)研究型教师是教育实践的自觉探索者

教育作为一项社会事业,教育的理念、方式方法、手段等就不可避免地同社会生产方式和主流意识相关联,在教育发展史上为满足不同社会的要求,学校教育曾大体上表现出了"以知识为本"和"以能力为本"的阶段性特征。中世纪的西欧教育,教会赋予整个教育以宗教的性质,使教育建立在学生盲目服从所谓"圣书"的权威上,不允许学生有任何的探索与创造,科学沦为神学的婢女,夸

---

① 联合国教科文组织.联合国教科文组织教育丛书·为了21世纪的教育:问题与展望[R].北京:教育科学出版社,2002:6-7.
② 叶澜,等.教师角色与教师发展新探[M].北京:教育科学出版社,2001.

美纽斯批评这种教育为"人类智慧的屠宰场"。中国的封建教育虽然不像西方那样深受宗教制约,但是"圣书"(四书五经)同样存在,加上有科举制度对知识分子加以引诱,比西方有过之而无不及。教师只要有知识,照本宣科即可,不能标新立异——教师自己的观点、任何创新都会被视为杜撰,在这个时代中,教师是知识型的,实际上是知识的容器。

近代工业化以来,工业生产的模式影响了人类社会生活的各个方面,于是,学校也逐渐演变成为"教育工厂"。学生从入学到毕业的教育过程完全是程式化的,类似工厂对原材料的加工;教师的工作被分解为这个过程中的一系列环节,每人各司其职,只负责"产品"某一方面的加工;培养人的过程,采用了"批量化"的方式,人的个别差异没有受到应有的重视;"产品"的出口按照统一的规格进行检验……教育的过程如同工厂的流水线,教师是流水线上的技术工人,所以我们称之为经验型、技术型的教师。

教育过程和结果的标准化,无论对于教师或是学生来说,都是一场灾难,都是对他们的自主性和创造性的剥夺[1]。在信息化社会中,人们需求的个性化和多样化已经充分地表现出来了。在质量观上,人们不再强调的产品本身客观具有的特征与特性,即通常表现为制造过程中可以把握的标准、规范要求与技术参数——所谓的"符合性质量观";而代之以满足顾客需要的产品才是质量好的产品的观念——"用户型质量观"[2]。这种意识反映到教育领域,它要求改变整齐划一的、一成不变的人才培养目标,单调重复的教育教学方法,树立以人为本的教育理念,努力做到因材施教、因时施教、因地施教、因势利导。因此,教师必须研究社会的要求,研究学生的特点和需要,研究课程,开发教学资源,研究教育教学方法,主动积极地探索适合于学生发展,又适合于自己的教育教学道路,做教育实践的自觉探索者。教师的专业成长贯穿整个职业生涯,可谓"路漫漫其修远兮",务必"上下而求索"。

(二) 研究型教师是教育行为的反思者

孔子曾说:"学而不思则罔,思而不学则殆。""温故而知新,可以为师也。"很

---

[1] 陆有铨.时代呼唤研究型教师[J].杭州师范学院学报,2002(1).
[2] 欧阳明德.质量管理:理论、标准与案例[M].北京:华中理工大学出版社,1997:11-12.

明确地告诉为学者和为师者,反思不仅是与学习密不分,缺一不可的,而且是创新的必要条件。两千多年前尚且如此,在当代社会中,当教育的对象千差万别并且要求我们根据其个性特点因材施教时,当我们的教学内容不断更新且要求教育教学过程不能像工业生产那样简单重复时,当我们要求教师根据自己的特色实施个性化教学时,教师能不对自己的教学进行反思吗?

反思型教师的概念是美国教育家唐纳德斯库恩于1983年提出并发展起来的,他用这种方式来描述和开发教学职业中的技巧、有思想的判断。他认为反思指考虑实际问题,不是象牙塔里的冥想,而是直接与实践相连的教师的一种研究行为。教师是教育机构的前线代表,对教师来说,探索和反思是教师生活的一部分,在学校里、在课堂上、从教学行为中得到的研究是很自然的事,因为同大学里纯理论研究和实验室中的研究比起来,一线教师研究的问题更贴切,调查更自然,证据更确凿,而结果也更可靠。他们进行的是行动研究,是质的研究,是对自己教学行为的回顾与审查,只有从反思中回味成功的乐趣,发现不足和问题,追寻和明确现象背后的原因,才能提出对策,修正方案,改进教学,由此可见反思是教师提高教学水平、加速专业成长的前提。所以深刻的、全面的、系统的反思是不可少的,并且必须建立在探索的基础上,没有探索的反思是脱离教育实际的玄想,没有反思的探索是盲目地冒进。

教师只有在不断对自己的教学行为进行反思时,才能改进教学,提高教学水平,才能合乎现代社会对教育的要求,才能满足学生的殷切期望;也只有通过反思,才能把教育教学改革实践的感性认识上升为理性认识,并总结出一般的规律,从而反过来指导自己的教学实践,如此良性循环,才能促使教师的教育理论、教学能力、教学艺术水平不断地螺旋上升。

(三)研究型教师是教育理论的实验者与批评者

教育理论对教育实践的指导意义是不证自明的,虽然我国教育理论同教育实践之间存在着隔膜和断层,未能做到水乳交融,一方面,教育理论的内容脱离生机勃勃的教育实践,注重思辨性,有教条化倾向,应用性较差,缺乏操作性指导对实践的指导难以深入;另一方面,我们也必须看到仍然有不少教师受传统和经验的影响,在没有把握、甚至于不了解教育理论的情况下,无端轻视教育理论;甚至于对来自一线的优秀教育经验、教育成果也不屑一顾,仅仅按照经验行事,在教育、教学过程中墨守成规,简单重复。因此,我们必须清楚地认识到理论与实践的脱离是双方面的,不是单向的。不能一谈两者的背离就意味着实践工作者是无辜的,而理论工作者则罪该万死。所以作为研究型教师,不能只停留在自发的教育探索上,也不能仅做教育理论的被动应用者,必须以先进的思想观念为先导,遵循教育规律,大胆地进行教育实验,不断学习和深化对教育理论的理解,审视教育理论,将教育理论转化为自己的思路和教育信念;敢于用自己的教育教学实践来检验理论、修正理论、发展理论。

(四) 教育活动的创造者

如果教师不进行科研活动,不进行教学创新,只是认认真真地教书,做一个忠实的教书匠,那他的行为就不符合当代教育的要求,就与基础教育改革的目标背道而驰,就与我们这个时代不相称,也不能够培养出综合素质达标、具有一定创新能力的合格学生。

叶澜教授在《教师的角色与教师发展新探》中指出:"把课堂还给学生,使课堂焕发出生命的气息""把班级还给学生,让班级充满成长的气息""把创造还给教师,让教育成为充满智慧的事业"。教师身居教学一线,站在教学改革的最前列,具有鲜活的教育教学生活,这些都是教师研究课题的生长点与出发点,是教师进行教育科研和专业探究的得天独厚条件。但是教师如果缺乏终身学习的愿望和能力,没有养成思考问题、研究问题的习惯,就无从谈起教育的创新。作为研究型教师,其创造不仅直接为教育服务,他还以自己创造性研究、创造性教学、创造性活动为学生树立了创新的榜样;他不断地向学生展示最新的研究成果,使学生能够在研究性的学习中成长,完全浸润在创造与探索性的氛围之中,产生强烈的求知愿望和探究精神。

总而言之,研究型教师必须具备敢于探索、反思、实验、创造等优秀品质,虽然这四者都是研究型教师的行为特征,但代表着四个层次和水平,从探索到创造是一个不断提高的过程。探索是不断地尝试着成功和失败,是积极主动地获得经验的过程;反思是对经验的总结与提升,是对未来的重新规划;实验是对现成理论的检验与修理,是迈向创造的门槛;创造是新教育观念、方法和特色形成的形成和发展。此四者作为过程,在教育实践中往往是密不可分、相互交织的;作为四种品质体现在教师身上恰恰又是融为一体的。

三、教师发展理论

教师的专业发展通俗地说就是教师在专业素质方面不断成长和追求成熟的过程。它是指教师在专业态度、专业知识、专业能力、专业自我等方面的不断提升和发展的过程。它贯穿教师的整个职业生涯——人一生走过的职业道路。美国生涯专家舒帕(Super)将职业生涯分为三个层面:第一,时间,指一个人的年龄和生命周期,可以分为成长、探索、建立、维持、衰退等五个阶段;第二,广度和范围,指一个人一生所扮演的各种角色,比如儿童、学生、公民、职业者、消费者、家长等;第三,深度,指一个人扮演每一个角色所投入的程度[1]。

关于教师发展的理论,尤其是发展的阶段理论,国外有过深入地研究,现介绍如下:

(一)富勒和鲍恩的教师关注阶段论

他们认为教师发展分为四个阶段:

① 任教前关注阶段(preteaching concerns),主要特征为职前的学生只是想象中的教师,仅关注自己;

② 早期求生阶段(early concern about survival),实习教师所主要关注的是自我胜任能力(self-adequacy)以及作为一个教师如何"幸存"下来,关注对课堂的控制、是否被学生喜欢和他人对自己教学的评价;

③ 关注教学情境阶段(teaching situation concerns),教师主要关心在目前教学情境对教学方法和材料等限制下,如何正常地完成教学任务,以及如何掌握相应的教学技能;

④ 关注学生阶段(concerns about pupils),教师开始把学生作为关注的核心,关注他们的学习、社会和情感需要以及如何通过教学更好地影响他们的成绩和表现。

---

[1] 钟祖荣.现代教师学导论:教师专业发展指导[M].北京:中央广播电视大学出版社,2001:263.

(二) 卡鲁索(J. Caruso)的教师发展阶段论

卡鲁索把教师发展的阶段划分为:

① 焦虑/欢快期;

② 混乱/清晰期;

③ 胜任/不胜任期;

④ 批判/新意识期;

⑤ 更有信心/更不胜任期;

⑥ 失败/缓解期。

(三) 萨克斯和哈林顿(S. Sack & G. N. Harrington)的教师发展阶段论

他们把教师的发展阶段分为:

① 预想期;

② 进入实习期;

③ 定向期;

④ 试误期;

⑤ 整合/巩固期;

⑥ 掌握期。

(四) 卡茨(L. Y Katz)的教师发展阶段论

他把教师的发展阶段分为:

① 求生阶段(任教开始一、二年),原来对教学的设想与实际有差距,关心自己在陌生环境中能否生存;

② 巩固阶段(任教第二、三年),有了处理教学的基本知识,并开始巩固所获得的教学经验和关注个别学生;

③ 更新阶段(任教第三、四年),对教师重复、机械的工作感到厌倦,试图寻找新的方法和技巧;

④ 成熟阶段(任教三至五年),习惯于教师角色,能较深入地探讨一些教育问题。

(五) 伯登(P. R. Burden)的教师阶段发展论

他把教师的发展阶段分为：

① 求生阶段(任教第一年)，教师教学活动和环境的知识有限，他们关注学科教学却又感到没有多少专业见解，缺乏信心而不愿意尝试新的方法；

② 调整阶段(任教第二至四年)，学到了许多有关组织课堂、学生、课程和方法等方面的知识，开始注意到学生的复杂性，并学习新的技能以满足各方面的需要，对待孩子更加开放和真诚，感到更有能力满足学生的需要，逐渐有了信心；

③ 成熟阶段(任教第五年及以上)，教师感到能更好地控制教学活动和教学环境，以学生为中心；充满自信和安全感，乐于尝试新的教学方法，已经有了自己的专业见解，能够处理可能出现的新的问题。

(六) 彼德森(A. Peterson)的教师阶段发展论

他把教师的发展阶段分为：

① 第一时期(20～40岁)，在这一时期的教学志向、工作士气等有很大变化，教师正处于建立职业自我、寻找最理想的学校环境和关注家庭的时期，经过一番周折，教师终于找到了自己可以扎根的学校，开始了专业投入和成长期；

② 第二时期(40～55岁)，这一时期是专业发展的高峰，显示出高昂的士气和教学志向；

③ 第三时期(55～退休)，随着精力和热情的减弱，教师退出教学专业，教师可能会保持较高的士气，但已经意识到年事已高。

(七) 麦克唐纳(F. McDonald)的教师阶段发展论

他把教师的发展阶段分为：

① 过渡阶段，效能感低下，了解学生，学习管理和组织的基本知识；

② 探索阶段，在运用教学基本技能方面有效能感，能有效管理教学；

③ 创新和实验阶段，教师创造和尝试新的教学策略和技巧，寻求发展机会，形成批判性判断能力；

④ 专业教学阶段,具有解决问题能力,能帮助其他教师也富有创造性。

(八) 斯特菲(B. Steffy)的教师阶段发展论

他把教师的发展阶段分为:

① 预备职业阶段,理想主义,有活力,富创意,接纳新观念,积极进取,努力向上;

② 专家职业生涯阶段,教师已有较高水平的教学能力与技巧,能够有效地管理班级,对学生有高期望,在工作中能激发自我潜能,达到自我实现;

③ 退缩职业生涯,在初始退缩时期,教师在学校的表现不好不坏,漠视教学革新,效绩平平,教师一般沉默寡言,消极行事;持续退缩时期,教师有倦怠感,经常批判学校和家长,抗拒改革,他们一般独来独往,行为极端;深入退缩时期的教师在教学上表现出无力感,有时伤及学生,但自己却认识不到这些缺点;

④ 以积极的措施应对厌烦表现的征兆,学习新知识,并致力于专业成长;

⑤ 退出职业生涯阶段,离开教师岗位,有的教师安度晚年,有的则继续追求专业成长。

(九) 休伯曼等人的教师阶段发展论

休伯曼他把教师的发展阶段分为:

① 入职期(第1~3年),可将这一时期概括为"求生和发现期"。其中,"求生"与"现实的冲击"相联系课堂环境的复杂性和不稳定性、连续的失误等使得自我能否胜任教学感到有所"发现",他们有了自己的班级、学生和教学方案,成为专业协会中的一员,所以又表现出积极、热情的一面;

② 稳定期(第4~6年),教师决定投身于教学工作;教师初步掌握了教学法,由关注自己转向关注教学活动,不断改进教学基本技能,形成了自己的教学风格;表现出自信、愉悦和幽默;

③ 实验和歧变期(第7~25年),自此时期开始教师的发展路线出现差异性。其原因在于随着教育知识的积累和巩固,教师试图增加对课堂的影响,在教学材料、评价方法等方面开展了不同的个性化的实验;教师改革的愿望强化

了对阻碍改革因素的认识,激发了进一步改革的尝试,教师的职业动机强烈,职业志向水平高;对课堂的职责有了初步了解后,教师开始寻找新的思想和挑战;

④ 重新估价期(第7~25年,与第三期重叠),在许多情况下,教师不经过实验和歧变阶段,而是代之以自我怀疑和重新估价,严重者可表现为职业生涯道路中的一场"危机"。年复一年单调、乏味的课堂的生活;或者连续不断的改革后令人失望的结果都会引发危机;

⑤ 平静和关系疏远期(第26~33年),这一阶段在教师职业生涯中表现并不明显,主要是40~50岁的教师的一种"心理状态"。许多教师在经历了怀疑和危机之后开始平静下来,能够较为轻松地完成课堂教学,也更有自信心。随着职业预期目标的逐渐实现,志向水平开始下降,对专业投入也减少。该阶段的另一个主题是与学生的关系更加疏远,教师对学生行为和作业的更加严格;

⑥ 保守和抱怨期,这一时期的教师大约50~60岁。处于该阶段教师在经历了平静期后变得较为保守,这可能是第4阶段自我怀疑的进一步发展,也可能是改革失败的结果。多数教师会抱怨学生变得纪律性更差、缺少动机,抱怨公众对教育的消极态度,抱怨年轻教师不够认真、投入;

⑦ 退休期(第34~40年),其他专业人员在这一时期可能会逐渐退缩,为退休做准备。而教师迫于社会压力其专业行为没有太大改变,只是更加关注自己喜欢的班级做的工作。①

第二节　学　　生

学生是受教育者,是教育的对象,这是毫无疑义的。但是,把学生看做是被砾之"玉",还是活生生的人,是教育工作者服务的对象却代表着不同的学生观。

---

① 叶澜.教师角色与教师发展新探[M].北京:教育科学出版社,2001:338-345.

一、学生的本质属性

(一) 学生是大写的人

苏霍姆林斯基在文中写道:"人是最高价值,没有什么事比活生生的人更加重要"①。并认为教育成功的最大秘密就是把学生看做是人。

以人为本,高扬人的目的性,人生命的崇高价值,是对科学工具理性的拨乱反正。把学生当人,把学生看大写的人,是我国教育领域的一个显著变化,是我们这个世代关于学生观的重大进步。

首先,在社会意义上,学生是主体的人。学生是社会的未来,是行使权利的主体。1989年11月20日联合国大会通过的《儿童权利公约》中四项原则充分体现了这一精神,这四项原则是"儿童利益最佳原则""尊重儿童尊严原则""尊重儿童观点原则""无歧视原则"。

其次,在生命意义上,学生是个体的人:生活全面完整,活动自由自主。时下"生命教育""生活教育"之所以得到推崇,其实就是对传统应试教育过分注重知识的传授和智力的发展,忽视儿童生活和生命的完整意义的一种纠正。总之,当代学生观普认同的"学生是人"这一命题中,这个"人"不是抽象的或生物意义上的人,而是"具体的人",是社会意义与生命意义的复合体。

(二) 学生是教育的对象

虽然我们承认学生在教育中的主体地位,学生是大写的人,但是,我们还必须看到学生是教育的对象,是受教育者,在我国,他们是在教师带领下,朝着党的教育方针所规定的教育目标行走的群体。从他们自身的角度来说他们最终都将成为"德智体美全面发展的社会主义建设者和接班人。"教育对象并不完全意味着被塑造、被培育,还意味着被尊重、被服务,新的教育方针中增加了"教育要为人民服务的内容",不仅意味着教育普惠于全体人民,也意味教育要为受教育者提供良好的服务,其实从某种意义上说,教师的工作就是一种服务,这种服

---

① [苏]霍姆林斯基. 苏霍姆林斯基选集第五卷[C]. 基辅:苏维埃学校出版社,1980:471-498.

务让学生学得更快更好,发展得更健康、更全面。

二、学生的特点

(一)学生是发展中的人

学生是发展中的人其基本内涵有三:第一,学生还没有成熟,可塑性大,需要发展;第二,学生正处于学习过程当中,寻求发展;第三,学生有巨大的潜能和潜力,能够发展。

学生作为"人"的意义并不否定他们与成人之间的重大区别,恰恰相反,学生之所以为学生,其显著特征就在于他们巨大的发展可能性。按终生学习理论和毕生发展心理学的理念,人的一生都是一个不断学习持续发展的过程,但这与作为青少年的学生的发展概念很不一样:青少年学生的发展潜力巨大,可塑性强,非成人可比,因而要以学习(特别是书本知识的学习)而不是以工作为主。这样,教育就不能以成人,尤其不能以"完人"的要求来规训学生,求全责备。也不可以以一成不变的眼光去看待学生,把学生分成三六九等。而应该在学生现有发展水平的基础上,充分发挥教育的促进功能,促使学生不断超越自己的"最近发展区",让每位学生都能通过教育得到发展,体验成功。

(二)学生是有差异的人

学生之间的差异是多方面的,性别、身高、胖瘦等是看得见的,气质、性格、能力、知识水平、家庭背景等虽然是看不见的,但是却同样存在着。因此,作为教师必须认识到每个学生都是独特的,存在个体差异的,其先天遗传和后天经验各不相同,在学习上会表现出学习方式、接受快慢、理解深浅、兴趣偏好等各种差别,教育者必须因材施教,接纳差异;不仅如此,教育管理制度和考核评价方式也必须变革,以适应人的全面发展、多样发展的需要,适应培育创新精神和创造性人才的需要。认识到并承认学生存在个性差异,这是改变教育大规模统一模式的逻辑出发点。

第三节 师生关系

师生关系是教育活动过程中最基本、最重要的关系,是教师和学生在教育、教学过程中结成的相互关系,包括彼此所处的地位、作用和相互对待的态度等。师生关系既受教育活动规律的制约,又是一定历史阶段社会关系的反映。良好的师生关系,是教育教学成功实施的必要条件,是提高学校教育质量的有力保证。

一、当代师生关系的特征

对于师生关系的特征,我们将从两个维度来进行考察,一是实然的维度,是将师生关系作为一个客观存在的事物,在与其他人际关系相比较中本身所具备的特性,即师生关系的内在特征;另一是应然的维度,即良好的师生关系应是什么样的,是个什么样的图像,具有哪些典型特征,其实也就是理想的师生关系所应具备的特征。

(一)当代师生关系的一般特征

师生关系因为教师和学生在教育教学过程之中各自的角色分工和要完成的任务,表现出的五个方面的一般特征:

① 师生关系是教育者和被教育者的关系。它决定了师生关系的全部基础,就是实现教育目的。

② 师生关系是分工协作关系。教师和学生有不同的职责和要求,对教师的要求就是教育好学生,对学生的要求就是很好地接受教育。

③ 师生关系是成年人与未成年人的关系,也就是大人和孩子的关系。教师和学生在生理和心理的成熟度上有很大的差别。教师是代表成人社会来培养下一代的,教师是在生理和心理上都成熟的大人,而学生是在生理和心理上都是不成熟的儿童。

④ 师生关系是领导与被领导的关系。教师和学生在教育活动中的地位和作用不同,教师是领导者、管理者,学生是被领导者、被管理者。

⑤ 师生关系是互惠关系。师生相互作用,相互影响,共同发展,共同成长。

(二) 良好的师生关系应具备的特征

什么是良好的师生关系呢？1974年戈登在《教师效能训练》一书中提出,良好的师生关系必须具备五个方面的特征:

第一,开放性或透明性——师生之间可以直言不讳,坦诚相见,彼此不欺诈。

第二,关爱性——彼此都知道受对方重视。

第三,依存性(而非依赖性)——双方相互依靠。

第四,独立性——师生双方允许对方发展自己的独特性、创造性及个性。

第五,互惠性——彼此适应对方的需求,一方的需要满足不以另一方需求的牺牲为代价①。

在我国当代,人们较为认同的是:良好的师生关表现为平等、民主、合作,其核心是教师对学生的尊重。

1. 师生关系在人格上是平等的关系

学生作为一个独立的社会个体,在人格上与教师是平等的。在法律意义上同样是平等的关系,我国现行法律保护儿童的各项正当权益。在古代等级制度森严,教师与学生是不平等的,教师之于学生,有无可辩驳的权威性,学生处于服从的地位,师与道具有无上的崇高性。即所谓的"师道尊严"。在管理上则表现为"以教师为中心"的专制型师生关系,作为对这种专制型师生关系的反抗,19世纪末以后,出现了以强调"儿童为中心"的师生关系模式。它强调学生的主体地位,强调儿童的积极性和创造性,这对改变传统的师生对立状态起到了明显的促进作用。但在管理上却出现了一种放任主义的偏向。这对于学生活动的积极性和良好师生关系的形成同样是不利的。所以,严格要求的、民主的、平等的师生关系,应该是一种朋友式的、友好帮助的关系。在这种关系下,不仅师生关系和谐,而且学习效率高。

---

① Vernon F. Jone, Louise Jones. 全面课堂管理[M]. 方彤,译. 北京:中国轻工业出版社,2002.

2. 师生关系在教育中是民主关系

虽然在教育教学活动中教师处于主导地位，并且教师与学生相比具有显著性的优势，在知识上，教师是专业人员，有丰富的知识，学生则是知识的缺少者；在智力上，教师是较发达者，学生是欠发达者；在社会经验上，教师是较丰富者，学生是待丰富者。但是，教师必须意识到学生是教育的主体之一，教师的教必须根据学生的学来确定，教是为学服务的，是为了学生学得更好，因此，教师不是从自己出发，而是从学生的需要、知识水平、智力水平出发来开展有效的教育教学，包括与学生一起商量采取大家都喜欢的教学方式方法来开展教育教学活动。

3. 师生关系在发展中是合作关系

在教育过程中学生的发展是天经地义的，我们都知道教育的最终目的是促进学生健康成长，引导学生全面发展，但是，教师的发展我们往往成为我们认识上的盲点，其实教师在教育过程中同样需要发展与提高，并且教师在专业上的发展是终身的，教师还需要以自身的发展为学生的发展做出榜样，因此，我们说师生在各自发展中是合作伙伴关系，相互影响，共同进步。

二、师生关系对学生发展的影响

师生关系是教育活动中最基本的人际关系，它不仅影响教育教学质量，对学生的成长也有着重要的影响，主要表现在四个方面。

（一）对学生学习的影响

师生关系从四个方面影响学生的学习，即学习的动机、参与教学活动和与教师进行信息交流的愿望、学生学习时的情绪状态和信息成绩。

第一，师生关系影响学生的学习动机。研究表明学生倾向于将对教师的情感泛化到教师所教的学科上，"爱屋及乌"或"厌恶和尚恨及袈裟"。学生觉得和蔼可亲的、人格高尚、学识渊博的教师特别容易让人接近，令人钦佩，于是对他有一种积极的期待，随时准备倾听他的讲解，毫不怀疑地接受来自他的信息，所谓"亲其师，信其道"就是这种情况。师生关系不良学生对教师有疏离感，甚至反感，内心对教师是怀疑和抗拒的，对他所传达的信息也不会很好地接受。对

第六章 教育主体论

教师反感的学生甚至以拒绝学习作为反抗和报复教师的手段。有的学生明白地说,"我们不是厌学,我们是厌老师"。

第二,师生关系影响学生参与课堂教学活动和与教师进行信息交流的愿望。师生关系好,学生感到安全,与教师积极配合,而与教师关系不好的学生则会感到不安全,时时戒备,怕受到教师的漠视或批评,不敢也不愿意多和教师交流。

第三,师生关系本身就构成一种心理气氛,这种心理气氛影响学生学习时的心情。心理学研究显示人的情绪状态对大脑的智力活动有着主要影响。在正常心态下,大量的反应是理智的,很少机械、混乱和重复的反应;而在压抑的情况下,大量的活动是机械的、混乱的和重复的,而理智反应很少。因此,师生关系影响教育教学的氛围,从而影响学习的效率和质量。

第四,师生关系在以上各个方面影响最终都会反映到学生的学习成绩上,即师生关系直接或间接地影响着学生的学习成绩。

(二) 对学生自我概念发展的影响

中小学生的自我概念正在形成时期,他们对自己还没有稳定的、正确的认识。他人的评价是沟通自我概念的重要来源,而在学生的生活中教师是社会权威,是学生心目中最重要的他人,教师的评价是学生认识自己的重要的信息来源。学生特别关注教师对自己的看法,并将其内化为自我评价,从而形成自我概念。因此,学生不仅接受教师对自己的公开评价,而且将教师与自己的关系解释成教师对自己的看法,是自己好坏的标志。在学生看来,教师喜欢自己是因为自己好,教师不喜欢自己是因为自己不好。这样,感到老师喜欢自己的学生往往是自尊、自信的,而感到老师不喜欢自己的学生则是自卑的。

(三) 对学生性格形成的影响

人的性格是个体与环境相互作用的产物,体现的是个体需求的水平及其满足的定向和方式。师生关系是学生生活环境中最重要的组成部分之一。学生的一些基本需要如安全、被爱和承认等主要从师生关系中得到满足。当这些基本需要得到满足后,个体的需要层次就会提高,追求更高尚,个人就会不断的成,并形成更优良的个性品质,如自尊、自信、助人、追求成就等。而这些基本需要如果不能得到满足的个体就会停留在这个需要的低水平上,并可能形成不正常的满足方式,形成学生不良的性格,如自私、自卑、不信任、多疑等。

良好的师生关系不仅能促进学生健康成长,而且向学生提供了一种人际关系的榜样,成为学生今后建立人际关系的一种潜在的模式,所以说,师生关系是一本无字的道德教科书。

(四)对学生心理健康的影响

人类的心理适应主要是对人际关系的适应,人际关系对个体心理健康有着重要的影响。师生关系对学生来说极其重要,良好的师生关系是一个安全、愉快、轻松的人文环境,有利于学生形成健康心理。而不良的师生关系是一个不安全的、充满威胁的、痛苦的环境,学生感到紧张、恐惧、戒备、焦虑、不知所措,受到教师冷淡、怀疑,他们感到自己没有价值而自卑、压抑、退缩,他们会感到世界冷酷无情而冷漠、自私;当他们受到歧视时感到不公平,渐渐对学校失去信任,甚至对总的生活的公平的宗旨也丧失信心,有可能成为反社会立场的萌芽。恶劣的师生关系还有可能引发学生心理疾病,如有的学生因害怕老师而患上学校恐惧症,甚至极个别的学生因感到自己得罪了老师而自杀。这就是所谓的"师源性"心理问题和心理疾病。而心理学的研究也证明,好的师生关系可以使有心理问题的学生得到康复。可见师生关系对学生的心理健康有重要的影响①。

1. 社会对教师的要求为什么会不断提高?
2. 当代教师的角色定位?
3. 如何以人为本的学生观包括哪些内容?
4. 如何理解"为学生一切,为一切学生,一切为了学生"?
5. 分析当代师生关系的特点。

---

① 曹长德.当代班级管理引论[M].合肥:中国科学技术大学出版社,2010:100-106.

分析题

1. 2014年9月9日,习近平主席在北京师范大学看望师生时发表了重要讲话,提出了好老师的四项特质:做好老师,要有理想信念;做好老师,要有道德情操;做好老师,要有扎实学识;做好老师,要有仁爱之心。谈谈你对这四项特质的认识。

2. 阅读下列文字,谈谈你对这段话的认识。

马克思曾指出"能给人以尊严的只有这样的职业——在从事这些职业时我们不是作为奴隶般的工具,而是在自己的领域内进行独立的创造。"教师正是这样的职业,苏霍姆林斯曾说过:"如果你想让教师的劳动能够给教师带来乐趣。使天天上课不至于变成一种单调乏味的义务,那你就应当引导每一位教师走上从事研究这条幸福的道路上来。"

3. 阅读下列案例,谈谈这位教师的做法对你的启示。

有位身材不高的女教师上一节课批评了一位不遵守纪律的高个子学生,下一节课这位学生擦完黑板后,故意把黑板刷放在黑板上沿,让女教师拿不着,出教师的洋相。

上课开始,这位教师便发现了这种情况,学生们也在偷偷发笑。这位教师尽力控制住自己激动的情绪,像没有发生什么事情一样,在黑板上出了一道改错题,叫那个高个子学生上黑板改错,要求擦去错处,改为正确的解答。这位师的做法,使那个高个子学生深感惭愧。改完错后,他把黑板刷放在讲台上,并轻声地说:"Sorry。"老师也轻声地说了"没关系"。

第七章 教育制度

1. 掌握：教育制度、学校教育制度等概念以及学校教育制度的构成要素。

2. 理解：① 学制确立的依据；② 各级各类学校系统的组成；③ 我国学制百年变迁的历史及基本状况；④ 现代教育制度改革的趋势。

3. 应用：① 根据现代学制的发展趋势思考分析我国当前学制存在的问题以及改进的方向；② 结合我国当前教育改革政策与实践，探讨我国现行学制与教育政策的关系。

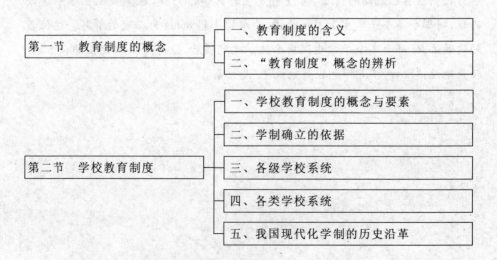

第七章 教育制度

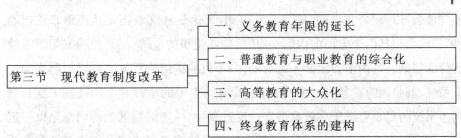

21世纪已经来临,当我们思考把一个什么样的教育带入21世纪时,我们有许多问题值得思考,但从我国教育的实际情况来看,首先应当引起我们思考和关注的便是把一个科学完善的教育制度带入21世纪这样一个重大问题。因为教育制度不单单是一种制度,而是反映了统治阶段的政治意志、办教育的指导思想以及人才培养模式等一系列重要和关键的问题,事关21世纪我国教育的发展。特别是在急速的社会转型过程中,教育制度发挥着至关重要的作用。当教育随着新科技革命和知识经济的迅速发展而发展时,教育创新已经成为时代的必然要求。教育创新需要教育思想、教育模式和教育制度等多种因素的变革,而教育制度的创新则是教育观念和模式创新的必要保障。

第一节 教育制度的概念

一、教育制度的含义

在论述教育制度是什么之前,我们必须对什么是"制度"有所了解,才能帮助我们认识和把握教育制度。在汉语中,"制度"一词有两种意思:一是要求成员共同遵守的、按一定规程办事的规则,如工作制度、学习制度等;二是在一定条件下形成的政治、经济、文化等的体系,如资本主义制度、社会主义制度等。①英语中,表示"制度"的词有两个:一个是 system,另一个是 institution。System 有"系统""体系""制度""体制""秩序"等含义。Institution 有"建立""制定""制

---

① 夏征农,陈至立. 辞海[M]. 上海:上海辞书出版社,2009:210.

度""协会"以及"公共机构"等含义。因此,无论是从汉语还是从英语来看,"制度"一词都包括两个方面的内容:一是机构或组织的系统;二是机构或组织系统运行的规则。这两个方面是不可分的,一个机构或组织系统之所以能够成为一个系统,就是因为它具有一套明确的、具有约束力的运行和协调规则。这套规则为系统的每个要素所理解和遵守。反过来说,一定的制度或规则总是以一定的机构或组织系统为对象,起到制约和协调机构或组织之间及其内部的各种关系的作用。①

教育制度是社会发展到一定阶段的产物,教育制度作为一种制度形成并发展起来,是近代资本主义国家的机器大生产的发生和发展、科学技术的进步的产物。教育制度对其他社会制度的影响日益增大,并成为社会结构中不可缺少的组成部分。那么教育制度究竟指的是什么?对此问题的认识不尽相同。如当前几个代表性的界定如下:

教育制度是"指根据国家的性质制订的教育目的、方针和设施的总称。"二是"指各种教育机构系统"。

——《中国大百科全书·教育卷》

"教育制度(educational institution),是一个社会赖以传授知识和文化遗产以及影响个体社会活动和智力增长的正式机构和组织的总格局"。

——《中国大百科全书·社会学》

教育制度是多种教育机构的体系。"教育制度指一个国家中多种教育机构的体系,是受一定社会的政治、经济和文化影响、学生身心发展特点的制约,旨在实现教育目的的社会公认的组织系统。它通常由两个方面构成,即由得到社会公认的、依据法令组织而成的法制性教育制度和出于社会生活需要而日渐产生并固定下来的社会惯行的教育制度"。

——《教育大辞典》

教育制度是行为规则体系。"教育制度是用以调整个体行动者之间以及特定教育组织内部行动者之间关系的强制性或权威性的行为规则体系。"

——李江源

教育制度是机构和规范的总和。"教育制度是一个国家各种教育机构和教

---

① 全国十二所中点师范大学联合.教育学基础[M].北京:教育科学出版社,2002:85.

育规范系统的总和,包括学校制度(学制)和管理学校的教育行政机构体系"。它可分为三个层次:一是教育根本制度,主要指国家教育方针;二是教育基本制度,包括教育体制、学制和各种教育政策、法律与法规等;三是教育具体制度,指各种具体的教育行为规范、办事程序和运作机制,如教学管理制度、考试制度、评价制度等。

——张彦玲、叶文梓

从上面的五个界定可以看出,研究者对教育制度的界定大致分为:

① 教育制度是教育目的、方针、设施的总称;
② 教育制度是教育组织和教育机构的体系;
③ 教育制度是教育行为的规则和规范。

从"制度"一词所指的"机构或组织的系统及其运行规则"的内容出发,首先将教育制度看作教育目的、方针和设施的总称,即国家在教育目的、方针和设施等方面所做的各种规定的总称的第一种界定。这种解释虽然囊括了教育制度的多种具体样式,但我们无法把握教育制度的内在特性,无法指出教育制度与教育政策,教育制度与教育法规之间的区别何在。另外,教育目的和教育方针属于教育思想范畴,对教育制度有重要的制约作用,并且总是要体现于教育制度之中,但它们并不是教育制度本身;教育设施则属教育的物质范畴,把教育制度归于教育的物质范畴也是十分牵强的。而从上述"体系(系统)"与"规则"之间密不可分的关系出发,教育制度也应包括教育机构与组织体系及其运行规则两个基本方面,即教育制度应包括第二种界定和第三种界定所阐述的两方面内容。

因此,在我们看来,教育制度是指一个国家或地区各级各类教育机构与组织的体系及其管理规则。它包括相互联系的两个基本方面:一是各级各类教育机构与组织的体系。就教育机构与组织的体系而言,完整的教育制度不仅包括教育的各种施教机构与组织,而且包括教育的各种管理机构与组织(但在教育学中,人们通常把教育机构与组织的管理规则当做教育管理问题来专门加以论述,所以教育制度这个题目通常便只论述各级各类教育机构与组织的体系)。教育的施教机构与组织包括学前教育机构、各级各类学校教育机构、成人教育机构(如文化馆、图书馆、影剧院等)、少年儿童校外教育机构(如:少年宫、少年科技馆、儿童影剧院等)等。二是教育机构与组织赖以存在和运行的一整套规则,如各种各样的教育法律、法规、条例等。

二、"教育制度"概念的辨析

(一) 教育制度与教育体制

我国教育界常常将教育制度等同于教育体制,并采取列举的方式。不可否认,教育制度与教育体制存在一定相关性,但两者的相关无法推出彼此的等同,因为教育制度与教育体制这两个概念是隶属与包容的关系。教育体制是教育机构与教育规范的结合体或统一体,是由教育的机构体系与教育的规范体系组成的。教育的机构体系包括教育的实施机构和教育的管理机构,教育的规范体系是建立并保证教育机构正常运转的规章制度,它规定着教育机构的职责权限和机构内人员的岗位责任。从教育体制的内在构成来看,我们可以把其中的教育规范体系看作教育制度,却不可能将教育机构体系归属于教育制度。因为教育规范体系不仅包括教育组织中的正式结构、条例和规章等,而且还包括组成成员的一些非正式的信念、态度等。这些非正式的成员信念和态度等无法与正式的教育制度相等同。因此,教育体制包容教育制度,而教育制度隶属于教育体制。教育体制的改革,其中就包括教育制度的改革。但是教育制度改革有其自身具有的更深刻的内涵,教育制度的创新必须以深化教育体制改革为条件。

(二) 教育制度与教育政策

教育政策一般被认为是国家或政党为实现教育目标而制定的行政准则,可分为基本的教育政策与具体的教育政策。前者具有普遍指导意义,后者是针对教育工作的某一方面而制定的,比如:基础教育政策、少数民族教育政策等。然而,教育制度也往往将这些国家或者政府颁布的规章、条例等囊括其中。那么,教育制度和教育政策究竟有何不同?

首先,教育制度的主体比教育政策的主体宽泛。除了政党、教育行政机构之外,教育自身的组织机构也可以是制定教育制度的参与者,比如学校班级、教师和学生等。

其次,教育制度具有内生性,而教育政策则具有外生性。教育政策反映的

第七章 教育制度

是一个国家特定的政治、经济和文化发展的要求,体现的是掌权阶级的教育意志和需要,而教育制度除了国家政令性的制度之外,还包括教育风俗、教育习惯等。

由此可看出,教育政策更倾向于导向的作用,而教育制度很多时候就会表现得更为具体和更具针对性。

(三)教育制度与教育法规

教育法规是有关教育方面的法律、法令、条例、规程、规定、决议和决定等规范性文件的总称。教育法规按适用范围和法律效力的大小可以分为以下几个层次:宪法中的教育条款;教育法;教育方面的其他法律和其他法律中的教育条款;教育行政法规;教育规章和地方性教育法规和规章。虽然,从教育制度作为规范的存在这个意义上,教育法规是教育制度发展的最高形式,但是两者还存在一些差异:

① 教育法规的主体是国家机关,而教育制度的主体为教育组织机构自身或制定教育制度的参与者;

② 教育法规具有强制性,而教育制度具有规约性;

③ 教育法规的执行依靠国家强制力,而教育制度则依靠组织中人们对其的认同而发挥作用。

第二节 学校教育制度

一、学校教育制度的概念与要素

学校教育制度简称学制,是国家通过立法做出规定而建立起来的,从而保证一个国家教育的统一性、稳定性和完整性。它是一个国家教育制度的主体部分,是学制改革的对象和前提,因此,要进行学制改革,必须首先明确学制是什么,它由哪些基本要素构成等问题。

（一）学制的概念

如前所述，教育制度是指一个国家或地区各级各类教育机构与组织的体系及其管理规则。而学校教育制度作为一个国家教育制度的主体部分，作为教育制度体系中最严密、最有效的基本制度。顾名思义，学校教育制度可以指一个国家各级各类学校的系统及其管理规则，它规定着各级各类学校的性质、任务、入学条件、修业年限以及相互之间的关系。在教育学中通常将学校教育制度简称为学制。

在近代资本主义社会里，要求培养各种各样的人才，便出现了不同类型的学校，并逐步形成了比较完备的学校教育制度。另外，设立各种学校是为了贯彻教育方针、实现教育目的，学校教育制度的性质就直接决定于教育目的和方针，归根到底，它反映一定的政治经济的需要，在阶级社会中具有鲜明的阶级性。属于同一社会性质的不同国家的学制，具有共同性，但是由于各个国家生产力发展水平以及不同的历史传统和具体情况，它们的学制又各有不同的特点。正是由于每个国家各自经历着不同的经济、政治和文化的发展道路，不同的国家及其在不同的历史时期就有着不同的学校教育制度。当今世界上的学校已经形成了一个复杂的系统。按横向划分可分为幼儿教育、初等教育、中等教育、高等教育等不同阶段；按纵向划分可分为普通教育、专业教育、成人教育等类型。由于纵向划分的学校系统与横向划分的学校阶段之间的不同组合，便形成不同类型的学制。在我国《教育法》第二章中对学校教育制度做出了明确规定："国家实行学前教育、初等教育、中等教育、高等教育的学校教育制度。"此外，还对其他的教育基本制度如义务教育制度、国家教育考试制度、职业教育制度、成人教育制度、学业证书制度、学位制度、教育督导制度、教育评估制度等做出了规定。其中，学校教育制度是"一国教育的主体"，在教育制度体系中具有重要的地位与作用。

基于学制在教育制度体系中的这种重要地位和作用，一般来说，学制是由国务院及其授权的教育行政部门制定。由国家颁布并保证实施具有一定法律效力的，调整各级各类学校之间的衔接、交叉、比例关系以及教育权力分配关系。

从其作为一个国家教育的一项重要的基本制度来看，学制首先是一种制度，是国家规范教育行为的一种基本制度。国家规范教育行为的方式是多种多样的,如教育法律、法规、教育方针、政策、教育行政规章、教育制度等。学制仅仅是国家规范教育行为的基本制度之一。其次,学制是国家调整教育关系的一种基本制度。但是,学制对教育关系的调整只是限于各级各类教育之间的衔接、交叉、比例关系以及教育权力在国家、学校、公民之间的分配关系。再次,学制是由国务院及其授权的教育行政机关制定的并由国家颁布保证实施。其他的国家机关、单位、组织和个人均无权制定与颁布学制。

此外,学制还具有一定的历史性与时代性。任何一个学制总是和一定时期、一定历史时代的政治、经济、文化的发展相伴随的。我们对学制的认识与研究必须树立动态发展的观点。传统的关于学制的认识,一般仅限于学校教育的领域之中,即把学校中所实行的各级各类的教育系统与学制等同。现今社会由于生产力的高度发展,对人才需求的专业化的趋势越来越强,仅凭学校教育所培养的人才已经不能符合社会发展的需要,成人教育机构以及终身教育机构得到了发展与完善。

(二)学制的构成要素

学制构成的基本要素,即学制构成内容的向度,亦即学制构成的价值标准。要素与组成部分或构成单位不一样,要素具有基础性、抽象性与概括性,而组成部分与构成单位则是要素的组合,具有综合性与具体性。那么,作为一个完整的学制系统它是由哪几个要素构成的呢?一般来说,它是由三个基本要素构成的,即学校的类型、学校的级别和学校的结构。"类型"即学校实施哪种性质的教育,属于普通教育,还是专门教育,在专门教育中是专业型、技术型还是技能型。由于划分的标准不同,那么学校的类型也就不一样。根据教育举办的主体不同,可以分为公立学校与私立学校两类;根据教育性质的不同,可以分为实施普通教育学校与实施职业教育学校等。学校的级别是指学校的层次水平,即学校在学制系统中所处的阶段以及在同类性质的学校中所处的地位。例如,高等师范专科学校在学制系统中处于高等教育阶段,在师范教育类别中与其他的学校相比则属于专科性质水平的学校。学制的结构决定了学校的类别,反映了学校之间的交叉、衔接、比例等种种关系。事实上,由于学制中所规定的阶段比较复杂,学校的种类繁多,这必然存在着学校的交叉、衔接与比例的问题。如果我们以各级作为学制分析的标准,必然要涉及类的交叉问题。如果以各类作为分析学制的标准,必然涉及阶段的衔接问题,各级各类教育在发展的过程中应该保持合理的比例。归根结底,这都是由生产力的发展水平与社会的需求所决定的。

从学制系统的具体构成内容来看,学制作为一个由各级各类学校组成的系统,主要由各级各类学校的性质、培养目标、任务、入学条件、修业年限以及相互之间的关系构成,其各个部分是相互联系、相互制约、前后有序的。如果确立学制的其他条件既定,学校教育的性质将决定学校的培养目标,学校的培养目标作为学校教育工作的出发点和归宿,必将决定学校教育的具体任务。由于学校教育的培养目标和任务与学生的入学年龄和修业年限呈正相关,即培养目标高、教育任务重,入学年龄就偏大,修业年限就偏长。因此,在其他条件既定的情况下,培养目标和任务又将决定入学年龄的早迟和修业年限的长短。也就是说,只有根据学校教育的性质,在教育方针的指导下,学校才能制定出自己的培养目标以及为实现这一目标而确定的具体任务。在此基础上也才能确定学生的入学年龄和修业年限。而学制作为一个制度系统,就应该对各级各类学校教育的性质、方针、培养目标、任务、入学条件、修业年限及其制约关系做出规定。

二、学制确立的依据

古今中外,各国学制种类各异,各有其发展历史,各有其优劣。但是,有一点是相同的,那就是学制的制定不是主观随意的或任意更改的,而是以某些客观因素为依据建立起来的。正如教育的形成和发展主要受制于社会和个体两个因素一样,保证一个国家教育的统一性、稳定性和完整性的学校教育制度除了受人的身心发展规律制约外,还受诸多社会因素的影响。人的身心发展规律制约着学校教育制度的纵向分段,如修业年龄、修业年限,以及相应阶段教育的内容、方式方法和要求等,但是,学校教育制度的性质、各级各类学校系统的规模、组成内容及其所占比例等,则主要是由各种社会因素决定的。

(一) 社会依据

1. 政治因素

古今中外,世界各国的教育制度各异,这种差异除了形式、规模等外显的差异外,还表现在性质的内在差异。因为各国的教育都在一定程度上受各国相应的社会政治体制的影响,即社会政治决定着学校教育制度的领导权,决定着谁能享受教育和享受什么样的教育,谁不能享受教育;决定着不同社会背景的学生享受教育的类型、程序和方式;决定教育发展的规模和速度以及决定着受教育者的政治立场、观点和态度。

例如,在阶级社会,学制具有鲜明的阶级性。在封建社会,规定人们按照各自的社会地位进入不同等级的学校。这种等级学制,完全反映了封建地主阶级政治利益的要求。在资本主义社会,虽规定凡属公民只要交纳学费都可入学,但一些好学校却收费很高,从而限制了贫穷人家子弟入学,这种学制也是反映了资产阶级政治利益要求的。社会主义社会学制理所当然地要反映整个国家和全民族的政治利益的要求,为巩固社会主义政治制度服务。

2. 经济因素

学制内容不可能超越当时社会生产力发展水平和科技发展状况,因为它们直接影响学校教育的物质条件、规模大小、发展速度、普及程度、课程结构、专业设置等。学制的发展历史说明,学制是随着各国社会生产力和科技的不断发展而逐步发展完善的。

学制受社会经济因素的影响主要是指受生产力发展水平和科技发展水平的影响。这种影响主要表现在:一方面,学校教育制度的建立和发展是以一定的经济和科技发展水平为基础的。没有雄厚的经济基础,发展学校教育是不可能的。科学技术的发展,不仅充实了教学内容,提供了有效的教学手段,也拓宽了教育就业的范围。另一方面,社会经济和科技的发展要求学校教育制度能与之相适应。要求有各级各类学校,培养大批社会所需要的相应的人才。例如,在生产力水平低下,经济发展缓慢的情况下,学校教育制度结构简单,义务教育年限短。随着现代生产和科技的发展对劳动者素质的要求越来越高,市场对劳动力的需求在数量上与质量上都有明显提高,普及义务教育的年限也就越来越长,不少国家已经达到了12年。普及高中教育已经在一些发达国家成为现实,高等教育大众化的时代已经到来。例如,当前在我国,当面临高校毕业生就业困难的局势时,人们才发现并不是经济发展对人才需求的饱和,而是我们的教育培养出来的人才无法适应经济发展的需求。事实上,我国经济发展正面临较快发展的时期,当前经济发展对技术性人才、复合型人才的需求非常紧迫。所以,当人才结构不合理的问题出现,加之更快的科技更新速度对人才素质要求的不断提升时,就引起了人们对发展职业技术教育和终身教育的重视,职业技术教育和终身(成人)教育在学制系统中的比重随之扩大。

3. 文化因素

教育活动既承担着一定的文化功能,如文化传递和保存、活化文化、文化选择、文化批判、文化交流和融合、文化更新和创造等,又总是在一定的文化背景下进行,被一定历史文化传统所影响着。因此,任何国家的学校教育制度,都是根治于本国的历史文化土壤之中的。例如,同为资本主义国家,法国在教育行政上实行集权制,而美国在教育行政上实施分权制;同样是实施分权制,美国的分权制又与英国的分权制不同,各有自己的传统和特色。这些都是由于文化的不同而引起的差异。而即使引进国外学制,也会根据国情加以改造。例如,清政府于1902年颁布的壬寅学制,虽然基本照抄日本学制,但是也有所改造:一是该学制中没有女子教育的地位,保存了数千年来歧视女性的封建遗风;二是该学制将各学堂卒业者分别赐予附生、贡生、举人、进士等出身,带上了科举制度的印痕。

4. 人口因素

所谓人口是指生活在一定社会、一定地区、具有一定数量、质量与结构的人的总体。教育作为培养人的社会活动,不仅与个体有关,也与社会人口状况有关。如20世纪5五六十年代以后,世界人口增长速度飞快。1970年世界人口大约为36亿,1987年世界人口突破50亿大关,2005年初全球人口已达到65亿,甚至有人称当今社会为"人口爆炸"的社会。这种形势给社会和教育提出了许多新的问题和任务。要控制人口数量和提升人口质量,使人口结构合理化,就离不开合理的教育和适当的教育制度。其中,人口因素对学制的影响主要表现为人口增长率和人口素质影响教育发展的规模和结构。例如,在人口众多,经济发展水平较低的情况下,教育要大规模地发展,就必须采取多种形式,学制就不能单一化。此外,成人教育与正规化的全日制大、中小学并举。否则也不可能改变人口素质低的状况。由于人口增长方式不是匀速而是波浪式推进的,所以人口增长波峰与波谷的反复出现对学制和学校内部结构也产生很大影响。新中国成立后,曾出现几次人口增长高峰。第一次在新中国成立之初到1957年,第二次从1962年到1975年。1982年起又出现一个高峰,那是由于第二次高峰期出生的人又陆续进入了婚龄期和育龄期。这种出生率的大幅度波动,影响各级学校的绝对数量和各类学校在学制中所占的相对比例。如1982年的出生高峰,带来1985年入托难的问题,随之而来的是1987年小学入学率的高峰,依次类推,一直会波及成人乃至老年教育的问题。相反,在人口增长跌入波谷期时出现的将是另一番景象。如当前我国人口增长速度相对降低,中小学部分学校出现生源不足的情况,于是面临的又是减少中小学数量的情况。正因为如此,无论国家还是学校,在制定教育发展规划时,必须要考虑人口因素,要摸清人口数量的现状和变化趋势,不能只考虑当前的状况,在学校数、校内编制、师资力量等方面提前做好准备。

5. 教育制度传统以及对国外教育制度积极的学习和借鉴等

每个国家的学制,都有一个形成发展过程,新的学制总是在旧学制基础上发展而成。因此,制定学制必须研究本国学制的演变过程,继承发扬本国学制中有用部分,同时别国学制中如入学年龄、修业年限、学校阶段划分、教育结构、管理体制等,有些也可借鉴。教育的发展历史也证明,中国教育现代化是在中西文化碰撞中进行的。毋庸讳言,近代中国三部学制中都可以看到明显的学习外国的痕迹——壬寅·癸卯学制和壬子癸丑学制主要是吸收了日本学制的优点,壬戌学制则借鉴了美国学制的长处。例如,我国1922年11月公布实施的"六、三、三、四"新学制,亦称壬戌学制。它的年限就是采用美国学制的一种:小学六年,四、二分段;中学六年,三、三分段;大学四～六年。这一学制较为符合儿童和青少年的年龄特征,比较适合当时中国的实际情况,使得上世纪20年代末30年代初的中国教育达到了新教育兴起以来的最高水平。它基本上改变了传统的教育体制,奠定了我国现代教育制度的基础。

虽然我国近代的学制都吸收和借鉴了外国的经验和做法,但并非简单的抄袭。公正地看,壬寅·癸卯学制和壬子癸丑学制这两部学制的制定在学习和借鉴的同时,是考虑了中国实际的。癸卯学制体现了洋务派"中体西用"的思想,这本身就证明了它不是简单抄袭的结果,至于后来的壬戌学制,在结合本国实际这方面,比前两部学制又有了进步,诚如有的学者所言"已开始自觉地将借鉴和学习建立在对中国教育实际的认识和研究基础之上"。以上事实为我们当前的学制建设乃至整个教育改革都提供了一个重要的启示,即在处理外国先进经验和本国实际情况的关系时,既要积极地学习借鉴,又要理智地参酌变通;充分考虑本国的具体国情,把一切有利于我们的先进经验和有效做法,都经过甄别精选变成我们自己的东西。中国的国情复杂,各地发展极不平衡,所以无论是学制改革还是教育的整体改革亦或是其他领域的改革,处理好学习借鉴与参酌变通的关系,都具有重要意义。

(二) 人的依据

主要指青少年身心发展规律。在人的一生中,从出生到成长为青年,经历了幼儿期、童年期、少年期、青年早期等不同年龄的发展阶段。这些相互联结的阶段各有其身心发展的特点。因此,制定学校教育制度必须要考虑到学生的身心发展的阶段性和连续性。学制中关于入学年龄、修业年限、学校分段、培养目标、学习内容的确定和衔接时都要适合年轻一代的智力和体力发展水平,都要依据青少年儿童身心发展规律制定。例如,一般国家规定小学的入学年龄是6~7岁,就是符合儿童身心发展规律的。现代心理学、教育学、脑科学研究表明:人在6岁时大脑的重量已经达到成人的90%左右,所以6岁入学的规定是合理的。又如,一般国家规定的基础教育修业年限是6岁~17岁,这也是符合人的身心发展规律的。研究表明:人们在6~17岁之间,智力发展、体能发展最为迅速,大脑接受和存储信息的能力最强。所以6~17岁的青少年适宜在学校接受正规的基础教育。另外,学制中关于各级各类学校的分段与衔接、升级升学制度、特殊教育制度也是依据人的身心发展规律制定的。

综上所述,学校教育制度的建立和发展受多种因素制约,不同国家以及不同时期学制的某些方面既有特殊性又有普遍性。只有全面认识学校教育制度的特点和规律,并据此进行多方面的探索和试验,才有可能创建比较合理和完善的学校教育制度。

三、各级学校系统

学校教育制度是我国教育制度的主要部分,是按照受教育者的身心发展规律而系统实施的,按不同的年龄阶段来设置不同阶段的学校教育,具体包括学前教育、初等教育、中等教育、高等教育四个阶段。

（一）学前教育机构

学前教育，又称0～6岁儿童教育，是指实施学前教育的机构根据一定的培养目标和儿童的身心特点，对入小学前的儿童进行有计划的教育，其主要任务是使儿童身心获得协调发展，为入小学接受小学阶段的教育做好准备。实施学前教育的机构主要有托儿所、幼儿园、附设在小学的学前班等，其年限为1～3年不等。作为公共教育的现代学前教育机构，最早出现于18世纪第一次工业革命后。二战后，随着心理学、教育学对儿童发展问题研究的深入，各国开始重视儿童早期智力开发，学前教育机构得到较快的发展。20世纪，随着第二次工业革命的深入发展，各发达国家的幼儿教育逐步走向普及化。与此同时，公共幼儿教育的性质发生了变化，从以保育为目的转化为以保教结合为目的。学前教育机构在不少国家已被列入学校教育系统，在我国也有人提议将学前教育机构纳入义务教育体系。

（二）初等教育机构

初等教育是使受教育者打下文化知识基础，具备基本的写算能力，为接受更高一阶段的教育做好准备的教育。初等教育是国家学制中的第一阶段，又称小学教育。我国实施初等教育的机构一般分为两类：一类是对6～12岁左右的儿童实施教育的普通小学；另一类是为未能接受初等教育的成年公民开办的成人初等学校，主要是进行扫盲教育和基本的文化知识教育。此外还包括承担实施小学教育任务的其他机构，如招收儿童、少年学员的文艺、体育及特种工艺等机构。

（三）中等教育机构

中等教育是指在初等教育基础上继续实施的中等普通教育和职业教育。中等教育在整个学校教育体系中具有承上启下的重要作用，分为初级中等教育和高级中等教育两个阶段。实施中等教育的机构也分为两类，一类主要为普通初级中学和普通高级中学，还有一类就是初等和高等的职业学校。具体来说，中等教育机构主要包括全日制普通中学、中等专业学校、职业中学、技工学校、农业中学及其他半工（农）半读中学、业余中学。全日制普通中学的学制为6年

(初中3年、高中3年，也有试验"三、四"制及其他形式的)，其任务是为国家培养劳动后备力量和为高一级学校培养合格的新生。中专、职业中学、农业中学的修业年限不等，任务是培养中级技术人才、管理人才、技工和其他受过良好职业训练的城乡劳动者。中等教育的数量和质量在很大程度上直接决定一个国家劳动者的素质，对于经济建设和社会发展起着重要作用。

(四)高等教育机构

高等教育是指建立在中等教育基础上的各种专业教育，主要包括全日制本科、专科学校和各种形式的半工(农)半读大学、业余大学及研究生院。高等教育担负着培养专门人才、开展科学研究、从事社会服务的多重任务。实施高等教育的机构主要有专科学校、独立设置的学院、大学等。全日制本科的学制一般为4年，专科的学制为2~3年。条件好的大学经国家批准可招收研究生或设研究生院，学制2~5年。全日制高等学校是我国高等教育的骨干力量，其基本任务是为社会主义现代化建设培养各类高级专门人才。各种形式的半工(农)半读的大学和业余大学学生，学完规定的课程，经过国家主管部门考核达到全日制大学同类专业水平的，承认其学历，使用上同等对待。各种形式的业余高等教育和成人高等教育是对全日制高等教育的重要补充，其办学形式多种多样，有由全日制高等学校举办的夜大学和函授部；有独立设立的函授学院；有广播和电视大学；有教育学院和教师进修学校；有职工高等学校和农民高等学校；有收费走读高等学校；有由民主人士和退休专家和科技人员办的自修大学；有各种补习学校和补习班、组；有干部专修科；有刊授大学等。

四、各类学校系统

我国的教育体系，即各类学校系统主要由普通教育、职业教育、教师教育和成人教育四大系统组成。

(一)普通教育系统

普通教育是指包括学前教育、初等教育、中等教育和高等教育的学校教育制度，是一种学历教育，以全日制办学为主。普通教育也称一般教育，英语表述为"general education",它是通过使受教育者掌握具有永恒普遍价值的知识、观念、工具和方法,促使受教育者身心全面和谐发展的基础性教育。普通教育是教育内容范畴的概念,与其相对的是专业教育。普通教育内容具有以下几个特点:

① 普遍性,即其内容是比较稳定的具有普遍意义的,适应于任何职业,而不是仅适应于个别职业;

② 永恒性,普通教育内容一般是经过实践检验确证无误、逻辑严密的规律性知识体系、观念体系、方法体系和工具体系,这些内容具有能长期发挥作用的潜在力量;

③ 基础性,普通教育内容本身不属于专业技术知识,但它是学习专业技术知识必需的基础,可以为各种专业教育提供一种共同的学术基础。它制约着专业工作者专业技术水平的高度和深度;

④ 教养性,普通教育内容具有提高人的文化素养、丰富人的精神生活、健全人的思想、陶冶人的情操、塑造人的品格的作用,它能帮助人全面发展,使人成为一个完整的人;

⑤ 全面性,普通教育内容一般涵盖人类知识宝库中各主要领域的精华,它要保证内容的广度,以便于受教育者能综合运用知识并使身心得到全面发展。

普通教育贯穿在小学、中学、大学各阶段。但大学的普通教育内容在广度和深度上均远远高于中小学。西方国家的大学有实施普通教育的传统。最近20多年来,世界各主要国家的大学均不同程度地加强了普通教育。有的大学在教学计划中增设普通教育课程,还有的在专业教育中贯彻普通教育精神。在我国,实施普通教育的机构一直局限在中小学。最近几年,我国一些大学为了改革狭窄的专业教育弊端,强调加强基础,开始在教学计划中增加普通教育内容。

（二）职业技术教育系统

职业技术教育是指使受教育者获得某种职业或生产劳动所需要的职业知识、技能和职业道德的教育。如各种职业高中、中专、技校以及对职工的就业前培训、对下岗职工的再就业培训等各种职业培训等职业学校教育等都属于职业技术教育。

职业技术教育是我国教育事业的重要组成部分。职业技术教育的目的是培养应用人才和具有一定文化水平和专业知识技能的劳动者,与普通教育和成人教育相比较,职业技术教育侧重于实践技能和实际工作能力的培养。

我国的职业技术教育体系包括两部分内容:

1. 职业学校教育

职业学校教育是学历性的职业教育,主要分为中等和高等职业学校教育。

(1) 中等职业学校教育

中等职业学校教育是在完成初中教育的基础上实行的职业学校教育。中等职业学校教育的形式有职业高中、技工学校、中专等。我国的中等职业学校教育比较发达。

(2) 高等职业学校教育

高等职业学校教育是在完成高中教育基础上实行的职业学校教育。目前,我国高等职业学校教育有一定发展,但仍不能满足当前经济发展对高层次职业技术人才的需求!我国当前的产业结构是劳动密集型和高科技知识密集型并存,既需要大量熟练的技术工人、技术人员,也需要高级技术人才。而且,在从劳动密集型向技术知识密集型转化的今天,社会对劳动力层次的需求也越来越高,因此,发展高等职业技术教育,培训高级技术人才,是目前职业教育的当务之急。

2. 职业培训

职业培训是按照职业或劳动岗位对劳动者的要求,以开发和提高劳动者的职业技能为目的的教育和训练活动,是非学历性的短期职业教育。职业培训的形式多种多样,目前,我国的职业培训包括从业前培训、转业培训、学徒培训、在岗培训、转岗培训及其他职业性培训。可以根据实际情况,将职业培训分为初级、中级、高级职业培训。

(三) 教育系统

自 19 世纪末、20 世纪初,南洋公学师范院、京师大堂师范馆和通州师范学校创立至今,中国教师教育已走了百年历程。严格地讲,在 20 世纪,中国的教师教育注重职前培养,因此,主要是师范教育。到上个世纪末,受终身教育理论及教师专业化理论影响,师范教育系统由封闭走向开放,逐步向着职前培养与职后培训一体化的教师教育系统过渡。

党和政府历来重视师范教育,特别是改革开放以来,把师范教育的地位提到了前所未有的高度。1985年,《中共中央关于教育体制改革的决定》明确提出"把发展师范教育和培训在职教师作为发展教育的战略措施"。为此,各级政府努力增加投入,为师范教育的改革和发展提供了经费保障。

中华人民共和国成立后,为满足中等及中等以下教育对教师的需求,根据现阶段中小学教师合格学历的要求,国家设置了三级师范学校,到1995年,各级师范学校1 133所,在校学生约143万人;教师进修院校2 273所,在校学员70万人。初步形成了以独立设置的各级各类师范学校为主体,多渠道、多层次、多规格、多形式的师范教育体系。各级各类师范学校为中小学培养、培训了数以千万计的教师,对普及九年义务教育作出了历史性贡献。此后教师教育开始改革的历程:一是三级师范向二级师范转变,即逐步取消中等师范学校,小学教师由师范专科或本科学校培养;二是由封闭型向开放型转变,即除了师范院校培养中小学教师外,其他普通高等院校也可以培养教师;三是教师的职前培养与在职培训趋向一体化,师范院校逐渐成为教师培训的主体,2010年以来教育部实施的"国培计划"(中小学教师国家级培训计划)基本上由师范院校承担,教师教育一体化的格局正在形成。

教师教育是教育事业的工作母机,中国的师范教育支撑着世界上规模最庞大的基础教育,她的改革和发展必将有力地推动中国基础教育的改革与发展,必将为提高全民族的素质作出更大的贡献。

(四)成人教育系统

随着经济的发展和社会的进步,对人的素质的要求提高了。进入60年代,"终身教育"的主张被提了出来,它的提出引起了当代教育观念的转变。"将教育实施于人生的始终"的理论逐渐为世界各国所认知、所接受。在这一理论的指导下,成人教育的发展有了新的方向、新的目标,终身教育的理论驱动着成人教育事业,成人教育也自觉地将自己纳入这一新的教育体系。国务院于1999年1月批转的教育部《面向21世纪教育振兴行动计划》提出,到2010年基本建立起终身学习体系,终身教育作为一项规定和任务,已分别写入《中华人民共和国教育法》和《国家中长期教育改革和发展纲要(2010～2020)》中。

成人教育是指通过业余、脱产或半脱产的途径对成年人进行的教育,是学校教育的继续、补充和延伸。如岗位职务培训、进修和参加函授、电视大学、自学考试等进行的学历教育等。成人教育是终身教育体系的有机组成部分。它与普通教育是一种相互依存、相互完善的关系。成人教育,从某种意义上说,是对普通教育的一种完善和补充。

成人教育按其功能划分为四大类。这四大类分别是:补偿教育(含扫盲教育、文化基础教育、学历教育)、继续教育、成人职业教育、社会文化生活教育。

1. 补偿教育

它曾经是成人教育的主导方向和基本类别。其目的是为那些因各种原因失去受教育机会或未完成正规的基础教育的人提供第二次教育机会,这类教育带有明显的补偿性质。

2. 继续教育

它应成为当今成人教育的主流。继续教育是指为那些已完成正规的学历教育的人继续提供以更新知识、提高专业水平和职业能力为目的的教育。

3. 成人职业教育

它是职业教育体系的一个有机的组成部分。其目的是培养或提高成人就业或从业的能力。成人职业教育分两类:一类是社会性的成人职业教育,即由各类各级社会性的职业教育或职业培训的机构提供的教育。这类职业教育的目的是扩大成人就业的机会。二类是企事业内的职业教育。其目的是提高在职人员的职业能力。企事业内的职业教育以开发企事业内的人力资源、提高企事业生存和竞争的能力为根本的目的。作为一种人力投资被企事业纳入自己的经营管理范畴,是经营管理工作的一个环节。所以,从某种意义上说,是一种工商企业行为,超出了教育的范畴,是具有双重性质的职业教育。

4. 社会文化生活教育

它是一种覆盖面最广的成人教育。它以满足社会成员个人的教育需求为目的,组织、提供各种非正规的、非学历的教育活动,是最具个性色彩、最自由的、非功利主义的成人教育。社会文化生活教育是提高国民精神文化素质的最佳组织形式。

五、我国现代学制的历史沿革

具有完整体系的学制的建立是以现代学制的出现为标志。我国现代学制始于清末。从中国近代第一个以法令形式公布并在全国推行的学制算起,学制的发展整整经历了一个多世纪。在此,以新中国成立前后我国学制改革情况作为考察对象考察我国学制的变迁,从而辨识教育发展的轨迹,以及不同历史时期的社会文化、思想潮流在教育制度中的折射,为当代学制及教育改革提供一定的借鉴。

(一) 旧中国的学制改革

旧中国学制的发展大致经历了三个阶段。即经历了壬寅·癸卯学制、壬子癸丑学制和壬戌学制的发展历程。在这一过程中,不同的阶段呈现出不同的特征。

1. 壬寅·癸卯学制

1840年鸦片战争后,在帝国主义列强的侵略和民族资本主义的冲击下,清朝政府为了维护其封建统治,不得不对延续了几千年的封建教育制度进行改革。虽然同文馆、方言馆等若干新学设立起来,但尚无学校系统可言。在这样的现实条件下,1902年8月15日,由张百熙、吴汝伦等人主持首次制定了我国教育史上第一部学制——壬寅学制。这是我国第一个以政府法令形式公布的现代学制系统,但由于种种原因,这个学制没有得到真正的贯彻实行。

于是,壬寅学制颁布后不久,张之洞便根据自己基于对西方学制的认识提出了更为系统的学制设想,对壬寅学制进行了增删修改,并于1904年,制定了《奏定学堂章程》,史称"癸卯学制"。这是我国正式实施的第一个现代学制,它的指导思想是"中学为体,西学为用"。癸卯学制包括各级各类学堂章程,还附有学校管理法、教授法等。见癸卯学制系统图7.1所示,整个学制分为初等教育、中等教育和高等教育三段,三段又共分为七级:初等教育有蒙养院(4年)、初等小学堂(5年)、高等小学堂(4年)、中等教育有中学堂(5年)、高等教育有高等学堂(3年)、分科大学堂(3~4年)、通儒院(5年)。与中间三级并列的还有同级实业学堂和师范学堂。

《癸卯学制》与《壬寅学制》一样,也是参照日本学制制定的。二者在各个教育阶段划分和修业年限大体相同,主要区别在于:癸卯学制中初等教育取消蒙学堂,增设学前教育蒙养院;寻常小学堂改称初等小学堂,修业五年,入学年龄改为六岁;高等小学堂改为四年,中学堂改为五年;大学堂增设经学科,改为八科;大学院改称通儒院,修业五年。《癸卯学制》的颁行,标志着中国教育由传统教育向现代教育转型的全面启动,标志着中国现代学校教育初步进入了制度化、系统化的时期,从此确立了中国现代学校教育制度的基本模式。

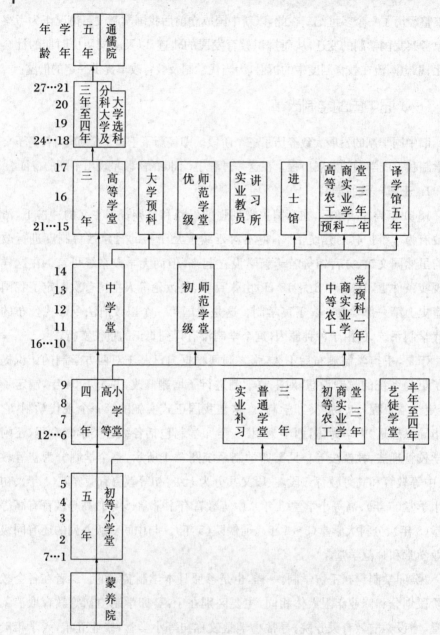

图 7.1　癸卯学制系统图[①]

[①] 中国百科网.癸卯学制系统图[EB/OL].http://www.chinabaike.com/article/316/327/2007/2007022157723_2.html.[2013-5-12].

2. 壬子癸丑学制

继壬寅·癸卯学制之后,1911年辛亥革命推翻了清政府的统治,结束了封建帝制,建立了资产阶级民主共和国,这是中国历史上的一个重大的转变。资产阶级建立政权后,即着手以资产阶级的思想来全面改造中国社会,对教育进行的改革实质就是要打破封建旧教育,建立资产阶级新教育。为此,教育部于1912年7月举行了全国临时教育会议,于该年9月3日颁布《学校系统令》,即为"壬子学制"。此后不久,教育部又陆续公布了各种学校令,补充《学校系统令》,合称"壬子癸丑学制",其基本格局参见表7.1。这个学制将小学教育缩短为7年,中学教育缩短为4年,废除了小学与师范学校的读经课程,实行男女教育平等,允许初等小学男女同校,设置了专门学校,培养专科实用人才等等。这些措施尤其是实行"男女教育平等,允许初等小学男女同校"的规定,在我国近代教育发展史以及我国公民受教育权的发展史上具有极其重要的意义。

表7.1 《壬子癸丑学制》的基本格局①

学校类型	年龄	学年	科目
蒙养院	4~5	不限	
初等小学校	6~9	4	修身、国文、算术、手工、图画、唱歌、体操;女子加缝纫;手工、图画、唱歌可暂缺一科或数科
高等小学校	10~12	3	修身、国文、算术、本国历史、地理、理科、手工、图画、唱歌、体操;男子加农业、女子加缝纫;可设英语等
中学校	13~16	4	修身、国文、外国语、历史、地理、数学、博物、物理、化学、法制经济、国画、手工、乐歌、体操;女子中学校加家事园艺、缝纫
大学预科	17~19		分预备人文科、法科、商科、人理科、工科、农科,如医科大学设学,课程各不相同

---

① 张英彦.教育学[M].合肥:合肥工业大学出版社,2008:97.

续表

学校类型	年龄	学年	科目
大学校	19~22	3或4年	分文科、理科、法科、商科、医科、农科、工科大学教授。各科大学再细分几门,课程据学校性质设定
大学院	不限		专门研究,分哲学院、史学院、植物学院等
备注			① 在常规学校教育外,还有师范教育、实业教育 ② 与高等小学校平行的有乙种实业学校、实业补习学校及补习科;与中学校平行的有甲种实业学校、师范学校及补习科;与大学校平行的有专门学校、高等师范学校 ③ 初等小学4年为义务教育 ④ 公办学校外,有私立学校

3. 壬戌学制

1916年,新文化运动揭开了中国教育史的新篇章。它提倡民主与科学,反对封建文化。它把多年来思想界、教育界关于学校与科举、新学与旧学、西学与中学、文言与白话等问题的争论推向了高潮。当时由留美派学生主持了第七届全国教育联合会,提出改革学制方案。于1922年颁布了壬戌学制,该学制采用的是美国式的"六三三"分段标准,故又称"六三三学制"。见图7.2"壬戌学制"系统图。

在学校系统上,壬戌学制将全部学校教育分为三段五级:初等教育阶段6年,初小和高小4—2分段;中学6年,初中和高中3—3分段;大学4~6年,不分级。小学之下有幼稚园,大学之上有大学院。从横向看,与中学校平行的有师范学校和职业学校。与前面的学制相比,它缩短了小学修业年限,这有利于提高小学入学率;它延长了中学修业年限,这有利于学生打下坚实的基础,为向更高阶段的学习迈进做好准备;中学四年一贯制改为三三二级制,改变了过去学校衔接不合理的现象;与中学校平行的师范学校提高了师范教育的水平,职业教育单成系统,课程设置无男女校之别。总之,《壬戌学制》是我国现代教育发展史上的一个重要里程碑。如果说《壬寅学制》是中国现代学制的开始,《癸卯学制》完成了中国教育由古典向现代的转变,那么,《壬戌学制》则框定了我国现代学制的蓝本。因为它是中国现代教育史上持续时间最长、影响最大的一部学制。虽然此后对它进行了整理、修改和增删,但它以后的学制基本上承袭了它的思想，保持了它的体系和特色。

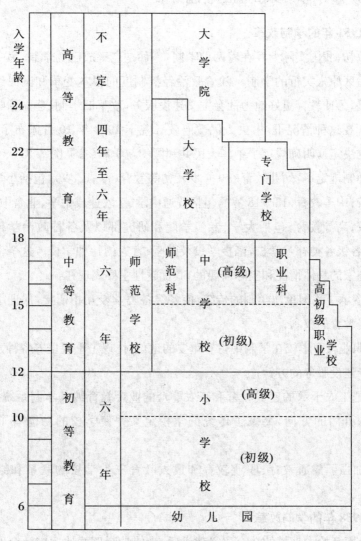

壬戌学制系统图
(本图左行之年龄表示各级学生入学之标准，但实施时仍以其智力与成绩或其他关系分别定之)

图 7.2　壬戌学制系统图[①]

---

① 中国百科网. 壬戌学制系统图[EB/OL]. http://www.chinabaike.com/article/316/327/2007/2007022052900.html. [2013-11-8].

(二) 1949年以来我国的学制改革

1. 1951年的学制改革

解放初,我国实际上存在着两种学制:一种是老解放区的学制,另一种是国民党统治区原来实行的学制。随着政治经济制度的根本变革和国民经济的恢复与发展,为使教育更好地为社会主义建设服务,改革旧学制、建立新学制已成为必然。在这种情况下,中央人民政府政务院于1951年10月颁布了《关于改革学制的决定》,明确规定了中华人民共和国的新学制(参见图7.3)。

新学制规定了:幼儿教育(3~6岁);初等教育(7~12岁),包括小学及成人初等学校;中等教育(13~18岁),包括普通中学、工农速成中学、业余中学、中等专业学校;高等教育,包括大学、专门学院和研究部以及各种政治学校等。此外,还有各级各类补习学校,函授学校及聋哑、盲人的特种学校。这个学制是符合当时国家的具体情况和实际需要的,其优越性主要表现在:

① 继承了我国单轨学制的传统,使各级各类学校互相衔接,保证了劳动人民子女受教育的权利;

② 职业教育学校在学制中占有重要的地位,体现了重视培养各种建设人才和为生产建设服务的方针;

③ 把工农干部的速成教育和工农群众的业余教育纳入学制系统,贯彻了面向工农开门的方向,突破了传统的学校定义并使学校的功能有了较大的扩展;

④ 加强了普通教育、职业教育和成人教育三类学校的联系和结构的完整性。

2. 1958年的学制改革

在全面开始大规模的社会主义建设后,为使学制更好地适应社会发展的需要,1958年9月19日中共中央、国务院颁布《关于教育工作的指示》,指出:"各地方有权对新学制进行积极的典型实验,现行的学制是需要积极地妥当地加以改革——应当规定全国通行的新学制。"并提出了"两条腿走路"的方针、"三个结合"的原则和"六个并举"的方法。

"三个结合":统一性和多样性相结合;普及和提高相结合;全面规划与地方分权相结合。"六个并举":国家办学与厂矿、企业、农业合作社办学并举;普通教育与职业教育并举;成人教育与儿童教育并举;全日制学校与半工半读、业余学校并举;学校教育与自学(包括函授、广播学校)并举;免费与不免费教育并举。

中华人民共和国学校系统图
(1951年颁布)

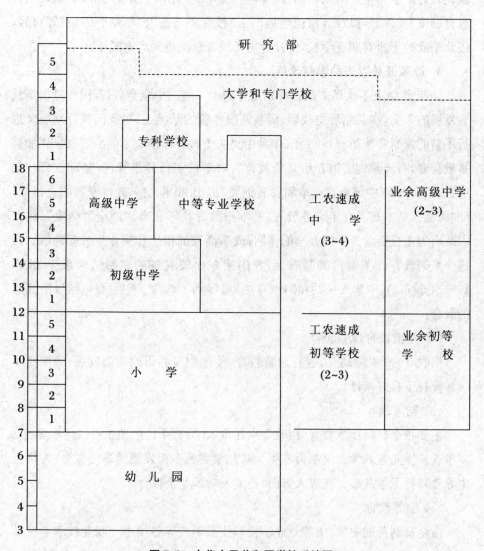

图7.3 中华人民共和国学校系统图

1958年以后,许多地区开展了学制改革试验,如提早入学年龄的试验(6岁入学)。为了缩短年限,进行了中小学十年一贯制试验(小学五年、初中三年、高中二年)。为了贯彻"两条腿走路"的方针,采取多种形式办学,出现了三类主要的学校:全日制、半日制和业余学校。为适应国民经济发展对教育制度的客观要求,1964年,中央正式提出了"两种教育制度",即全日制与半工半读制并存,强调教育制度与生产劳动相结合。但是"文革"中,由于"极左"路线影响,"两种教育制度"受到恶毒攻击,错误地提出了"教育要革命"、"学制要缩短"等口号,还几乎砍掉了所有职业学校,使社会主义教育制度遭到严重破坏。

3. 改革开放以来的学制改革

1976年结束了这场浩劫。特别是党的十一届三中全会后,我国政府根据社会发展的需要,在总结历史教训、借鉴外国经验的基础上,对我国教育制度又进行了新的探索和改革。1985年《中共中央关于教育体制改革的决定》提出"加强基础教育,有步骤地实施九年义务教育",对学校实行分级管理(基础教育权归地方);1993年《中国教育改革和发展纲要》提出20世纪末教育发展的总目标,即"两基"(基本普及九年义务教育,基本扫除青壮年文盲)"两全""两重";建立以政府为主社会各界共同办学的体制;改革高校的招生和毕业生分配制度。在这一系列教育改革举措的基础上,我国建立比较完备的学制结构系统,并在1995年颁布的《中华人民共和国教育法》里得到了确认。它主要包括以下几层的教育:

(1) 学前教育(幼儿园)

招收3～6岁的幼儿,进行启蒙教育,使他们身心得到全面发展,为接受小学教育打下良好基础。

(2) 初等教育

主要指全日制小学教育,招收7岁儿童入学,有条件的地区可以逐步实行6岁半或6岁儿童入学。学制为6年。对儿童实施全面发展的基础教育,为接受中等教育打下了基础。在成人方面,是成人初等业余教育。

(3) 中等教育

指全日制普通中学、中等专业学校和技工学校等各类中等职业技术学校及业余中学,对学生实施全面发展教育。一方面为国家培养劳动后备力量,另一方面为高一级学校输送合格的新生。

第七章　教育制度

（4）高等教育

指全日制大学、专门学院、专科学校、研究生院和各种形式的业余大学。高等专科教育修业年限2～3年，全日制大学和专门学院为4～5年，硕士研究生2～3年，博士研究生为3年。在职研究生修业年限略长，完成学业授予相应学位。业余大学修业年限适当延长，学完规定课程经考核合格国家承认学历（详见图7.4中国现行学制系统图）。

我国现行学制是在不断改革和发展的基础上建立起来的，一定程度上适应了生产和社会发展的要求。经过百年的学制变迁，我们知道，任何一种学制，都是在逐步适应实践变化的需要中发展的。随着现代教育发展节奏的加快，社会对有文化和有技能的劳动者的需求越来越迫切，特别是终身教育思想的影响，未来学制结构在教育阶段和教育结构等方面必然还会做出调整。

第三节　现代教育制度改革

社会生产和世界范围科学技术的迅猛发展，对人才素质提出了更高要求，促使世界上大多数国家对学校教育制度进行了不同程度的改革。各国积极调整和完善本国的学校教育制度，以适应社会发展的需要，培养富有创造力的新型人才，促进本国教育事业的发展，提高本国的综合国力。

总的来看，现代教育制度改革主要有以下一些共同的趋势。

一、义务教育年限的延长

义务教育是指国家统一实施的所有适龄儿童、少年必须接受的教育，是国家必须予以保障的公益性事业，具有强制性、免费性、普及性和基础性等特征。当前，各国的义务教育年限长短不一，大多在9年左右，包括小学和初中教育阶段。随着知识社会的到来，为了提高人才素质，大多数国家的义务教育的范围有进一步扩大的趋势。这主要表现在义务教育的一端在逐渐向学前教育方向扩展，而另一端则向初中后教育阶段延伸。

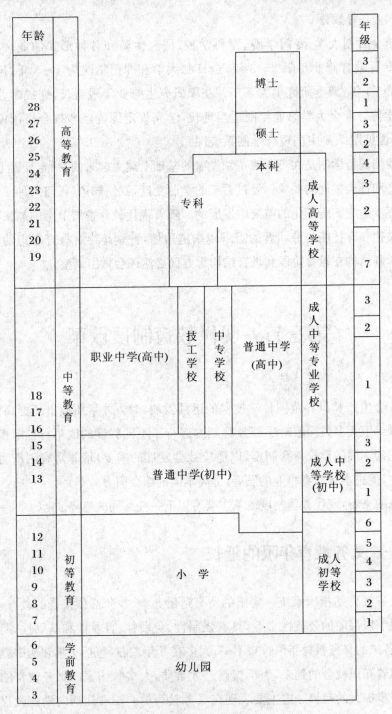

图 7.4 中国现行学制系统图

作为终身教育的第一阶段,学前教育在国民教育体系中的地位进一步提高,世界各国更加关注学前教育问题。许多国家都提倡及早开发儿童的智力,强调培养儿童的创造力,发展儿童的个性,为儿童接受小学教育及其以后的全面发展做好准备。为此,许多国家采取了措施,把学前教育列为义务教育范围,以提前实施义务教育,把学前教育的后期和义务教育的前期有机地衔接起来,改变过去那种学前教育与义务教育相互脱节的情况。如英国规定,幼儿学校是义务教育的第一阶段,招收5~7岁的儿童。在法国,学前教育是初等教育的组成部分,学前教育虽然不是强迫的,但免费实施,所有2~5岁的儿童均可就近上幼儿学校。荷兰的幼儿园属于义务教育,招收4~6岁的儿童。以色列的幼儿园招收3~6岁的儿童,5岁起即属于义务教育阶段。朝鲜也在宪法中规定国家对全体儿童实行一年学前义务教育。

此外,许多国家,特别是发达国家的义务教育正继续向初中后教育阶段延伸,不仅要普及高中,还要普及职业技术教育,甚至高等教育。如美国和加拿大规定义务教育的年限为12年,即普及到高中阶段,普及率达90%以上。日本在20世纪60年代为9年,70年代初为12年,入学率达99.8%。英国是11年,法国、德国、俄罗斯等国都是10年以上。朝鲜民主主义人民共和国也早已是11年。

二、普通教育与职业教育的综合化

随着国家对专业技术人才的需求量激增。在某些国家,职业教育已经成为经济发展的"柱石",是国家发展的秘密武器。由此,促进普通教育和职业技术教育的结合,成为当前各国学制改革的一个重要方面。所以,许多国家都强调普及职业技术教育,使全民都普遍接受职业技术教育,所采取的措施之一就是在普通学校中加强职业技术教育。例如,1971年,美国联邦教育总署署长马兰提出了"生计教育"理论,主张生计教育应当成为所有学生的,而不仅仅是职业学校学生的课程的一个组成部分;生计教育应贯穿小学一年级到高级中学甚至大专院校的所有年级;应使中学毕业生,甚至中途退学者都掌握某种技能,能够维持生计。法国从小学就开始设置科学技术课,直到初中毕业,每周一小时。小学主要讲授初步的基础知识;初中设电子技术、工业技术和经济管理技术方面的课程；普通高中则加强综合技术方向的课程。德国近来也要求以往不设职业技术课的普通中学开设职业技术课程，实现在青少年中普及职业技术教育。

另外，各国还认识到，普通文化知识水平的提高有利于学生更好地理解专业理论，发展学生的应变能力。因此，在职业技术学校中加强普通教育也是各国所采取的一个改革措施。法国的职业中学开设了一种新的文凭——职业业士文凭，招收初中毕业生，学制四年，目的在于提高熟练技工的普通教育水平。长期以来，德国职业教育实行由企业和职业学校合作进行的双元制培训体系，这种体系比较注重实践，而普通教育的时间太少。随着科学技术的进步，对职业素养的要求在不断提高。为此，德国不得不重新调整学校教育与企业训练之间的比例关系，在职业学校中增设普通教育课程内容，以使职业学校毕业生能更好地适应市场的需要。日本通过推迟分专业的时期来加强职业高中的普通教育，即高中一年级不分专业，学习普通文化课，二年级才开始分专业。

此外，目前进行综合高中的试验也是普通教育与职业教育的综合化的措施之一。例如，美国、德国、瑞典等国家就开办了综合高中，把普通高中和职业学校合在一起，担负就业和升学的任务。日本也曾提出要使"普通教育职业化，职业教育普通化。"他们办的多半都是综合中学，单独的职业中学或预科中学较少。

三、高等教育的大众化

在当前各国的学制改革中，高等教育大众化、普及化的趋势也非常明显。按通行说法，一国高校入学率，即在校大学生人数占同龄人的比例在15％以下为精英教育，15％～50％为大众化教育，50％以上可算是达到普及。目前，西方发达国家的高等教育已达到大众化，正在向着普及化发展，有的国家如美国甚至已经进入了高等教育普及化阶段。而大多数发展中国家正在为高等教育的大众化而努力。我国从20世纪90年代后期开始，进入了高等教育大众化"快车道"。1999年1月由国务院批转的教育部《面向世纪教育振兴行动计划》明确提出了"到2010年高等教育入学率接近15％"的工作目标。同年6月，中

第七章 教育制度

共中央、国务院《关于深化教育改革全面推进素质教育的决定》进一步指出,"通过多种形式积极发展高等教育,到 2010 年,我国同龄人口的高等教育入学率要从现在的 9%提高到 15%左右"。

高等教育的大众化、普及化不仅表现在高等教育的在校学生数上,还表现在高等教育结构多层化和类型多样化。例如,在层次结构上更丰富了,不仅有专科、本科,研究生教育规模迅速扩大、层次增多,在硕士、博士阶段教育基础上增加了博士后教育。在类型上更加多样化了,除了综合大学、理工、师范、农、林、医、地矿等院校数量大增,以及各类业余大学的增加。例如,大学设置夜间部、函授部,举办公开讲座建立注册视听生制度、校外生学位授予制度、跨校学习制度、非选拔升学制度开办开放大学、无墙大学、通讯大学等。近年来,随着计算机通讯网络的普及和远距离视像教育技术的日臻完善,没有校园,学生通过计算机互联网进行学习的所谓"虚拟大学"正在形成。高等教育类型多样化还突出表现在高等职业技术学院、民办高等院校和现代远程教育机构等三类新型高等教育机构的强劲发展。

四、终身教育体系的建构

1965 年在巴黎联合国教科文组织会议上首次提出"终身教育"的提案及哈钦斯(R. R. Hutchins)1968 年出版《学习社会》一书以来,"终身教育""终身学习""学习化社会"等概念得到了国际社会的热烈响应,并已演变成为国际性潮流,成为各国政府教育决策的指导原则。

在此指导原则下,各国在教育目标、教育观念、教育体系、教育方式等方面都进行了一系列变革,建立终身教育体系也成为各国学制改革的共同目标。"终身教育是人一生各阶段当中所受个中教育的总和,是人所受不同类型教育的统一综合。"这样一种教育思想向人们传递了这样一种观念,那就是教育不仅仅是青少年的教育,而应该是涵盖人的一生的教育。1973 年,法国"巴黎全国讨论会"指出,终身教育"是从幼儿期到死亡的不间断的学校及校外教育,不存在青少年、成人间的区别,与培养人格和职业生活的训练相结合。"另外,终身教育思想还传达着另一种观点,即终身教育既包括正规教育,也包括非正规教育。英国学者里士满与终身教育的倡导者朗格朗指出,"终身教育的含义相当简单,

教育哲学

指教育并非局限于学校教育。相反,它的影响扩展到学习者的私人生活和公众生活的所有方面——他的家庭和职业关系、他的政治、他的社会活动、他的业余爱好等。终身教育求助于各种各样的机构:学校、学院、大学,同时还有家庭、社区和工作领域书籍、出版社、剧场和大众传播媒介。"[1]其目标是组织一个提供终身学习的完善体系,提高人的素质和生活质量,促进社会的发展。

当前,终身教育思想已为不同社会制度、不同发展水平的许多国家所接受,成为一种有国际影响的教育思潮。许多国家都以立法的形式明确了终身教育在教育改革中的重要指导地位,并积极通过各种途径和渠道建立终身教育体系。例如,日本文部省年就在一份报告中指出,"有必要从终身教育的观点出发,全面调整教育体制"。1981年,日本中央教育审议会在咨询报告《关于终身教育》中,提出促进终身教育体系形成的教育发展原则。1990年6月,日本制订了《终身学习振兴法》,将建立终身教育体系置于法律的保障范围内。在终身教育思想的指导下,许多国家的教育制度发生了重大变化。学前教育与成人教育形成体系,规模扩大,与正规教育体系沟通,并正式纳入学制系统。正规教育体系变得越来越开放、灵活。目前,在许多国家出现的远距离教育、开放大学、社区教育、网络学校等,都是终身教育思想在传统学校教育之外的范围广泛的教育实践。

此外,终身教育体系的出现还促使"教育机构中学生的成分发生了变化,成人大学生所占的比重越来越大,与普通大学生的界限将变得更加模糊。据1985年统计,美国高等教育机构中25岁以上的学生占42%,英国为32%,法国为31%,前联邦德国为47%。我国也放宽了大学报考者的条件,不再有年龄限制"。[2] 因此,这两年出现了老翁考大学的新现象。同时,那些由于种种原因在青少年时期没能好好上学的人也能如愿以偿地享受教育了,也能使他们更好地适应现有职业的新需求或转换职业而更新知识,提高本人文化素质,充实自己的闲暇生活等。

《国家中长期教育改革和发展规划纲要(2010～2020年)》在教育发展中突

---

[1] 里士满.继续教育的概念//教育学文集·教育制度[M].张俊洪,等,译.北京:人民教育出版社,1990:553.

[2] 张蓉.当前各国学制改革的趋势[J].外国中小学教育,2003(11).

出了终身教育的理念,提出了构建终身教育体系的目标和任务。"基本形成学习型社会"是教育规划纲要提出的今后10年我国教育改革发展的三大战略目标之一,实现这一战略目标的基本前提是构建完备的终身教育体系。学习型社会的基本特征是教育面向全体社会成员开放,教育能满足人生各个阶段的、多样化的学习需求。而只有终身教育体系才能满足全体社会成员的终身学习需求。没有终身教育体系作为支撑,学习型社会就无法实现。构建终身教育体系既是教育改革发展的目标和任务,同时也是实现学习型社会的重要手段。

教育规划纲要指出:学历教育和非学历教育协调发展,职业教育和普通教育相互沟通,职前教育和职后教育有效衔接。包括以下几方面的含义:

第一,终身教育体系要求实现各级各类教育的协调发展。要满足全体社会成员在人生各个阶段的教育需求,必须大力发展包括幼儿教育、义务教育、高中阶段教育、高等教育和继续教育在内的各级各类教育,提高各级各类教育的参与率。

第二,终身教育体系要求实现各级各类教育的有机整合、有效衔接与相互沟通。这可以从三个方面或维度来理解,一是加强各级教育的纵向衔接,二是各类教育的横向沟通,三是促进各种学习成果的相互承认与整合。教育规划纲要提出的建立终身学习"立交桥"就是实现各级各类教育衔接与沟通的重要举措。

第三,正确理解国民教育体系与终身教育体系的关系。教育规划纲要在谈及构建终身学习体系时,强调要使现代国民教育体系更加完善,体现了对完善国民教育体系在构建终身教育体系中的重要作用的深刻认识。终身教育是贯穿人一生、面向全体社会成员的教育,国民教育是终身教育的基石,国民教育体系是终身教育体系的重要组成部分。没有现代国民教育体系作为依托,终身教育体系也就难以建立①。

1. 当今世界学制变化发展的趋势如何?

---

① 教育规划纲要亮点解读:构建体系完备的终身教育[N].中国教育报,2010-9-21:1.

2. 现代学校面临的危机是什么,如何解决这些问题?
3. 终生学习和学习化社会对当今世界教育理论与实践的启示?
4. 我国义务教育中存在的问题及改进策略?

谈谈你对赫尔巴特这句话的理解:"行政制度在教育上也有特别意义,因为每一个学生,没有地位与位置的差别,都必须习惯于参加这种制度,使他可以成为社会中一般有用的人。"

第八章 当代教育思想流派

1. 掌握:素质教育以及要素主义、永恒主义、存在主义、行为主义、进步主义等基本概念。

2. 理解:① 素质教育产生的背景及要义;② 西方五大流派产生的背景、基本观念及教育影响。

3. 应用:① 解释素质教育理念的先进性与实施的艰难性之间的矛盾;② 评价各理论适用的条件和范围。

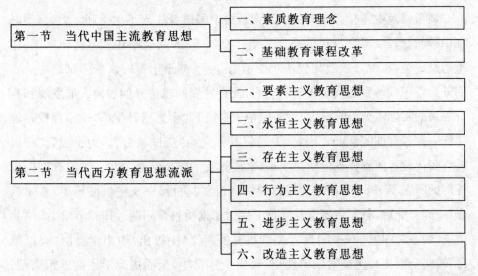

教 育 哲 学

20世纪,西方世界社会政治经济状况都发生了巨大变化,伴随着这些变化,人们的思想意识和文化状况也都发生了一些不同程度的改变。许许多多的教育家、哲学家、心理学家以及社会学家、经济学家等,先后从其各自不同的立场、观点出发,为当代教育改革的理论和实践中出现的诸多问题提出答案,从而形成了众多的教育哲学派别。中国的教育思想与实践主要以学习与借鉴为主,改革开放后,在中国特色的社会主义理论指导下,开始形成中国特色的教育理论,即素质教育思想。

第一节 当代中国主流教育思想

一、素质教育思想

(一)素质教育理念的确立

素质教育概念及其理论在我国出现并受到重视,有深厚的实践基础、社会背景和时代背景。1977年我国恢复了高考招生制度,激发了青年一代学习的热情,高考成了青年学生改变人生轨迹的重要门槛。

高考以及中考招生制度的重建无疑给中国教育注入了生机和活力,是当时在中国教育领域拨乱反正的重要举措。但是,新的问题很快就显露出来了:注重考试成绩,重视分数泛化到中小学所有年级,甚至于每一次的考试之中。人们开始意识到教育偏离了正确的航向,教育发展的轨迹开始脱离人的发展和社会发展的实际需要,单纯为应对考试争取高分,片面追求升学率,是违背教育规律的一种教育训练活动。因此,人们将其称之为"应试教育"。为了改变"应试教育",让教育回到正确的轨道上来,素质教育的呼声应运而生。国家教委副主任柳斌同志于1987年在《努力提高基础教育的质量》一文中就使用了"素质教育"一词。此后,有学者撰文从学理上探讨了素质教育问题。1993年2月,中共中央、国务院印发的《中国教育改革和发展纲要》中提出,中小学要由"应试教育"转向全面提高国民素质的轨道,面向全体学生,全面提高学生的思想道德、文化科学、劳动技能和身体心理素质,促进学生生动活泼地发展,办出各自的特色。这是中央文件中首次对素质教育做出的表述。1994年6月,中共中央、国务院召开了第二次全国教育工作会议,李岚清副总理在会议总结讲话中指出,基础教育必须从"应试教育"转到素质教育的轨道上来。

1999年《中共中央国务院关于深化教育改革全面实施素质教育的决定》(中发[1999]9号)明确指出:"实施素质教育,就是全面贯彻党的教育方针,以提高国民素质为根本宗旨,以培养学生的创新精神和实践能力为重点,造就'有理想、有道德、有文化、有纪律'的以及德智体美等全面发展的社会主义事业建设者和接班人。"

"全面推进素质教育,要面向现代化、面向世界、面向未来,使受教育者坚持学习科学文化与加强思想修养的统一,坚持学习书本知识与投身社会实践的统一,坚持实现自身价值与服务祖国人民的统一,坚持树立远大理想与进行艰苦奋斗的统一。"

"全面推进素质教育,要坚持面向全体学生,为学生的全面发展创造相应的条件,依法保障适龄儿童和青少年学习的基本权利,尊重学生身心发展的特点和教育规律,使学生生动活泼、积极主动地得到发展。"

从此素质教育进入了新的阶段。素质教育实施的领域更加广泛,贯穿于幼儿教育、基础教育、高等教育、成人教育、职业教育等各级各类教育,贯穿于学校教育、家庭教育和社会教育等各个方面;素质教育的内涵更加丰富和具有时代特征,强调创新精神和实践能力的培养;素质教育的研究和实践不仅涉及考试评价、课程教材、教师队伍等方面,还涉及教育结构、教育体制等宏观问题。

(二) 素质教育的意蕴

1. 素质教育的概念

素质即人所具有的维持生存、促进发展的基本要素,它是以人的先天禀赋为基础,在后天环境和教育的影响下形成并发展起来的内在的、相对稳定的身心组织结构及其质量水平,主要包括身体素质、心理素质和社会文化素质等。人的发展是多种素质综合作用的结果,而个体所具有的素质的总量与水平状态、不同素质的组合结构及和谐度不同反映了其素质水平高低,影响其生存状态、成长路径,决定其发展的可持续性的强弱。个体素质与所属群体的素质水平相互作用,具有统一性。受教育者的发展过程是各方面素质协调发展的过程。素质教育为实现受教育者素质的不断优化组合,构建科学健全的素质结构,促进受教育者全面、和谐、均衡发展奠定坚实基础。

在教育学意义上,对于素质教育的概念可以做如下概括:素质教育就是培育、提高全体受教育者综合素质的教育。它以促进人、社会、自然的和谐发展为价值取向,以德智体美劳全面发展的合格公民为培养目标,以全面贯彻党和国家的教育方针为根本途径,以教育质量的全面提升为显著特征。关注人的发展是素质教育的灵魂、核心和目标。素质教育注重在教育过程中把人的全面发展放在中心地位,注重人的整体素质的全面提高、个性发展以及创新精神和能力的提高,发挥人的潜力和能力,为人的发展提供条件,并使人有能力掌握自身的发展,将个体的发展与社会发展统一起来。素质教育在马克思主义的全面发展学说的基础上,结合教育和社会发展的需要,进一步丰富和发展了全面发展教育的内涵。

素质教育的内涵可从多个角度来理解。从教育目标的角度看,素质教育以全面培育和提高受教育者综合素质为目的,以培养学生的创新精神和实践能力为重点,造就德智体美全面发展的合格公民;从教育的功能看,素质教育是依据人的发展和社会发展的需要,以全面提高全体学生的基本素质为根本目的,以尊重学生的主体地位和主动精神、注重形成人的健全个性为根本特征的教育。

2. 素质教育的特点

素质教育具有鲜明的时代特征。

第一,主体性。素质教育充分弘扬人的主体性,关注个性发展。彻底改变了以应试为目的,以书本为中心的错误导向。

第二,全体性。素质教育是面向全体学生的教育。素质教育实施领域贯穿于幼儿教育、基础教育、高等教育、成人教育、职业教育,以提高国民素质为根本宗旨。

第三,全面性。素质教育要求全面发展学生的生理素质、心理素质、文化素质。素质教育将马克思主义全面发展学说与当代教育实践相结合,进一步丰富了全面发展教育的内涵。

第四,长效性。素质教育强调培养学生的基本素质和终身学习的能力,促进学生可持续地自主发展。① 引导师生突破应试等功利思想,着眼于长远目标和终身发展。

二、基础教育课程改革

素质教育就其最初、最直接的出发点而言,是改变应试教育对人的片面化培养,其最终目的是提高学生素质,乃至整个中华民族的素质。通过满足每一个学生的教育需求、身体需求、社会需求、情感需求、道德需求,使其拥有社会所需要的更高的读写能力、技术能力和终身学习的能力。实现素质教育的有效途径是课程文化的再创造,并在此基础上实行的课程改革。

1999年召开的第三次全国教育工作会议和2001年召开的全国基础教育工作会议先后提出了转变人才培养模式,建立新的基础教育课程体系的建设任务。2001年,在党中央、国务院的领导下,教育部正式启动了新一轮基础教育课程改革,颁发了《基础教育课程改革纲要(试行)》等一系列政策文件,初步构建了符合时代要求、具有中国特色的基础教育课程体系。基础教育课程改革从1999年开始着手调查研究,组织全国高层次专家进行了顶层设计。2001年开始在全国38个县、区进行义务教育阶段课程改革国家级实验,分层推进,滚动发展。到2008年,全国初中已实行了一轮,普通高中也进入了新课程实验。

《基础教育课程改革纲要(试行)》共分为课程改革的目标、课程结构、课程标准、教学过程、教材开发与管理、课程评价、课程管理、教师的培养和培训、课程改革的组织与实施等九个部分共20条。

《基础教育课程改革纲要(试行)》明确指出基础教育课程改革要全面贯彻党的教育方针,全面推进素质教育。具体目标共分为六个方面:

① 改变课程过于注重知识传授的倾向,强调形成积极主动的学习态度,使获得基础知识与基本技能的过程同时成为学会学习和形成正确价值观的过程。

② 改变课程结构过于强调学科本位、科目过多和缺乏整合的现状,整体设置九年一贯的课程门类和课时比例,并设置综合课程,以适应不同地区和学生

---

① "素质教育的概念、内涵及相关理论"课题组.素质教育的概念、内涵及相关理论[J].教育研究,2006(2):3-10.

的发展需求,体现课程结构的均衡性、综合性和选择性。

③ 改变课程内容"难、繁、偏、旧"和过于注重书本知识的现状,加强课程内容与学生生活以及现代社会和科技发展的联系,关注学生的学习兴趣和经验,精选终身学习必备的基础知识和技能。

④ 改变课程实施过于强调接受学习、死记硬背、机械训练的现状,倡导学生主动参与、乐于探究、勤于动手,培养学生搜集和处理信息的能力、获取新知识的能力、分析和解决问题的能力以及交流与合作的能力。

⑤ 改变课程评价过分强调甄别与选拔的功能,发挥评价促进学生发展、教师提高和改进教学实践的功能。

⑥ 改变课程管理过于集中的状况,实行国家、地方、学校三级课程管理,增强课程对地方、学校及学生的适应性。①

始于2001年的基础教育课程改革取得了很大的成绩,积累了许多成功的经验。经过课程改革,基础教育的整体面貌已经焕然一新。大大推进了素质教育,从难、繁、偏、旧的书本知识传授转向注重兴趣和能力的培养;提倡学生自主学习,从接受学习为主转向探究性(研究性)学习;倡导面向全体学生的理念,关注每个学生的成长。但是,改革中也存在着不少问题,需要进一步探索与研究。

第二节 西方当代教育思想流派

在世界教育的发展史上,有关教育的实践理念一直都是众说纷纭、流派林立。亚里士多德在2300多年前就提出了他对教育实践价值取向的两难思考,直到今天人们还在对他提出的问题进行辩论和探求。不管是与品德相联系也好,还是与美好的生活相联系也罢,对于年轻人究竟应当学习什么的价值判断从未产生过永恒的共识。教育究竟是否应坚持智育导向胜于德育导向,还是反之,也无定论。教育的内容究竟应该是生活中实用的技能、有助于道德培养的规范,还是博雅而非核心的智能,也未有公认。对于究竟什么能培养受教育者

---

① 基础教育课程改革纲要(试行)[N].中国教育报,2001-7-27:2.

第八章 当代教育思想流派

的德性也是莫衷一是。因为不同背景的人并不是崇尚同一种品德,因而在正确的品德培养方面往往是分道扬镳。人们在教育实践的过程中尝试用不同的观点和方法来解释和解决这些有关教育的根本性问题,于是也就自然形成了不同的教育哲学流派。在世界教育史上有代表性的流派包括:要素主义、永恒主义、存在主义、行为主义和进步主义等,这些流派直至今天依然在影响教育的理念与实践。在当代这个文化多元、张扬个性的时代,每一种流派都还不乏其支持者。或许这五大流派可能没有穷尽人们可能会接受的教育哲学,但是它们足以为人们建立自己的教育哲学大厦提供坚实的框架。

多种流派可能让我们莫衷一是,但是,如果我们把每一流派仅仅看成是考察教育的一个视角,多视角的考察教育,对我们认清教育本质特征,构建自己的教育哲学却是非常有价值的。

虽然我们能够根据唯心论、实在论和实用主义的每一种传统来阐述教育哲学的个别方面,但是还有另一种提供了更连贯的教育哲学的范型。永恒主义、要素主义、进步主义和改造主义等都以唯心论、实在论和实用主义三种哲学传统中的一种或多种作为其根源。例如进步主义和改造主义从实用主义中孕育出来;要素主义来自唯心论和实在论的某些方面;而永恒主义则主要是由唯心论演化而来的。就美国教育而言,占统治地位的教育哲学是要素主义。对要素主义持异议的曾经是永恒主义,而且殖民地时代的美国教育更多的是倾向于永恒主义的。其他持异议的一直是进步主义和改造主义。

一、要素主义教育思想

要素主义是美国教育中占统治地位的教育哲学,经久流行,颇受欢迎,尤其对社会领导人和教育界领导人来说是如此。要素主义是一种保守的哲学,吸引着这样一批信徒,他们相信教育应当保存特定社会(如美国)和特定文明(如西方文明)的最优秀的传统,促进个人智力的发展。要素主义者们在教育的第一位的目的方面,意见是一致的,至于教育应该达到什么第二位的目的方面,他们的意见就不同了。有些人争辩说,教育所涉及的事只应是传递文化遗产和训练智力。另一些人则肯定这两个目的的优先地位,但也允许像身体的健康、情感的健康、就业能力和业余爱好等第二位的目的。

（一）产生的社会背景

要素主义主张教育应重视传统和回归基础，教师应努力给学生传授学术知识和道德养成方面最基本和最核心的要素。要素主义作为哲学流派的一个术语是其代表人物威廉姆·巴格莱在20世纪30年代首先提出并使之流行起来的。要素主义曾是美国历史自开始以来主要的一个哲学流派。

在20世纪初，要素主义被批评是要求过于严格以致不能让学生为成年的生活做好充分的准备。但是，随着前苏联人造卫星的发射上天，人们对要素主义的兴趣回归和增强，像前总统罗纳德·里根任命的高质量教育委员会的成员就是这一流派强有力的支持者。他们1983年起草的著名的教育报告——《国家处在危险中》就反映了时至当今要素主义者对教育关注的角度。要素主义作为教育哲学的一个流派植根于一种保守的思想前提，那就是接受美国社会现存的政治、经济和社会结构。它明确断言学校不应当设法从根本上去重塑社会。或者更准确地说，要素主义者们主张学校应当传授传统的道德价值观念和智力知识，让学生借此成为模范的社会公民。这些传统的美国道德观念包括对权威的尊重、对坚韧品质的崇尚、对工作的尽职、对他人的关怀以及对务实作风的追求。

（二）主要观念

美国文化从传统上就强调物质世界的重要性，以及主张通过科学实验的途径来认识世界。因而在传授这个世界的重要知识时，崇尚传统的要素主义者们对自然科学知识教授的强调胜于诸如哲学、宗教等非科学学科。要素主义者们极力主张要把最核心、最基本的学术性知识和关键性技能教给学生。传统的学科，如数学、自然科学、历史、外语和文学，构成了要素主义课程的基础。同时，他们对职业的、适应生活的以及其他的学科表示价值怀疑，并嫌其淡化了学术内容。即使是小学生都要接受读、写、计算和计算机方面的教育。即使是在学习音乐、艺术以及其他一些常常和培养创造力最紧密相关的学科时，也要要求学生们掌握相关知识和基本技巧联系成的一个知能整体，逐渐从少到多地积累复杂技能和细节知识。同时，学生也只有掌握了该年纪所要求的知识和技能方可升入高一年级。要素主义者们制定的教育计划，无论是对学得快的学生还是

第八章 当代教育思想流派

学得慢的学生来说，其要求都非常严格。他们起草的令人警醒的教育报告——《国家处在危险中》，其核心就在于提高学生的学业要求。该报告呼吁增加对核心课程的要求、延长学习日和学年时间、采用更具挑战性的教材。而且，要素主义者们还主张课堂应以教师为中心，教师就是学生们理想中的知识化身和品行楷模。学校的教师和行政人员为学生们预先确定了要什么样的重要知识，而对学生们的个人兴趣和爱好则不予考虑，特别在学生们的时间和注意力偏离学科知识时，成人们的主宰作用尤甚。

在要素主义者看来，课程的核心必须是"要素"。在小学，要学习的要素是阅读、说话、写作、拼音和算术以及以后的历史导论、地理（也许还有其他的社会科学，而且总是以单独的科目或学科来学习的）、物质科学与生物科学以及外语（通常是拉丁语、希腊语、法语和德语）。次一等的要素则是艺术、音乐和体育。在中学则把小学的各门要素加以扩大，使之更专业更精深。例如算术变成数学（代数、几何、三角、微积分）；物质科学变成物理学、化学和地质学。再次一等的要素是职业科目和业余爱好的科目。允许各种形式的课外活动，如各种学生社团、竞技、乐队或合唱队，但不是头等重要的。要素主义者要求全部教学计划中要给学生以价值标准，而且这些价值标准是某种有关集团的价值标准，也就是社会上统治阶级的社会文化价值标准、本国政治领导人和思想界领导人（已故的和活着的）的价值标准，以及西方文明的"伟大"著作家的价值标准。为传授社会的传统，人们也必须传授社会传统的价值标准。

要素主义者把教学看做是知识、技能、价值标准的传授。教师是社会的代理人，其主要任务是保证延续性。教师也是会开动脑筋的模范，有文化遗产学识的模范，传统社会价值标准的模范。教师（和学校）应该反映社会过去和现在最好的东西。

在要素主义风行的课堂里，学生们是要被教育成文化人，即拥有有关已形成美国社会的民族、事件、思想和制度等方面的有用知识。在其《国家处在危险中》的教育报告中，建议所有中学学生都要学习至少一学期的计算机科学，希望学生毕业后不仅掌握了广泛的知识和基本的技能，而且还拥有实用思想的头脑，能把课堂上学到的知识运用到现实世界中去。

二、永恒主义教育思想

永恒主义源远流长,对世界教育影响深远。它从人类整体发展的角度,从优秀文化基因绵延发展的视角来认识教育。

(一) 产生的社会背景

永恒意味着一直持续。永恒主义的代表人物墨体莫·阿登那主张教育要实行一种百科全书计划,该计划寻求建立一种学科,能够体现这样的特质:普通而非专门性、博雅而非职业性、人文而非技术性;同时只有这样才能实现"百科全书"和"人性"的真正内涵,因而通识学习应为每一个人所掌握。古代的、中世纪的以及近代的名著是知识和智慧的宝库,是启蒙每一代人的文化传统。人类许多的思想历经几个世纪的检验而存在,生命活力犹如被提出当初。正因为如此,永恒主义者主张人类这些光辉的思想应成为教育关注的中心。在永恒主义者看来,当学生沉浸在这些深远而持久的思想之中时,他们就会自发地学习,从而成为真正的知识分子。作为一种教育流派,永恒主义植根于柏拉图、亚里士多德,以及13世纪意大利哲学家托马斯·阿奎那的哲学思想之中,他们的思想一直塑造着全世界天主教学校的灵魂。

永恒主义者一般分为两派:一派是为阿奎那所接受的宗教教育的方法,另一派是追随罗伯特·哈钦斯和墨体莫·阿登那等人在20世纪所形成的非宗教教育的方法。哈钦斯和阿登那等人认为,永恒主义是要素主义极为有益的补充,二者有诸多的相似性。它们的拥护者们都旨在首先通过严格地发掘所有学生的知识力量,其次是培养他们的道德素质。而且,二者都主张课堂以教师为中心以实现上述目标。教师不要让学生的兴趣或已有的经验过多地左右教师的教学内容。他们运用各种方法于教学,并认为真正的创造性方法应是最有益于训练人的头脑的方法。与要素主义相比较,永恒主义在课程方面不主张有灵活性。例如,阿登那在1982年出版的《百科全书计划》中就建议学校向所有学生提供单一的中小学课程,对于教育的弱势群体可以辅之以几年的学前教育。除非是选择第二语言,他不主张学校开设选修课程。

永恒主义者们把他们对通识课程的支持建立在所有的人都拥有这种相同

第八章 当代教育思想流派

核心本质的见解上：人类都是理性的动物。永恒主义者们认为允许学生学习职业的或社会适应的学科就等于剥夺了他们充分发展理性力量的机会。正如柏拉图所言，忽略了学生的推理能力，我们就等于剥夺了他们运用自己的高级智能去控制其低级智能（如冲动和欲望）的努力机会。不像要素主义那样，永恒主义并非根源于任何一段特定的时间或一个特定的地点。要素主义反映了典型的、美国式的、为了获得知识而特别注重科学实验的价值，而永恒主义则不以为然。同样，要素主义反映了传统的美国观念，即现实世界就是我们用感觉体验到的物质世界，而永恒主义则倾向于这样一种观念，即诸如柏拉图或其他哲学家假设的那样：普遍的精神形式都一样是实在的。永恒主义者们试图帮助学生发现在理解人的存在状态方面具有独到见解而又无时间局限的理念。要素主义认为知识主要起源于科学家们的经验发现，这在永恒主义者们看来是在削弱认知主体的推理能力，也就是他们深入地、分析性地、灵活地、想象性地思考的能力。

（二）主要观念

永恒主义者们认识到了人类对物质宇宙的认识已获得长足进展，他们主张教给学生科学事实赖以发现的过程，尽管永恒主义者强调学校不应该教给学生那些可能被未来的科学和技术发现证明是不正确的或废弃的知识，但是他们并不像要素主义者们那样对要求学生掌握现代的计算机技术感兴趣。像进步主义者一样，永恒主义者们批评传统的教育者们要求学生去吸收大量的彼此孤立的事实信息。永恒主义者们力主学校花更多的时间教授概念并解释它们对于学生的意义所在。特别是在中学和大学层次，永恒主义者们反对过分地依赖课本和讲义进行思想交流。他们建议要更加强调以教师为引导的讨论，师生可以致力于苏格拉底式的问答，共同促进对无时限概念的理解。另外，永恒主义者们建议学生们直接从阅读和分析世界名著中学习知识。他们认为这些名著都是人类历史上最优秀的思想家和作家所创作的最伟大的作品，深邃、优美和意味犹如当初。他们也无奈地感叹大学的世纪沧桑：从当初师生自发地追求真理之益智园，到时下沦为仅为学生职业做嫁衣的加工地。于此，他们断言：大学生们在大学里可能认识到了几种树，但是很多的人可能会对整个的森林一无所知，即无时间局限的哲学问题离他们依然遥远。永恒主义也站在保守的传统立场上，并且反对要素主义的部分观点。永恒主义者厌恶现代世界上的许多东西，诸如工业革命的成果、科学革命、价值标准的世俗化和无产阶级化，以及技术革命和电子革命。永恒主义作为一种教育哲学，坚持主张过去的东西是第一位的，特别是由"伟大的"著作家及其著作所代表的东西是第一位的。永恒主义是为天经地义的东西，为宇宙、人性、知识和真善美的不变的本质辩解的。凡是合乎需要的东西都是永恒的东西。正如罗伯特·赫钦斯所说的："人之作为人的作用，在每一时代每一社会都是相同的，因为它来自作为人的人性。教育制度的目的，在这种制度能够存在的每一时代每一社会里都是相同的，这个目的就是提高作为人的人。"

对永恒主义者来说，全部教育问题的答案来源于对什么是人性这一问题的答案。在永恒主义者看来，人性是不变的。人类最显著的特征是推理的能力，理想的成熟的人类是完全具有理性的（或者至少在一切人事中都力图贯彻理性的原则）。只有人类才能领会有关存在的各种物质的和精神的不变特性。全人类都有同样的潜在能力，去实现个人和社会成就的完善性。永恒主义的教育哲学就来源于这种人性观。如果人性时时处处都是相同的话，那么教育必然时时处处对所有人都是相同的。发展具有理性的人，这个教育目的是不变的、绝对的和普遍的。这并不是说忽视了伦理学的方面，相反，具有理性是一个广阔的概念，它包含了把推理过程应用到人事的一切领域。在永恒主义者看来，教学是一种艺术，是激励和指导发展个人固有的理性思维力的艺术，这种能力是全人类所共有的。教学主要是规劝、解说、苏格拉底式的对话和口头阐述。

永恒主义的课程的思想来源，是古希腊和古罗马人的博雅教育的概念，和中世纪三艺或四艺为代表的文理科目的概念。三艺包括文法、修辞和辩证法，四艺包括算术、几何、天文和音乐。永恒主义者强调语言和数学，强调与理科对立的文科，这种思想来源于上述七种文理科目。而且，由于文科在西方文明史的早期就已稳固地确立了它的地位，永恒主义者就把它们看做是永恒的、永远固定不变的。文理科目（原意是：文学和数学科目）是在伟大的著作中所阐述的，这些著作之所以公认是"伟大的"，是因为它们经受了时间的考验（证明是不朽的），并且具有重要性（它们是历代文人和知识分子的精华）；它们对任何时代都是"切合时宜的"。在这种"伟大的著作"中，有柏拉图、亚里士多德、马可·奥勒留、圣·奥古斯丁、圣·托马斯·阿奎那、哥白尼、伽利略、伊拉斯模、莎士比亚等人的著作。显而易见,如果想读这些著作的原文,那么所有学生都必须学拉丁语和希腊语。由永恒主义倡导的古典教育,只对少数美国公民有吸引力,但这些人通常是社会知识界的领导人,他们是有能力明确表达和阐述永恒主义观点的人。虽然永恒主义是一种保守的教育哲学,但它的主要攻击对象是另一种保守哲学要素主义。

三、存在主义教育思想

(一) 产生的社会背景

存在主义产生于19世纪的欧洲,与凯尔凯郭尔和尼采这样一些哲学家的名字联系在一起。然而,在许多基本的哲学问题上,存在主义者们都意见各异,他们能达成一致的就是对作为社会个体的人的尊重。尤其是他们认为传统的哲学未能充分地尊重每个个人所关注的问题。萨特对存在主义的解释就是存在先于本质,即世界上不存在普遍的、先天的人性。人总是从出生、存在,然后自由地塑造自己的本性。一些通常与存在主义传统相联系的哲学家从来不完全接受存在先于本质的原则,然而,该原则却是存在主义教育运动的基础。

(二) 主要观念

存在主义流派更注重为学生在课程选择方面提供更大的空间。因此,在奉行存在主义的学校,学生往往有更大的课程选择权。对于存在主义而言,影响课程的是教师而不是学生,这使人文学科得到极大的重视。人文学科被认为是为学生提供替代经验的一种方法,这有助于解放学生的创造性和自我表达的束缚。例如,存在主义者不是强调历史事件,而是关注历史人物的行动,每一个历史人物都可能为学生的行为提供一种范式。而像数学和自然科学则不被重视,可能是因为这些材料被认为是冷冰冰的、枯燥的和客观而无人性,因而对自我意识的培养效果欠佳。而且,在存在主义者看来,职业教育与其说被认为是一种谋生的途径,不如说是教育学生认识自己及其潜能的手段。在艺术教育方面,存在主义鼓励个人的创造性和想象力胜于照搬和模仿。学习是一个自定进度、自我指导的过程;在学习过程中包括与教师大量的接触,后者与每一位学生都坦诚地进行沟通。存在主义的思想和实践在公立学校、私立学校以及20世纪60~70年代建立起来的选择学校里都有一定的影响。

童年就是童年,孩子的天性就是玩耍;当他们玩够了的时候,他们就会主动地工作和正视遇到的困难。这就是沙姆赫理论,同时也是存在主义的第一条原则。正如存在主义兴起是对传统哲学的抛弃,存在主义教育则是对传统的、要素主义教育的抛弃。存在主义反对任何有关形而上学、认识论和伦理学客观的和权威的来源的存在。相反,个人有责任确定对与错、真与假、美与丑。对于存在主义者来说,不存在人性的普遍形式,每一个人都有发展自己认为适合的人性自由。

在奉行存在主义的课堂,在帮助学生理解和欣赏自己是对其思想、感情和行动拥有完全责任的独立个体这一方面,学科材料是第二位的。教师的作用就是通过给学生讲明他们在人生中可以采取的路径和创造一种环境供自由地选择他们自己喜欢的方式来塑造其本质。鉴于在决策中感情与理智不可割裂,存在主义者主张全人的教育,而不仅仅是头脑。虽然很多的存在主义教育家们都为学生提供课程结构,但是,存在主义比其他任何哲学流派都更注重为学生在课程选择方面提供更大的空间。因此,在奉行存在主义的学校,学生往往有更大的课程选择权。对于存在主义而言,影响课程的是教师而不是学生。这使人文学科得到极大的重视。人文学科被认为是为学生提供替代经验的一种方法,这有助于解放学生的创造性和自我表达的束缚。例如,存在主义者不是强调历史事件,而是关注历史人物的行动,每一个历史人物都可能为学生的行为提供一种范式。而像数学和自然科学则不被重视,可能是因为这些材料被认为是冷冰冰的、枯燥的和客观而无人性,因而对自我意识的培养效果欠佳。而且,在存在主义者看来,职业教育与其说被认为是一种谋生的途径,不如说是教育学生认识自己及其潜能的手段。在艺术教育方面,存在主义鼓励个人的创造性和想象力胜于照搬和模仿。学习是一个自定进度、自我指导的过程;在学习过程中包括与教师大量的接触,后者与每一位学生都坦诚地进行沟通。存在主义的思想和实践在公立学校、私立学校以及20世纪60~70年代建立起来的选择学校里都有一定的影响。

第八章 当代教育思想流派

四、行为主义教育思想

(一) 产生的社会背景

行为主义教育是19世纪50年代形成于美国,60年代波及众多国家的国际性教育流派。它的程序教学理论以华生、斯金纳的行为主义心理学为理论基础,遵循"操作性条件作用"和"积极强化"的原理,通过倡导操作主义学习理论和推行程序教学而对当时的教育理论和实践产生了巨大的影响。新行为主义教育流派继承发展了实验主义教育流派的使教育理论与实践走向客观化、科学化的思想,同时努力避免了进步主义教育流派凭"简单的哲学信条"进行改革的不足。它向人们展示了教育的科学化必须以科学的心理学为支柱的信念。作为一种教育思潮的新行为主义程序教学已完成了它的历史使命,它所倡导的"学习是一门科学,教学是一种艺术"的命题依然有启发意义。

(二) 主要观念

约翰·华生曾说,"给我一打健康而且消息灵通的儿童以及一个我个人化的世界来把他们养大,我将保证从中任意挑选任何一个孩子,不论他们的天赋、爱好、倾向、能力、天命以及祖先的族别如何,我都可以把他训练成我确定的任何一类专家——医生、律师、艺术家、商人、首领,甚至是乞丐和小偷。"存在主义教育哲学以这样一个理念为前提,即我们可以以自己的意愿塑造本性,而行为主义则是出自这样一个信念,即自由的意愿其实只是一种虚幻。在纯粹的行为主义者看来,人性完全是由外在的环境塑造的;改变了一个人的环境,你就改变了他的思想、感情乃至行为。学生无论何时表现出期望行为,教师都应适时地给予正面强化,不久学生就学会了该行为。俄国实验心理学家伊万·巴甫洛夫和美国心理学家约翰·华生在20世纪初期就把他们的著述建立在个人的行为主义思想之上。后来,哈佛大学教授斯金纳对他们的研究进行了加工和拓展,成为当代美国历史上行为主义传播的推动力量。是他创设了著名的斯金纳箱,并用之以行为技巧训练小动物;也是他发明了二战中的制导导弹系统,其原理就是利用啄食的鸽子始终做的是一种抛物线运动;他还发明了一个颇具争议的、把婴儿置身于一个自动控制的环境中的气垫床;程序学习也是他发明出来的。

背后的哲学基础——行为主义声称,唯一的现实就是我们通过细心的、科学的观察可以辨明的物质世界。人和其他动物都是物质的复杂组合,它只对由外部和内部引起的物质刺激起反应。例如,通过感觉到灼热疼痛的刺激,神经把这一信息传给大脑,我们便学会了避免过度地暴露于热的辐射范围。更复杂的学习,比如理解一段语言材料,也是由刺激决定的,从外部获得各种支持与帮助。在行为主义看来,人的本质无所谓好也无所谓坏,只是环境作用的结果。人们对自己或对别人的伤害只能由有缺陷的环境所负责,而不是由人的本性使然。同样对于行为主义者来说,不存在自由的意愿或自由行动的人。这些思想只是使我们感到好受的神话,而不符合科学观察的结果。斯金纳建议道德标准应来源于对人的行为的科学观察。我们应当通过实验识别那些最能发掘人的潜能的环境。在这样的环境中,我们将发现人们应当效仿的行为规范。科学培养的规范将比现有的规范更适合社会。至于美的鉴赏,行为主义者认为我们的美感是因环境形成的。人们是否想过为什么同样一件事物在一种文化中看来很美而在另一种文化中看来却很丑? 行为主义认为是人们不同的环境决定了他们的爱好。其中一个很好的例子就是媒体对人们服饰欣赏的影响。每隔几个月或几年,媒体就会使你相信,你先前认为并不吸引人的款式其实是一种时尚和当红。

五、进步主义教育思想

(一) 产生的社会背景

美国的实用主义特别产生了进步主义和改造主义两种教育哲学。进步主义教育出现于19世纪末期的美国,其影响在二三十年代达到了顶峰。改造主义有许多思想根源和社会根源,但其渊源很容易追溯到进步主义。改造主义成为三十年代进步教育运动的一个派别。进步主义对要素主义持异议,是由于这样的不满而引起的,即美国的民主因受到意识形态的影响而早已被曲解了;美国的学校已变成压制儿童与青年的学校。进步主义是自由的人文主义改革运动在教育上的表现,这个运动旨在反对工业社会的政治经济弊病。进步主义者们力求同时变革与革新教育和社会事务。约翰·杜威在他最全面的著作《民主主义和教育》中指出,民主主义不仅是一种政治形式,而且也是社会生活的总方式;民主生活方式的最大力量在于民主教育。在杜威看来,民主主义和教育是两个相互作用的积极因素,民主社会是对公民起教育作用的一种模范,而民主教育是自然地和有机地从民主社会中产生出来的。民主社会的进步就是变革。在黑格尔学派的意义上来说,所谓进步,就是解决了正反之间的矛盾之后所出现的新的综合。对个人来说,进步是生长、生成和成熟。令人愉快的有效的个人生活或社会生活,终于有朝一日处在危险中,处在内部和外部的个人相互作用和冲突的严峻考验之中。民主社会和民主教育是正在参加的和经常出现的,而不是为未来作准备的和绝对化的。生活即学习,教育(也如同民主一样)即生活,即一种生活方式。要学习就是要变革!给予兴趣、好奇心或一种令人烦恼的处境,就强使人的机体采取行动。要行动就是去经历和进行实验,就是带来智力,就是去指导有目的的行为,就是解决问题,就是作出决定。行动导致摆脱纷扰(或者导致行动为新动机),导致改造经验,导致新的真理(或者导致新的两难困境或自相矛盾),导致据以承诺行动的结论。如此循环往复,以至无穷。进行学习的,正是个人,或者是独自的个人,或者是成组的个人,但总是以相互作用的方式,也就是通过与周围环境、与他人或自己相互作用中来学习的。人类完成进化的方式之一,就是通过个人的差异,从而造成人类团体、文化和社会能变异性。培养人类的变异性,就是珍惜人的尊严,就是保证人种的继续生存。进步主义哲学应用于教育、应用于学校教育,就会引导你想到教育自身即是教育的目的。教育是一种发现目的的途径和过程。学习是个人经验和社会经验的改造,而个人经验乃是学习的基础。尊重个人的差异就是进行规划教学的起点。民主的团体生活是教室中和学校中更为可取的方式。开动脑筋去解决问题和设计方案,是决定课程的基础。受民主的社会契约所约束的个人自由,是学校这个共同体所有成员(学生、教师、行政管理人员及其他人员等)的目的。

(二) 主要观念

杜威曾著述道:"我们可以在各种现存的进步学校中发现某些共同的原则,反对自上而下的强使,倡导个性的培养和表达;反对外在的纪律,倡导自由的行动;反对靠课本和老师学,倡导从经验中学;反对通过训练获得彼此不相干的技能、技巧,倡导技能、技巧的获得只是达到颇具吸引力的目的的一种途径;反对为或近或远的将来做准备,倡导充分把握现实生活中的机会;反对统计数据和资料的填充,倡导对变化不居的世界的把握。"进步主义对个性的尊重、对科学的推崇,以及对变化的积极适应是与进步主义赖以滋生的环境和谐统一的。进步主义的领军人物首推约翰·杜威。杜威是作为一个有着哲学和心理学背景的社会改良主义者1896年,在芝加哥大学当教授的杜威就创办了著名的芝加哥实验学校以实验自己的教育思想。杜威在芝加哥实验学校的工作以及诸多的思想著述为开始于20世纪20年代的进步教育运动搭起了舞台,并在美国的教育中产生了重大的、持久、革命性影响。进步主义运动促使学校拓宽课程设置、努力使教育回应学生的兴趣与需要。在美国的历史上还从来没有一种思想像进步主义那样在美国这片新大陆上掀起狂飙无数,它把传统的教育思想大厦震撼得如此摇摇欲坠而致大厦将倾之危局。进步主义的影响一直持续到20世纪50年代,特别是1957年前苏联人造地球卫星发射上天之后才开始减退,教育开始重新回归到数学、科学、外语以及其他与国防相关的学科的传统教学上来。在20世纪60~70年代,在公民教育和教育相关的伪装下,杜威很多的教育思想又开始得到推崇,随后在20世纪80年代的教育改革中,进步主义的影响又开始减弱。

  进步主义的根源是杜威的哲学思想。杜威认为物质世界是真实的、根本性的,有关这个世界的一个亘古不变的真理就是变化的存在。在杜威看来,变化并非是一种不可控制的力量,其实,人类的智慧可以驾驭。杜威这样解释说,当我们在改变自己与环境的关系时,我们自己的经验也在得到改造和重组,因而自身也变得不同。杜威不仅相信变化的存在,而且积极地期待。他认为在美国得到拥护的民主和自由的原则代表了从过去以来政治思想的巨大进步。但是,杜威也发现美国社会遭遇流毒的方面,他对传统的教育思想与方法不存一丝好感。他希望通过实验学校的改革可以改变美国社会的结构,从而使之真正成为一个由思想自由、聪明智慧的公民组成的合众国家。杜威认为,人是社会性的动物,只有在与他人积极的相互交往中才能学有成效,特别是当我们投身于对我们来说有意义的活动之中时,我们的学习效果就会奇迹般地显现出来。杜威特别强调,书本的学习永远也不能够代替活动的学习。杜威认识论中最基本的思想就是：当用先前的经验来解决新的、有意义的问题时，我们就获得了新的知识并扩充了原有的知识。教育就是经验的重组和再创造，是运用新方法去解决原有问题的一次机会。依赖于科学的方法，杜威提出了五步解决问题法：意识问题、界定问题、提出解决问题的假设、依赖先前经验预测假设的结果、检验最有可能的解决方法。进步主义认为，人们从与他们生活最密切相关的学习中学得最多、最好，正是基于此，进步主义者们都是以学生的经验、兴趣和能力组织课程。教师也是设计一些最能激发起学生兴趣的课堂内容，把其知识水平推向一个新的高度。在学校，学生们主要要求从做中学。但学生们还需常常离开课堂去校外旅行，直接与大自然和社会接触。

进步主义者在他们设计的课程中强调自然科学和社会科学的学习。教师特地让学生接触到科学、技术和社会诸多方面的最新发展，这也反映了进步主义者们对进步和变化是根本性的笃信。学生也学习一些非常民主的课程，这些课程往往都明确地承认妇女、少数民族和白人男性一样在美国历史中建立起的丰功伟绩。另外，学生们在课堂上学习解决的问题常常都和教室外边世界的问题同出一辙，这样，学校培养出来的学生都是灵活应变的、善于解决问题的专家。

进步主义者认为教育应当是一个人不断生长、不断丰富的过程，不仅仅是为未来的生活做准备。他们否认要素主义者们关于传统学科的学习适合所有的学生（不管他们的兴趣和个人经验）的论断。进步主义者们通过开设工业艺术和家政等学科努力使学校教育既有趣又实用。在他们的理想中，家庭、工厂和学校可以相互贯通地帮助学生建构连续的、丰富的学习经验。课堂上没完没了的、与经验毫不相关的练习使得学生们都希望回到学前的童年的时代将一去不复返！这永远是进步主义者们最初的和崇高的理想。

六、改造主义教育思想

（一）产生的社会背景

在 20 世纪 30 年代的大萧条时期，当"进步教育"（进步主义）运动鼎盛时，许多美国人，特别是进步主义教育家中少数显赫人物，开始对美国社会幻灭，对教育和社会改革的速度不满。进步主义派中一个分支提出进步主义需要改变方向了:要少强调儿童中心(个人主义)教育,而多强调社会中心(社会改革)教育,要少关心个人生长,而多关心社会变革。这个从进步主义分化出来的小组,变成了改造主义(也称社会改造主义)的奠基人和倡始人。作为从进步主义产生出来的一个支流,改造主义者忠于实用主义的哲学和进步主义的原则,并且扩展了这些见解,包括以明确的社会改革作为教育的主要目的。改造主义者认为,理想社会的形象应该是决定教育工作计划的基础;学校应该力求为未来社会,为"正在形成中的"而不是现存的社会教育未来的公民。

1932年,乔治·S·康茨在进步教育协会全国代表大会上所作的题为《学校敢于建立新的社会秩序吗?》的演说,提出了这个挑战。康茨大胆地提出,社会的教育机构可以领导社会去探求实现社会的价值标准和理想。对康茨来说,学校应该成为某一社会进行社会改革的机构,成为变革的代理人。在这个"富于浪漫色彩的"雄辩中,他写道:"因而进步主义教育的弱点就在于这样一个事实,即它除了是无政府主义或极端个人主义外,并没有详细阐述社会福利的理论。……如果进步主义教育要成为真正进步的话,它就必须有勇气正视每一个社会争论问题,千方百计地解决其全部现实生活问题,建立与社区的联系,发展现实主义的全面的福利理论,形成有关人类命运的有力的使人信服的和挑战性的远见,不必像我们当今这样把思想上的强制灌输视为洪水猛兽。"

另一位改造主义者西奥多·布拉梅尔德(Theodore Brameld)早已说过,改造主义是一种危机哲学,适用于处在危机中的文化和社会,而危机则是民主社会的本质。于是毫不奇怪,改造主义在30年代和60年代的美国曾有过它最大的吸引力,二十世纪美国历史上的这两个时期,幻灭已成为占压倒地位的时代思潮。改造主义不仅是一种教育哲学,而且也包含着社会—政治行动的战略和教师权力的集体化,二者都是促进社会改革的手段。对改造主义者来说,单有分析和结论是不够的,它们必须导致教师和学生承担义务和行动起来。

(二) 主要观念

在教育方面,改造主义的教师(和学生)承担义务去创造一种新的、进步主义的、经过改造的社会观点。新兴的、"正在形成中的"社会,必须是民主的,以地方自治主义而不是以个人主义为基础的社会。学校应该成为新社会的模范,因为正是青年一代才能使这种新社会开花结果。合作的努力要取代个人主义的竞胜争夺。团体的生活和行动,作为未来的动力,将取代个人主义的领导作风和把成绩归功于个人表现。第一,教育的任务是根据社会改良的目的和计划领导社会去实现其价值标准;第二,学校应该成为变革和社会改革的代理人;第三,课程应该以理想社会的形象为基础;第四,学习是主动的,通过公民的政治运动去参加社会改革计划;第五,学校、教师、学生应该是新的更完美的民主社会的模范。

1. 素质教育在中国推行了20多年,为什么"应试教育"还在扎扎实实地进行着?
2. 在西方教育理论中国化地过程中需要注意哪些问题?

结合教育流派纷争与发展,分析下列这段文字所包含的哲理。

在教育史上,新的教育理论教育方式不断涌现,当一种新教育教育方式或方法流形一段时间后,其缺点、不足随之而至,其对立面的方式很快会成长起来并且会以新的方式流形起来。这类现象在教育发展史上比比皆是:学科课程与活动课程,形成教育与实质教育,教师中心与学生中心,社会本位与个人本位等等。我们认为教育与吃饭本同一理,教育内容与方法如同饭菜的种类与烹饪方法,跪在品种多样,方法多样化,再好的食品,如吃海鲜,只要是用一种烹调方法,时间吃长了,吃多了都会腻味,并且不利于身心健康。康有为在论及科举时说过一句话是很有哲理的:"凡法虽美,经久必弊。"教育最大的忌讳就是单调性、一致性、呆板性,因此,教育中不存在最好的方法,没有恒定不变的方法。启发与传授、发现与接受虽然相互对立,但却在此消彼长中相互补充,在相互依存中共同发展。